La France d'avant la France

Du néolithique à l'âge du fer

Jean Guilaine est directeur de recherche au C.N.R.S. et professeur à l'École des Hautes Études en Sciences sociales. Ses recherches sur les premières communautés rurales du domaine méditerranéen et européen font une large place aux questions d'évolution culturelle, à la restitution du paléo-environnement, à la première socialisation de l'espace. Responsable de chantiers de fouilles en Italie, en France et dans la péninsule Ibérique, Jean Guilaine est l'auteur de monographies de sites néolithiques de référence mais aussi de grandes synthèses comme La France d'avant la France *(1980), ouvrage qui l'imposa auprès d'un large public.*

DU MÊME AUTEUR

La Civilisation du vase campaniforme dans les Pyrénées françaises, Gabelle, Carcassonne, 1967.

L'Âge du bronze en Languedoc occidental, Roussillon, Ariège, Klincksieck, Paris, 1972.

La Nécropole mégalithique de la Clape, Gabelle, Carcassonne, 1972.

La Balma de Montbolo et le néolithique de l'Occident méditerranéen, Institut pyrénéen d'études anthropologiques, Toulouse, 1974 (avec coll.).

Premiers Bergers et Paysans de l'Occident méditerranéen, Mouton, Paris-La Haye, 1976, 2e édition Paris-La Haye-New York, 1981.

Récits et Contes populaires du Languedoc, Gallimard, Paris, 1978.

L'Abri Jean-Cros. Essai d'approche d'un groupe humain du néolithique ancien dans son environnement, Centre d'Anthropologie des Sociétés Rurales, Toulouse, 1979 (avec coll.).

Leucate-Corrège, habitat noyé du Néolithique cardial, Centre d'Anthropologie des Sociétés Rurales, Toulouse, et Musée Paul-Valéry, Sète, 1984 (avec coll.).

SOUS LA DIRECTION DE L'AUTEUR

Les Civilisations néolithiques du Midi de la France, Gabelle, Carcassonne, 1970.

La Préhistoire française. Les civilisations néolithiques et protohistoriques de la France, C.N.R.S., Paris, 1976.

La Civilisation du vase campaniforme, U.I.S.P.P., Nice, 1976.

Le Groupe de Véraza et la fin des temps néolithiques dans le Sud de la France et la Catalogne, C.N.R.S., Toulouse, 1980.

Il y a 8000 ans dans le Midi de la France : les premiers paysans, Dossiers de l'Archéologie, Dijon, 1980.

El origen de la metalurgia, U.I.S.P.P., Mexico, 1981.

L'Age du Cuivre en Europe. Civilisations à vases campaniformes, C.N.R.S., Paris, 1984.

Histoire de Carcassonne, Privat, Toulouse, 1984 (avec D. Fabre).

Collection *Pluriel*
dirigée par Georges Liébert

JEAN GUILAINE

La France d'avant la France

Du néolithique à l'âge du fer

HACHETTE

Sommaire

REMERCIEMENTS

Les dessins [1] illustrant la plus grande partie de cet ouvrage sont dus à M. Paul Barrié et à Mme Carol Rivenq, techniciens aux C.N.R.S. Certains dessins m'ont toutefois été communiqués par M. Roger Joussaume, chargé de recherche au C.N.R.S. et par M. Xavier Gurtherz, conservateur du Patrimoine. Je dois par ailleurs à l'amabilité de plusieurs collègues l'essentiel de la documentation photographique reproduite : MM. J.-C. Blanchet (ministère de l'Équipement), A. Bocquet (institut Dolomieu, Grenoble), J. Briard (maître de recherche au C.N.R.S.), Mme A. Coudart (attachée de recherche au C.N.R.S.), MM. B. Dedet (attaché de recherche au C.N.R.S.) P.-R. Giot (directeur de recherche au C.N.R.S.), R. Joffroy (conservateur en chef du musée des Antiquités nationales), J. L'Helgouach (maître de recherche au C.N.R.S.), J.-P. Mohen (conservateur au musée des Antiquités nationales), J. Tarrête (directeur des Antiquités préhistoriques de la région parisienne).

Je remercie bien sincèrement toutes les personnes mentionnées ci-dessus pour leur amicale collaboration.

1. Ces figures sont regroupées à la fin de chacun des chapitres.

Avant-propos

Essayer de décrire, à partir d'exemples concrets, l'évolution générale des civilisations qui vécurent sur le sol français depuis les temps post-glaciaires jusqu'à l'apparition de l'écriture, tel est le but du présent ouvrage. Ainsi faut-il en saisir le titre : « la France d'avant la France ». Comment se présentait notre pays avant la constitution des premières communautés historiques? Quelles transformations subit-il dans son environnement, ses paysages, ses composantes culturelles aussi, tout au long d'environ six à sept millénaires? Comment se réalisa en particulier l'émergence des premières civilisations agricoles, dont l'implantation – déterminante – a commandé jusqu'aujourd'hui l'évolution économique de ce pays? De quelle manière naquirent et se développèrent les communautés métallurgiques des âges du bronze et du fer? C'est à ces questions que nous nous proposons de répondre.

Sans doute ne peut-on encore parler de France puisque la France, au sens strict, fut d'abord un État franc, fondé au Ve siècle de notre ère et dont les rois agrandirent peu à peu les possessions jusqu'à leur donner grosso modo *la configuration hexagonale qu'on lui connaît aujourd'hui. Mais on ne peut guère davantage parler de Gaule. Dans l'espace d'abord, parce que la Gaule s'étendait bien au-delà de nos frontières actuelles, englobant les actuels pays de la Belgique, du Luxembourg, une partie de l'Allemagne, la Suisse, l'Italie du Nord. Dans le temps également, car les Gaulois sont, à peu de choses près, un peuple déjà « historique » dont les événements majeurs et la civilisation, postérieure au Ve siècle av. J.-C., nous sont décrits par des auteurs grecs ou latins qui furent leurs contemporains. Leur époque est celle où écriture et monnaie entament la* *conquête du territoire et, par là même, nous placent aux frontières de l'histoire. Or, notre ouvrage s'adresse à un champ antérieur à la formation de la Gaule. Alors? La France de cette époque, même sans en porter le nom, était-elle déjà une unité politique et culturelle? Absolument pas.*

Les civilisations préhistoriques se présentent à nous comme des entités culturelles homogènes ou fractionnées en faciès géographiques ou chronologiques. Bien entendu ces ensembles ont évolué sans rapport avec les limites politiques du pays que nous connaissons aujourd'hui. La notion même de frontières naturelles, souvent évoquées à propos de la France historique, paraît n'avoir guère eu de signification au temps des communautés préhistoriques : ces cultures ont souvent bravé avec désinvolture les cadres physiques élémentaires. C'est ainsi par exemple qu'au cours de la préhistoire récente, les civilisations s'ordonnent fréquemment en fonction de trois grandes aires géographiques et culturelles : la zone méditerranéenne de la Provence au Roussillon, la zone atlantique du Pays basque au Boulonnais, la zone continentale qui recouvre l'Est de notre pays. Quant aux régions tampons (Bassin parisien, Massif central) elles ont souvent dépendu, en partie ou en totalité selon les circonstances, de telle aire ou de telle autre, en fonction de la vigueur expansionniste de certaines cultures.

On pourrait alors être tenté de parler de trois provinces préhistoriques. Peut-être, mais sans oublier que ces soi-disant provinces sont intégrées à de plus vastes territoires culturels. A titre d'exemple, en Méditerranée occidentale, le néolithique primitif intéresse un vaste domaine allant de l'Italie péninsulaire jusqu'au Sud de la péninsule Ibérique. Le mégalithisme des terres de l'Ouest ressortit à une problématique qui unit les terres atlantiques depuis le Portugal jusqu'à la mer du Nord. L'âge du bronze final des pays germaniques englobe en une même koiné *une bonne partie de notre France d'aujourd'hui. Difficulté donc de vouloir faire cadrer ces cultures aux frontières fluctuantes avec un certain déterminisme géographique.*

Cet ouvrage a aussi la prétention de combler une lacune. Entre le temps de l'homme des cavernes, celui de Lascaux par exemple, et l'époque gauloise, s'étend une période capitale pour l'histoire de notre pays. Or cette époque reste souvent méconnue. Les manuels scolaires ne font généralement que l'effleurer, quelquefois d'ailleurs avec des erreurs. Et pourtant il faut savoir que c'est alors l'éveil du monde rural, de la paysannerie. L'économie de production commence à s'organiser. Par le biais de l'élevage et de l'agriculture l'homme se fixe au sol et se nourrit désormais du bétail qu'il élève et des céréales qu'il cultive. La sédentarisation s'amorce; des villages naissent et bientôt des cités. La métallurgie va favoriser la stratification sociale, le commerce, mais aussi la guerre et la constitution des empires. Cette mutation nous introduit déjà, par bien des caractères, à notre monde moderne.

Pour conter cette histoire, nous avons voulu toucher un public aussi large que possible. Il y a peu de temps la parution de l'ouvrage La Préhistoire française : les civilisations néolithiques et protohistoriques de la France, *dont nous avons assumé la direction, a offert aux spécialistes un bilan dense et précis de nos connaissances sur ces périodes.*

Il convenait dès lors de faire bénéficier le lecteur moins averti, mais curieux de ces problèmes, des récentes acquisitions de la recherche en ce domaine. C'est là l'objectif essentiel des pages qui suivent.

Empressons-nous d'ajouter que nous n'avons pas tenu à présenter un panorama exhaustif de toutes les anciennes civilisations agricoles et métallurgiques de la France. Nous avons préféré faire des choix et mettre l'accent sur des sites récemment étudiés, sur des points originaux, sur des résultats neufs révélés de fraîche date.

Mais nous n'avons pas voulu pour autant ne parler qu'en termes de temps et de cultures. Dans le cadre du renouvellement des méthodes qui ont caractérisé l'archéologie préhistorique française au cours de ces dernières années, le champ d'intérêt s'est déplacé vers de nouvelles approches.

La reconstitution paléoécologique d'abord. Nous vivons une époque où l'étude des sédiments, des pollens fossiles, des charbons de bois, des ossements d'animaux, pour ne citer que quelques témoins, modèlent une préhistoire de l'environnement qui permet de mieux connaître le milieu que l'homme subissait ou dominait.

La vision ethnologique ensuite. L'écologie jointe à la fouille minutieuse des sols d'habitats et des structures qui les parsèment, assurent un regard nouveau sur maint aspect de la vie quotidienne, dévoilant même certaines implications sociales ou quelques lueurs sur les mentalités. Là se situe l'apport essentiel de la génération actuelle. Car comme il existe une histoire nouvelle, il s'est créé une préhistoire nouvelle, qui a diversifié ses moyens d'approche pour tenter de mieux appréhender la complexité des phénomènes humains dans leur contexte.

L'interdisciplinarité a ainsi donné à la recherche une dimension naguère insoupçonnée. Dans cette quête, deux organismes, le Centre national de la recherche scientifique (ministère des Universités) et le Bureau des fouilles et antiquités (ministère de la Culture et de la Communication) ont joué et continuent d'assumer un rôle déterminant. Depuis peu la Délégation générale à la recherche scientifique et technique apporte sa collaboration à cette histoire de nos origines.

Il serait indécent de ne pas mentionner ici les chercheurs eux-mêmes, hommes de terrain et de laboratoire à la fois, sans distinction de leur fonction, de leur rang, de leur origine, dont l'enthousiasme et l'abnégation doivent souvent suppléer à la faiblesse des moyens. En butte à de multiples problèmes d'intervention liés aux conditions de la vie de ce XXe siècle finissant (tracés autoroutiers, bouleversements urbains, etc.), il convient de saluer le difficile combat quotidien que mènent ces défricheurs à la recherche de notre identité. Sans doute est-ce la conjugaison des efforts de ces institutions comme de ces militants qui permet aujourd'hui de mieux connaître ces premières générations de paysans et d'artisans qui peuplèrent, aménagèrent et façonnèrent pendant quelques millénaires cette partie de l'Europe qui devait un jour s'appeler la France.

INTRODUCTION

Les temps immémoriaux des chasseurs-cueilleurs

Une humanité oubliée?

Lorsque le rideau se lève sur les temps post-glaciaires, quand se constituent les premières communautés paysannes du sol français, il y a 7 000 à 8 000 ans, l'homme a déjà parcouru une longue marche. Une très longue marche de plusieurs centaines de milliers d'années. De cette vieille humanité le souvenir fut même perdu. Lorsque les textes bibliques ou les auteurs antiques tenteront, grâce à l'écriture, de fixer l'histoire de nos origines, ils ne sera fait aucune allusion à l'existence d'une humanité primitive fort ancienne.

La Bible et ses commentateurs assignent à la création quelques millénaires seulement. Hésiode décrit un âge d'or et un âge d'argent réservés à des surhommes, puis un âge du bronze, peuplé de sujets violents, enfin un âge du fer dont il est le contemporain. Lucrèce va pourtant plus loin et fait référence à un stade primitif où l'homme est un être barbare; mais le perfectionnement du langage, de la culture du blé, des techniques essentielles, l'organisation sociale sont pour lui des acquisitions propres aux âges des métaux. En un mot la tradition orale ne semble pas avoir remonté le temps au-delà du premier monde agricole.

Et pourtant l'époque des paysans et des métallurgistes de la préhistoire, si elle représente plusieurs fois la durée des temps historiques, n'est elle-même qu'une infime partie comparée à l'histoire de l'homme paléolithique. De celle-ci, il convient d'évoquer brièvement les étapes essentielles. Une définition d'ordre économique peut servir de dénominateur commun pour situer cette longue phase de l'âge de pierre : l'homme n'a pas produit sa nourriture. En effet au cours de ce lointain périple à travers le temps et malgré les changements climatiques ou ses propres mutations techniques et culturelles, l'homme est resté un prédateur : la collecte des végétaux, la chasse, la pêche ont été ses seuls moyens de subsistance. Il faut d'emblée prendre conscience de cette infinie trajectoire, du chemin parcouru avant que l'homme ne devienne l'artisan de sa propre alimentation. Quelques points de repère chronologiques peuvent permettre de jalonner cette destinée.

On admet que l'Afrique orientale est le lieu d'émergence du genre humain. Ce processus se réalisa à partir de certains hominidés, les Australopithèques. Des estimations de l'ordre de 4 millions d'années sont avancées pour dater la naissance de ces pré-hommes, événement qui se déroula dans un environnement de savane ouverte. Or ces sujets savent tailler la pierre. En Éthiopie des recherches ont démontré que des hommes primitifs *(Homo habilis)*, démarqués des Australopithèques, étaient pour leur part les artisans de galets taillés, il y a plus de 2 500 000 ans. Sous les traits d'une espèce plus évoluée encore, l'homme s'évadera bientôt de ce berceau africain pour partir à la conquête de la planète. C'est précisément en Haute-Loire, dans le Massif central, que ses traces européennes sont actuellement le plus anciennement attestées. On a en effet découvert ces dernières années, à Chilhac, des quartz indubitablement taillés associés à une faune du quaternaire ancien (villafranchien). Une évaluation de l'ordre de 1 800 000 ans a été avancée.

Mais ce n'est qu'à partir d'un million d'années que les traces de l'homme préhistorique deviennent en France plus nettes, tout en restant pour autant fragmentaires. De frustres outillages (polyèdres, galets taillés d'un seul côté ou *choppers*, galets taillés selon deux directions ou *chopping-tools)* ont ainsi été retrouvés soit dans des grottes (comme au Vallonnet, Alpes-Maritimes), soit sur les plus hauts niveaux de certaines terrasses fluviales.

Peu à peu s'amorce une très lente évolution technique et typologique. L'outillage va en se diversifiant et gagne en efficacité : des pics, des protobifaces, puis des bifaces, outils à la finition plus poussée, apparaissent. Les bifaces en particulier caractériseront surtout les industries acheuléennes (définies à Saint-Acheul, près d'Amiens) étagées dans le temps du début de la glaciation de Mindel jusqu'à l'interglaciaire Riss-Würm, soit en gros entre 700 000 et 100 000 ans. Car il ne faut pas perdre de vue qu'au cours de cette longue étape des modifications climatiques engendrant elles-mêmes des changements dans la composition de la flore et de la faune sont intervenues. Le milieu naturel, instable, connut ainsi des phases de refroidissement auxquelles succédèrent des périodes plus clémentes que traduisent les termes de glaciaires et d'interglaciaires. De son côté l'homme a poursuivi une évolution technique qui s'est manifestée dans le sens d'une plus grande variabilité des outillages, phénomène bien sensible à la fin du paléolithique ancien.

D'autre part, il n'est pas inutile de rappeler que, à partir de 600 000 ans environ, l'homme maîtrise le feu et qu'alors apparaissent les premiers campements organisés, en plein air ou en grotte. Ces derniers ont sans doute contribué à un rapide développement des structures sociales. Sur la plage de Terra Amata, à Nice, les Acheuléens construisaient des huttes de branchages de 7 à 15 m de long sur 4 à 6 m de large à l'intérieur desquelles ils allumaient des foyers. A la grotte I du mas des Caves à Lunel-Vieil (Hérault), l'homme n'hésitait pas à réaliser des aménagements pour améliorer ses conditions de vie : murets en pierre sèche, dallages de galets, foyers de types variés, canalisation pour évacuer les eaux de ruissellement. La chasse aux grands mammifères, sans être exclusive, suppose déjà toute une organisation poussée avec des techniques parfaitement au point.

De cet homme lui-même *(Homo erectus* ou Pithécanthrope) on possède quelques vestiges anthropologiques qui permettent de le mieux connaître, encore que ces derniers ne soient pas aussi anciens que certains outillages évoqués ci-dessus. De fait les plus vieux fossiles européens ne sont guère antérieurs à 600 000 ans. La mandibule trouvée dans la grotte de la Niche à Montmaurin (Haute-Garonne) remonterait à 500 000 ans. Les restes humains découverts à l'Arago (Pyrénées-Orientales), au Lazaret (Alpes-Maritimes), à Orgnac (Ardèche), à Biache-Saint-Vaast (Pas-de-Calais), à La Chaise et à Fontéchevade (Charente) seraient un peu plus récents.

Les débuts de l'homme moderne

C'est au cours de l'interglaciaire Riss-Würm que se produisit une évolution qui devait aboutir à l'apparition de l'homme moderne *(Homo sapiens)*, notre humanité actuelle. L'homme de Néanderthal, qui peuplera l'Europe, entre – 100 000 ans et – 35 000 ans environ, n'est sans doute déjà qu'un cas particulier de cette lignée; il demeure localisé géographiquement et comme le produit d'un phénomène de déviation. Il est étroitement associé, en France, à la culture moustérienne. Disons d'abord que cette « culture » ne saurait être considérée comme un tout cohérent. En effet, l'examen des outillages révèle l'existence de plusieurs ensembles culturels distincts – bien que souvent contemporains – qui utilisent surtout des outils sur éclats (racloirs, pointes, denticulés, couteaux). En analysant les pourcentages respectifs de ces outils, leur typologie ainsi que leur technique de fabrication, les préhistoriens ont pu individualiser plusieurs groupes qui semblent évoluer selon des rameaux distincts. Mais au fond, rien n'est simple dans l'interprétation des résultats.

Existait-il déjà des groupes culturellement différenciés et s'excluant mutuellement? On aurait alors affaire à des communautés bien structurées évoluant chacune selon une forte tradition dans des territoires de chasse bien définis, sans qu'interviennent des interférences majeures entre bandes mitoyennes. Ou faut-il penser que cette diversité n'est, au sein d'une même population, que le reflet d'activités différentes (saisonnières par exemple), en des lieux distincts, voire en un même lieu?

Cet homme de Néanderthal, hélas trop longtemps comparé à une brute, pratiquait déjà le culte des morts, ce qui est l'indice de préoccupations spirituelles. A La Chapelle-aux-Saints (Corrèze), on avait disposé un sujet dans une fosse, jambes repliées. A La Ferrassie (Dordogne) divers aménagements funéraires ont aussi été reconnus. Au Régourdou (Dordogne) une tombe était recouverte d'un tertre protecteur parmi lequel avaient été disposées quelques offrandes (ossements d'ours, bois de cerf). De tels soucis se retrouveront dans la réalisation des sépultures du paléolithique supérieur, quelques millénaires plus tard.

L'étude des groupes moustériens dans leur environnement a fait l'objet ces dernières années de progrès sensibles. C'est ainsi par exemple que les fouilles poursuivies dans la grotte de

L'Hortus (Valflaunès, Hérault) ont permis de reconstituer l'évolution du climat et des paysages tout au long de la deuxième phase de la glaciation de Würm (entre – 55 000 et – 35 000 ans environ). Cinq poussées froides séparées par des pointes plus tempérées ont commandé l'évolution de la flore : chênaie mixte allant en se dégradant, montée du pin et du genévrier, puis, sous l'effet d'un climat plus sec, mise en place d'une steppe peuplée de chevaux. Ce site était un campement temporaire de chasseurs de bouquetins, d'ours des cavernes, de cerfs, de chevreuils, de rennes, de bovidés, de chevaux, d'ânes, mais aussi de carnivores comme le lion des cavernes et la panthère.

Les grands chasseurs et la naissance de l'art

Vers – 35 000 ans les Néanderthaliens s'effacent et l'homme prend définitivement les traits physiques qu'on lui connaît actuellement. Alors se mettent en place de brillantes civilisations dont les caractères essentiels sont l'allégement de l'outillage, un matériel façonné sur os ou sur ivoire de plus en plus abondant et, dans le domaine de la création spirituelle, l'apparition de l'art pariétal et mobilier. Ces cultures ont fleuri pendant les phases III et IV de la glaciation de Würm; c'est dire qu'elles se sont épanouies, dans leur ensemble, sous un climat rigoureux mais qui pouvait redevenir tempéré à la faveur de réchauffements interstadiaires. Le renne, le bouquetin, le bison, le mammouth, le cheval ont constitué les proies les plus fréquentes. Car la chasse demeure l'économie dominante. La pêche devait aussi tenir un rôle important comme semblent en témoigner certains instruments (hameçons, foènes et aussi harpons, ces derniers à utilisation plus large); les figurations de poissons sont d'ailleurs éloquentes. Bien entendu la cueillette intervenait également dans l'alimentation.

Au plan industriel, certains artefacts de pierre hérités des temps antérieurs se maintiennent (burins, grattoirs, perçoirs), tandis que leur diversification s'accentue. En même temps apparaissent de nouveaux outils souvent complexes (outils composites). Ce renouvellement des industries est le signe de techniques plus évoluées.

Un ensemble de civilisations prestigieuses, qui d'ailleurs ont toutes trouvé leur dénomination à partir de sites français (périgordien, aurignacien, solutréen, magdalénien) évoluent tout au long d'une fourchette de l'ordre de 25 000 ans (– 35000/– 10000).

C'est au plan spirituel toutefois que cette phase de l'évolution humaine est la plus remarquable. Le culte des morts s'affirme. En position allongée ou contractée, le défunt est parfois saupoudré d'ocre ou paré de colliers. Aux types anthropologiques du début de cette période (types de Combe-Capelle, de Cro-Magnon) se substituent peu à peu des sujets montrant une gracilisation sensible.

Mais c'est essentiellement l'art rupestre ou mobilier des hommes du paléolithique supérieur qui demeure l'un des émerveillements de notre époque. Peintures et gravures aux représentations avant tout animalières se concentrent géographiquement dans le Sud-Ouest de la France avec un prolongement dans l'aire cantabrique. Les grands pôles en sont la Dordogne et le Quercy d'une part, les Pyrénées de l'autre, plus accessoirement le Languedoc oriental. Lascaux, Les Combarelles, Font-de-Gaume, Rouffignac, Pech-Merle, Niaux, Les Trois-Frères, pour ne citer que quelques noms prestigieux, conservent d'inestimables trésors d'art quaternaire.

Sur la signification de cet art, on a beaucoup spéculé. Les premiers préhistoriens y virent des préoccupations purement esthétiques. Des explications magiques ou religieuses ont prévalu par la suite sous l'effet d'études ethnologiques : les animaux étaient représentés, pensait-on, dans un but d'envoûtement, pour succomber devant les chasseurs. Les plus récents travaux ont montré en fait toute la complexité de la signification de l'art paléolithique. La situation topographique des œuvres d'art dans les grottes, véritables sanctuaires, la fréquence des animaux et des thèmes représentés évoquent une cosmogonie complexe, une mythologie fondée sur un symbolisme sexuel, sur l'opposition et la complémentarité des principes mâle et femelle.

L'apparition vers – 10000 de conditions climatiques tempérées va sonner le glas des civilisations paléolithiques. Le milieu naturel va se trouver modifié alors que, parallèlement, l'homme semble parvenir à un stade d'évolution technique lui permettant de franchir de nouvelles étapes. Avec les temps post-glaciaires le décor est en place pour que puisse désormais s'effectuer la transition du monde des chasseurs à celui des paysans. C'est par cette histoire que commence ce livre.

Les derniers prédateurs : principaux sites de l'épipaléolithique final (VIIe-VIe millénaire)

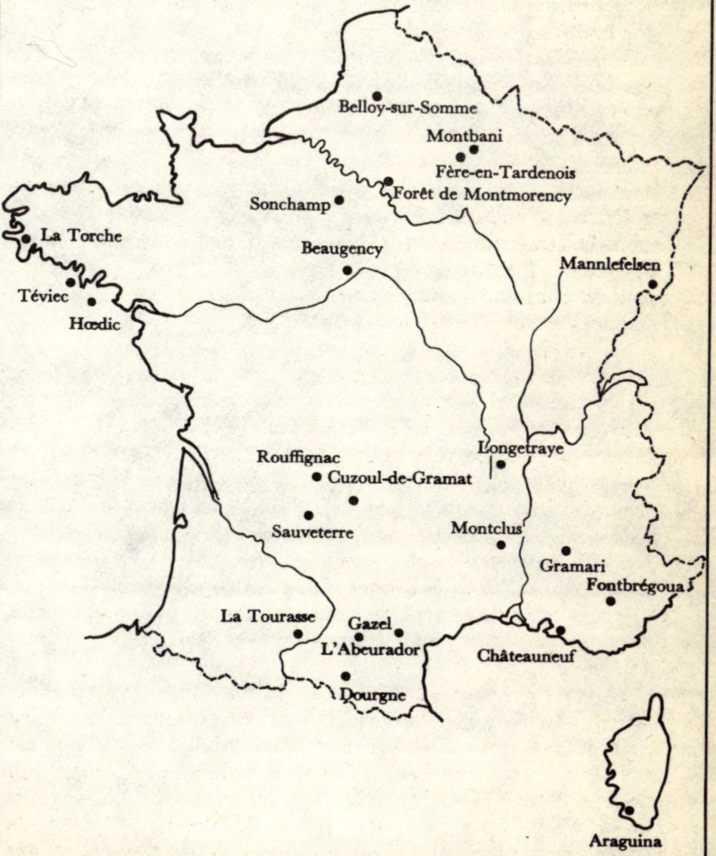

I

Des derniers prédateurs aux premiers paysans

Voici donc l'aube de temps nouveaux. La longue marche des chasseurs paléolithiques touche à sa fin. L'humanité occidentale va bientôt amorcer une mutation sans précédent dans son histoire. A partir du VIe millénaire, mais essentiellement tout au long du Ve millénaire [1], l'aspect du futur territoire français va

1. La chronologie adoptée dans cet ouvrage est celle du radiocarbone. La méthode de datation par le carbone 14, vulgarisée par les préhistoriens, a permis l'établissement d'un cadre chronologique absolu relativement précis. Toutefois cette chronologie demeure, dans le détail, approximative : elle donne une échelle de grandeur approchante assortie d'une marge d'erreur. Toute datation n'est en fait qu'une moyenne à l'intérieur d'une fourchette plus ou moins forte. On dit par exemple qu'un site est daté de 3000 *b.c* ± 200; cela veut dire qu'en fait le gisement en question peut être situé entre 3200 et 2800 av. J.-C (*b.c = before Christ* ou *a.c. = ante Christum)*. Mais, de plus, cette chronologie ne correspond pas étroitement à la réalité du temps au sens strict des historiens. Pour obtenir des dates plus proches de la chronologie absolue réelle, il faut procéder à un réajustement – ou calibration – qui, pour les périodes étudiées dans cet ouvrage, ce solde par un vieillissement plus ou moins sensible des dates proposées. L'absence de cette calibration pour certaines périodes reculées n'est nullement alarmante à condition que l'on sache dans quelles propositions la datation carbone 14 est « rajeunie ». Cette situation risque, en revanche, d'engendrer de graves erreurs si l'on compare des dates carbone 14 et des dates calibrées; de même, il faut se garder de mettre en parallèle des dates carbone 14 – donc non réajustées – avec des événements historiques pour lesquels on dispose d'un authentique cadre absolu fondé sur les textes.

Signalons aussi qu'au-delà de 50 000 ans environ la méthode n'est plus applicable car le carbone 14 d'un corps est totalement désintégré. On utilise pour ces périodes plus anciennes des méthodes fondées sur d'autres corps radioactifs, le potassium-argon par exemple. Ainsi a-t-on pu dater parmi les plus anciens fossiles du globe.

sinon considérablement changer tout au moins amorcer un irréversible processus d'évolution, prélude à une rapide transformation du paysage. Ainsi un observateur qui aurait jeté un coup d'œil sur ce territoire entre le VIIIe et le VIe millénaire aurait aperçu de petits groupes nomades ou semi-nomades vivant de chasse au cerf, au bœuf sauvage, au sanglier ou au petit gibier, pêchant dans les lacs ou les rivières, collectant des végétaux (des graminées parfois), ramassant en périodes de pluies des escargots.

Ces petits groupes habitent dans des huttes sommaires, s'abritent sous des auvents rocheux ou sous le porche de grottes qu'ils aménagent de leur mieux. Leur densité paraît plus forte dans quelques zones écologiquement favorables comme les rivages marins, riches en poissons, en crustacés et en coquillages ou comme les zones marécageuses où voisinent la faune aquatique et le gibier d'eau. En beaucoup de régions, sur les terres plates du Nord en particulier, règne la forêt, çà et là entrecoupée de clairières sableuses. Seuls, sur les bords de la Méditerranée, en terre plus aride, quelques moutons surveillés par l'homme en ce début du VIe millénaire constituent les signes avant-coureurs de nouveaux genres de vie.

Le même observateur qui aurait porté son regard sur l'hexagone quelque 2 000 ans après, entre 4500 et 4000 av. J.-C. environ, n'aurait peut-être pas reconnu certaines régions. Dans l'Est, les huttes désordonnées ont dès lors fait place à de grandes fermes régulières en bois, boue et chaume. Parallèlement des groupements d'habitations importants sont apparus dans le Sud. Voici que des bergers poussent désormais vers les pâturages des troupeaux de moutons tandis que les bœufs et porcs paissent paisiblement autour des fermes. Çà et là des champs de blé ou d'orge mûrs font une houle dorée sous les coups de vent. Voici justement un moissonneur, sa faucille de bois et de silex à la main, prêt à sectionner les épis et à rentrer la récolte tandis que sa femme modèle puis décore avec soin un récipient en terre cuite...

Entre ces deux images, la plus importante métamorphose dans l'histoire de l'homme : en amont, les derniers chasseurs-collecteurs, des prédateurs, des Paléolithiques prolongés dans un contexte climatique déjà tempéré; en aval, les premières agglomérations d'agriculteurs, des communautés de paysans en train de domestiquer la nature, de la maîtriser, de « l'humaniser », de la mutiler aussi. Entre ces deux états, l'apparition d'un ensemble de techniques et de structures économiques et sociales que les spécialistes appellent « la néolithisation », les premières sociétés rurales étant nommées sociétés « néolithiques ». Ces lointaines civilisations s'insèrent chronologiquement entre la fin des temps épipaléolithiques et les premières communautés connaissant l'usage du métal : en gros, pour notre pays, entre 6000 et 2500 av. J.-C., d'après le radiocarbone.

Mais pour mieux comprendre ce processus complexe qui fit d'un chasseur un paysan, il importe de suivre pas à pas les étapes de cette transformation. Pour ce faire, il convient de prendre le problème au début et de décrire les dernières sociétés de chasseurs-pêcheurs-collecteurs. Et d'abord le cadre écologique dans lequel se déroulèrent les divers actes de cette pièce.

Un nouvel environnement

Bien entendu la mise en place, à partir de 10000 av. J.-C., d'un climat tempéré – en fait notre climat actuel – succédant à une phase glaciaire a eu des répercussions considérables sur le milieu. D'importants changements sont intervenus dans la végétation et, en bien des endroits, la steppe a fait place à la forêt, favorisée par le renforcement de l'humidité. De telles perturbations ont aussi affecté la faune. Plusieurs espèces de climat froid qui peuplaient nos régions disparurent. Certaines suivirent la régression des conditions glaciaires tel le renne qui battit en retraite vers le nord. D'autres finirent par disparaître tel le mammouth.

En revanche certaines se maintinrent malgré les modifications de température, sans doute parce que leurs possibilités d'adaptation étaient plus fortes : le bœuf, le cheval furent de celles-ci. Parallèlement certaines espèces qui s'étaient cantonnées dans des latitudes plus clémentes réapparurent en force : ainsi le cerf et le sanglier. C'est cette faune qui constitua la proie essentielle des derniers chasseurs exclusifs entre 10000 et 5000 av J.-C. et même celle des paysans du néolithique et de l'âge des métaux. Mais peu après – 5000, un phénomène nouveau va modifier complètement les rapports entre l'homme et l'animal. En domestiquant certains animaux (les ovicapridés, le bœuf, le porc, puis un peu plus tard le cheval) l'homme tirera sa nourriture carnée de ses troupeaux et non plus de la chasse comme il l'avait fait depuis des temps immémoriaux. Peu à peu la chasse conçue comme une nécessité régressera et ne subsistera plus que comme distraction.

Quelles furent donc les principales étapes de l'évolution climatique et botanique après la dernière glaciation? Nous allons sans plus tarder les schématiser.

Une phase de transition entre les derniers froids et la mise en place d'un climat plus doux s'installe entre 8200 et 6800 av. J.-C. C'est le pré-boréal : la flore se modifie en fonction du radoucissement de la température; le bouleau par exemple s'étend rapidement tandis que le noisetier, l'orme, le chêne commencent à s'affirmer. Puis entre 6800 et 5500 av. J.-C. le réchauffement devient général. C'est le boréal : pins et noisetiers colonisent de grandes étendues.

La période qui, ensuite, voit l'arrivée des premières civilisations paysannes correspond à ce que les botanistes appellent la phase atlantique. Elle a duré de 5500 à 2500 av. J.-C., marquée par un climat doux et humide, plus chaud vers la fin. La forêt tempérée a alors connu une grande extension en particulier en ce qui concerne la chênaie mixte (chêne, orme, tilleul). Pendant la phase suivante, de 2500 à 700 av. J.-C., c'est-à-dire en gros tout au long des âges du cuivre et du bronze, le climat semble avoir été moins chaud et, par endroits, plus sec. La nébulosité a pu dans certaines régions augmenter. C'est le sub-boréal. La chênaie mixte a battu alors en retraite, tandis que, sur les zones en altitude, le hêtre, le sapin ou l'épicéa ont gagné du terrain. Vers 800-700 av. J.-C. un refroidissement s'amorce avec un accroissement des précipitations. On parle quelquefois de détérioration climatique pour désigner cette péjoration qui marque la fin de l'âge du bronze et le début de l'âge du fer. A partir du VIIe siècle commence en effet le sub-atlantique. Désormais la végétation restituée à partir des déterminations polliniques n'est plus le reflet fidèle du climat : l'homme est devenu le facteur écologique essentiel. Il défriche, cultive, bref remanie à tel point le milieu naturel que ce dernier a perdu toute véritable signification par lui-même.

Des côtes aux contours imprécis

Si les traits essentiels du relief étaient déjà ce qu'ils sont aujourd'hui, il n'en allait pas de même de nos façades maritimes.

L'image de l'hexagone à laquelle nous sommes habitués depuis l'enfance avait-elle sur l'Atlantique et sur la Méditerranée le même découpage? Quelle était autrement dit la configuration des côtes? Ce problème ne peut être considéré comme résolu sur des bases définitives. En effet si l'archéologue ou le paléogéographe disposent sur ce sujet d'un certain nombre d'informations, ces dernières demandent toutefois à être précisées dans le détail.

Sous l'effet du réchauffement climatique qui avait succédé à la dernière glaciation, vers – 10000, les glaciers avaient battu en retraite. Le cycle de l'eau s'était remis à fonctionner : évaporation, précipitations, humidité, poussée consécutive de la végétation, etc. De ce fait le niveau des mers et des océans s'est forcément relevé. On estime ainsi, en Méditerranée, qu'au maximum des froids quaternaires, le niveau de la mer s'était abaissé jusqu'à la cote – 120 m par rapport au niveau actuel. Ceci se passait vers 24000 av. J.-C. Dès les débuts du réchauffement, la mer a regagné insensiblement le terrain et le plan d'eau s'est peu à peu exhaussé. Ainsi vers – 10000, la ligne de rivage était située vers – 60 m au large du Petit-Rhône. Vers – 6000, la mer n'était plus qu'à – 20 m environ de son niveau actuel : sa remontée lui avait permis d'envahir la dépression de Berre à l'ouest de Marseille. Vers – 5500/– 5000, on pense que le niveau de la mer n'était guère qu'à – 15 m ou – 10 m environ. Vers 2500 av. J.-C., il ne se trouvait plus qu'à – 2 m, où il a pu se stabiliser jusque vers le Ier millénaire. Quand les Grecs atteignirent les côtes de Provence et du Languedoc au VIIe siècle, le niveau actuel était pratiquement atteint. En réalisant des fouilles dans le vieux port romain de Marseille, l'on s'est rendu compte que, vers le Ier siècle av. J.-C., la ligne de rivage était sensiblement à la même altitude que de nos jours. Des mouvements locaux ont pu donner lieu à une transgression ce qui explique aujourd'hui la submersion de certains sites.

Sur le littoral atlantique, les recherches ont mis en évidence des résultats sensiblement équivalents. Sur la côte picarde, on est à – 60 m vers 9700 av., J.-C. Au Havre, le niveau de la mer atteint – 25 m vers 6000 av. J.-C. A Tréveneuc (Côtes-du-Nord) on est à – 15 m vers 5300 av J.-C.; à Brétignolles (Vendée) à – 5 m vers 3000 av. J.-C.; à Camiers (Pas-de-Calais) à – 2 m vers 1300 av. J.-C. Après qu'un niveau plus ou moins équivalent à l'actuel eut été atteint aux derniers siècles avant l'ère (on l'a repéré à Champagné, en Vendée), il y eut un petit abaissement (jusqu'à – 1,50 m à l'époque romaine). Puis la remontée s'amorce à nouveau. En Aunis, le niveau actuel semble avoir été atteint vers le IXe siècle de notre ère. En fait des oscillations eurent lieu à toutes les époques engendrant une modification permanente des rivages : les hommes durent constamment s'adapter aux conditions imposées par ces variations pour profiter au maximum des données naturelles (pêche, collecte des mollusques).

Le temps des archers

Trois ou quatre millénaires, selon les régions, s'écoulèrent avant que l'économie de production n'élimine peu à peu l'économie de chasse. Cette phase intermédiaire, postérieure aux civilisations de la dernière glaciation, mais précédant le temps des premiers agriculteurs, est parfois baptisée « mésolithique » (c'est-à-dire âge de la pierre moyenne). Ce terme connaît actuellement quelque disgrâce et on lui préfère celui d'épipaléolithique, qui marque mieux la filiation culturelle et l'ambiance économique de ces derniers prédateurs. N'imaginons pas ceux-ci comme des groupes attardés, « régressifs », qui, après les belles civilisations du paléolithique supérieur, se seraient difficilement adaptés à un cadre écologique différent. Ce mythe d'un moyen âge de la préhistoire a vécu. Bien au contraire, l'épipaléolithique est une phase pleine de dynamisme, d'esprit inventif, et constitue un palier important dans l'évolution des sociétés.

Il est aujourd'hui à peu près communément admis que les populations des temps post-glaciaires représentent les descendants directs des chasseurs de la dernière glaciation. L'évolution des milieux écologiques par suite du réchauffement climatique et des transformations de la végétation et de la faune eut une conséquence importante : l'homme se trouva désormais devant un environnement nouveau. Parallèlement des modifications apparurent dans les industries de la pierre. Ces transformations obéissent à un phénomène général d'évolution des cultures. C'est ainsi que les hommes du post-glaciaire sont désormais parvenus au stade ultime des civilisations de chasseurs, stade marqué par une tendance à la miniaturisation de certains éléments de l'outillage et ce, en dehors de toute pression d'ordre climatique ou autre.

Ceci explique les changements dans la composition des industries : disparition progressive de certaines variétés d'instruments, augmentation ou réapparition plus ou moins forte de certains outils, constitution de techniques nouvelles. On assiste ainsi à l'élimination insensible des harpons et de certaines pointes en os. L'art mobilier à motifs animaliers s'est totalement dissipé. Les burins disparaissent aussi. Au contraire les microlithes, ces tout petits outils de silex parfois apparus dès le paléolithique supérieur, vont proliférer. On en tire des variétés diverses : pointes, triangles, segments, trapèzes, etc. Nous entrons dans l'ère des armatures de petite taille aux formes souvent géométriques. Bien entendu ces menus instruments, bien typés, ne s'opposent pas à la perduration de l'outillage classique commun : grattoirs, perçoirs, pièces à troncature, lames, lamelles, voire outils de fortune d'origine très ancienne. Mais le succès des microlithes tient désormais à la fabrication d'outils composites : les traits comportent désormais des hampes « bon marché » en bois, que l'on peut remplacer sans problème. Quant aux petites armatures elles pouvaient s'insérer sur ces manches en qualité de têtes de flèches. Ainsi s'explique désormais le succès de l'arc, peut-être inventé dès la fin du paléolithique supérieur, mais dont c'est à présent la grande époque.

Dans certaines régions, enfin, des groupes à outillage volumineux et robuste ont pu coexister avec les cultures à microlithes. C'est le cas notamment de l'industrie en grès lustré des environs de Paris. Mais la chronologie de ces outillages massifs reste mal assurée.

Un certain nombre d'aires culturelles apparaissent désormais à l'intérieur du territoire français, chacune marquée par des outillages particuliers soumis à une évolution régionale. Mais au-delà des distinctions de détail qu'il est aujourd'hui possible de reconnaître, un certain nombre de caractères généraux permettent d'esquisser une évolution à valeur globale. Ainsi au VIIIe millénaire av. J.-C., tandis que beaucoup de groupes utilisent des outils peu originaux (éclats retouchés, denticulés), les armatures triangulaires demeurent abondantes et une prédilection se dessine en faveur des petites pièces régulières de forme isocèle. En Provence on affectionne aussi des segments de très petite taille.

Au VIIe millénaire, le goût pour les armatures triangulaires demeure mais on préfère désormais les pièces asymétriques (les triangles scalènes par exemple). On confectionne dans l'os des sortes de haches, des lissoirs, etc.

Au VIe millénaire, les microlithes accusent désormais des formes en trapèze dont les variétés changent selon les régions et les stades (fig. 1). Les lames et lamelles à retouche irrégulière ou à coches multiples (type de Montbani) sont alors abondantes. La mode des pièces à retouche plate se développera bientôt et, dans le Sud du pays, émergeront insensiblement des flèches trapézoïdales ou triangulaires (flèche de Montclus, flèche de Jean Cros) qui seront largement utilisées au cours du néolithique, pendant le Ve millénaire. Les parures sont toujours des coquillages marins (columbelles) ou des craches de cerf perforées. Ainsi se présente l'évolution générale des industries mésolithiques.

Il convient aussi de ne pas perdre de vue que la mise en place des premières civilisations néolithiques ne fut ni rapide ni systématique. Elle commença à s'affirmer, dans les régions méridionales, à la suite d'impulsions méditerranéennes, dans le courant du VIe millénaire, laissant des cultures mésolithiques s'épanouir dans la majeure partie du territoire français. Même au Ve millénaire quand le néolithique méridional prospéra et s'étala vers le Massif central et le Sud-Ouest, quand les premiers colons danubiens franchirent le Rhin pour s'installer dans l'Est du pays et, peu à peu, dans le Bassin parisien, certaines cultures mésolithiques subsistèrent encore plus ou moins vivaces. Ce fut en particulier le cas en Bretagne littorale où divers sites (Téviec, Hoëdic, La Torche) connurent alors leur apogée. Ces notions de chevauchement dans le temps de civilisations ayant atteint des stades d'évolution différents doivent être constamment présentes à l'esprit.

La fin de l'économie de chasse

L'économie des populations post-glaciaires demeura dans le droit fil de celle des temps antérieurs. Dans un milieu où se rencontrent fréquemment le pin, le noisetier, des arbustes et des herbes, les populations du VIIe millénaire chassent avant tout le cerf, le sanglier et le chevreuil, plus accessoirement le grand bœuf ou certains équidés. Les petits animaux (lièvres, lapins, écureuils, oiseaux) sont moins prisés mais une place à part est faite aux bêtes recherchées pour leur fourrure (martres, loutres, renards, blaireaux). Les végétaux entrent dans la consommation courante : noisettes, glands, châtaignes, mûres, etc. Un millénaire plus tard, le cerf et le sanglier demeurent les proies principales. Dans certaines contrées favorables, le lapin fera l'objet d'une chasse active (comme à l'abri de Châteauneuf-les-Martigues, en Provence). Les escargots, déjà largement consommés aux VIIIe et VIIe millénaires, sont encore recherchés. On cueille toujours des baies, des noisettes, des poires sauvages, etc.

Les sites les plus couramment occupés sont des abris, souvent de petite taille, ou des porches de grottes. Des habitats de plein air sont également édifiés et quelquefois une certaine préférence s'est manifestée dans l'implantation de huttes sur des sols sableux, secs, correspondant à des clairières ou à des terrains découverts. De même certaines collines ou quelques crêtes dominant la zone littorale ont été choisies et des campements y furent établis. C'est le cas en particulier de quelques sites armoricains sur lesquels furent accumulés des débris de cuisine, des mollusques essentiellement. Ces amas coquilliers (Téviec et Hoëdic dans le Morbihan, La Torche dans le Finistère) semblent indiquer une exploitation des possibilités marines sans que la chasse soit pour autant délaissée (cerf, sanglier). On connaît aussi des campements établis en bord de plateaux, des stations de plaine, de vallée mais aussi de montagne (l'abri de Longetraye en Haute-Loire est à 1 200 m d'altitude). Les sites d'altitude devaient correspondre à des habitats saisonniers d'été.

Sur certains gisements on a pu repérer des foyers bien structurés tels ceux qui furent construits à Téviec et qui étaient limités par de grosses pierres disposées en cercle ou encore ceux de l'abri de Montclus, dans le Gard, qui étaient des cuvettes bourrées de galets souvent posés de chant. Sur le campement de plein air de Gramari (Vaucluse) plusieurs types d'aménagements ont été reconnus : foyers à plats, foyers en fosse, calage de poteaux, etc. Dans l'abri de Mannlefelsen à Oberlag (Haut-Rhin) on a retrouvé, en relation avec plusieurs occupations de cette époque, les emplacements d'un rempart de pierres, d'une palissade de bois ainsi que les restes d'une tente dont les poteaux étaient calés par des pierres.

Dans la région parisienne, de récentes recherches sur le gisement « tardenoisien » du bois de Plaisance à Sonchamp (Yvelines) ont permis notamment d'étudier l'emplacement d'une unité de campement. Les restes d'un foyer appareillé muni d'un évent se trouvaient sans doute au centre d'une hutte d'environ 4,50 m × 3 m tandis qu'un autre, plus petit, avait été allumé à l'extérieur, au milieu des outils et des déchets de taille.

On sait peu de choses des groupes humains eux-mêmes, souvent réduits d'ailleurs à une dizaine de personnes où à peine plus. On retrouve fréquemment les mêmes proportions d'outils sur les sites de plein air comme dans les abris ce qui implique une spécialisation du travail peu prononcée. Tout semble donc indiquer pour chaque groupuscule un territoire bien connu avec des retours plus ou moins réguliers à des haltes déterminées au gré des saisons.

Un certain nombre de sépultures de cette époque ont pu être étudiées. Il s'agit souvent de tombes isolées en grotte ou sous abri mais l'on connaît aussi de véritables nécropoles liées à des sites de plein air comme celles de Téviec et d'Hoëdic, datées du Vᵉ millénaire. Dans ces deux derniers gisements les sujets avaient été disposés en position contractée, jambes fléchies ramenées vers la poitrine, dans des fosses comportant parfois des restes de coffrages. A Hoëdic certaines tombes étaient couvertes d'une sorte de toit construit en ramures de cerf. Certaines tombes contenaient plusieurs sujets : homme et femme, homme ou femme(s) et enfant(s), enfants seuls, etc. Une sépulture de Téviec totalisait six individus. Dans quelques cas les inhumations ont été manifestement contemporaines, ce qui sous-entend l'existence de sacrifices.

Outre l'offrande de divers outils en silex, en os ou en bois de cerf, les défunts étaient parés de riches colliers en coquillages, ces derniers différant selon le sexe du sujet. A Téviec des foyers rituels avaient été allumés au-dessus des sépultures ; ils comportaient des mâchoires de cerf ou de sanglier. On avait même construit sur la tombe de petits tertres de pierre atteignant jusqu'à 1,30 m de hauteur!

A côté de ces nécropoles exceptionnelles, on a pu étudier d'autres sépultures mésolithiques, souvent isolées d'ailleurs et ne comportant qu'un unique défunt en position allongée ou forcée. Signalons ainsi le cas de la sépulture de l'abri d'Araguina-Sennola, près de Bonifacio, en Corse, datée du VIIe millénaire : on avait d'abord creusé une fosse oblongue; on l'avait ensuite saupoudrée d'ocre rouge comme pour donner un nouveau souffle de vie à la défunte que l'on allongea dans cette tombe. Quand on examina les restes osseux de cette pauvre femme, l'on s'aperçut que ses dernières années s'étaient déroulées dans beaucoup de souffrance : de constitution délicate, elle était atteinte d'une paralysie partielle du membre supérieur gauche; elle souffrait aussi de douleurs au pied, enfin une affection dentaire importante la gênait dans le masticage des aliments. Il semble pourtant que la communauté ait veillé avec beaucoup d'attentions sur cette handicapée, ne serait-ce que par le soin que l'on a mis à aménager sa sépulture.

Premiers bergers?

Ces populations se sont-elles contentées de vivre tranquillement d'une économie traditionnelle de prédation? Oui, pour l'essentiel. Pourtant quelques indices montrent que l'économie de ces communautés n'est pas demeurée figée. Mieux, quelques-uns de ces groupes ont peut-être tenté d'esquisser de nouvelles relations avec le milieu végétal ou animal. En ce domaine les spécialistes n'en sont encore qu'au stade des hypothèses. Toutefois il est permis de se demander si quelques bandes n'accèdent pas dès lors à une situation de « proto-néolithique ». Autrement dit si déjà un certain processus d'évolution ne les conduit pas inexorablement à devenir des producteurs de nourriture.

Ainsi au VIIe millénaire, certains couteaux de silex de la grotte de Rouffignac, en Dordogne, portent un lustré énigmatique, que l'on ne retrouve généralement que sur les faucilles néolithiques. Ne sectionnait-on pas déjà les tiges de graminées? Ce qui est sûr c'est qu'effectivement des graminées, des vesces essentiellement, ont été intensivement cueillies au VIIe millénaire dans les environs de la grotte de Fontbrégoua (Var). Mais à la grotte de l'Abéorador (Hérault), il y a mieux : à côté des vesces bien représentées ici également, on retrouve des légumineuses comme des lentilles ou des pois, dont certaines ne présentent guère de différences morphologiques avec les légumineuses cultivées des temps néolithiques. Était-ce les balbutiements d'une horticulture? Il est encore bien difficile de l'affirmer pour des époques aussi reculées.

A défaut d'une agriculture pré-céramique, n'existait-il pas déjà un élevage embryonnaire? Ici les documents sont un peu plus solides. Vers 6000 av. J.-C., des groupes mésolithiques se mettent en effet à consommer du mouton. Mouton probablement déjà domestique. Et c'est là que le problème se pose. Les spécialistes discutent encore pour savoir si ce mouton a été domestiqué dans nos régions à partir d'une espèce sauvage ou s'il fut introduit déjà étroitement dépendant de l'homme pour ses besoins alimentaires. Les traces certaines d'un ancêtre sauvage du mouton domestique sont en France trop fragmentaires pour être prises sérieusement en considération.

Il y a tout lieu de penser que le mouton apparut dans des groupes mésolithiques de la Méditerranée occidentale, aux alentours du VIIe millénaire, par suite des premiers contacts avec l'Égée ou l'Asie mineure. On connaît en effet des moutons domestiques en Turquie, à Caÿonu, vers – 7000 et en Thessalie vers – 6200. Et, d'emblée, le mouton a prospéré dans la plupart des premières communautés agricoles du Sud-Est européen. La seule question qui se poserait serait donc celle de son cheminement vers l'ouest. Rien ne s'oppose en fait à une transmission par terre, le long des côtes, ou par mer, ne serait-ce que par cabotage. Il est justement intéressant de constater que la première culture de la fin du mésolithique à montrer, en Méditerranée occidentale, la présence d'ovicapridés peut-être déjà élevés, a un caractère côtier très accusé. Il s'agit du castelnovien (terme proposé à partir du site de Châteauneuf-les-Martigues, en Provence) que l'on crut d'abord limité à la Basse-Provence, mais dont l'extension semble en fait beaucoup plus vaste. Les Castelnoviens utilisaient un outillage de pierre robuste : grattoirs épais, rabots, pièces denticulées. Ces outils sont associés à des couteaux, sortes de lames régulières, retouchées ou brutes. Les harpons ou les flèches des arcs étaient en bois et complétés à l'aide d'armatures de silex, trapézoïdales, avec des bords concaves caractéristiques. Ces gens ont aussi confectionné des poinçons en os, utilisé des coquilles de moules dentelées, fabriqué des colliers à partir de coquilles marines perforées (columbelles, cônes, cérithes, murex). La répartition géographique de ce complexe industriel s'étale de la Vénétie jusqu'au Portugal avec, bien entendu, des variantes régionales. Une partie de la zone côtière de la France méditerranéenne paraît occupée par cette culture vers la fin du VIIe et au cours du VIe millénaire.

Il y a tout lieu de penser que la civilisation castelnovienne a joué un rôle essentiel dans l'introduction du mouton domestique en Méditerranée occidentale et en particulier dans le Midi de la France. Sans doute le mouton n'occupa-t-il chez ces peuplades qu'un rôle secondaire dans l'alimentation carnée puisqu'il ne fournit qu'environ 9 % de viande disponible à Châteauneuf; dans ce gisement en effet les espèces sauvages détiennent encore la part essentielle de la nourriture carnée : le lapin donne plus de 17 %, le cerf 27 %, le grand bœuf sauvage 44 %. Mais l'introduction du mouton allait enclencher un rapide processus de colonisation économique et écologique. Cet animal va bientôt prospérer à tel point qu'il défigurera le paysage de manière irréversible. C'est sans doute à partir de ces petits troupeaux méditerranéens que le mouton sera introduit dans d'autres groupes humains antérieurs aux premières cultures à poterie. On le retrouve en Aquitaine (par exemple sur le site de Cuzoul-de-Gramat dans le Lot, ou sur celui du Martinet dans le Lot-et-Garonne) dans des contextes archéologiques pouvant être datés des environs de 5000 av. J.-C. ou plus récents. Il atteindra le littoral breton (sites de Téviec et d'Hoëdic, dans le Morbihan) vers le milieu du Ve millénaire, parfois associé à un petit bovidé, peut-être domestique lui aussi.

Un compagnon énigmatique : le chien

C'est sensiblement vers la même époque que le chien fait son apparition en Gaule. Sa domestication demeure obscure et, pour ce qui concerne l'Ancien Monde, on a évoqué comme souche possible les loups du Nord de l'Europe. Rappelons ici que plusieurs sites antérieurs aux premières civilisations agricoles ont livré des restes de chien : ainsi à Star Carr, en Grande-Bretagne et à Seckenberg-Moor, en Allemagne, vers 7500 av. J.-C., puis dans plusieurs stations danoises vers 6500 av. J.-C. En France on a même signalé un chien plus ancien encore dans le site azilien du Pont d'Ambon en Dordogne. Pour la zone méditerranéenne on a évoqué quelquefois une introduction à partir des centres proches-orientaux dans lesquels le chien aurait pu émerger à partir de la domestication du chacal. Mais ici encore les étapes de cette mutation sont peu claires. On a récemment avancé à nouveau l'existence du chien dans le natoufien, une civilisation épipaléolithique qui s'épanouit en Palestine, au Liban et en Syrie vers les Xe-IXe millénaires. En milieu plus récent on a de temps en temps mentionné du chien dans des horizons, vers 7000 av. J.-C. (à Cayönu en Asie Mineure, à Jéricho en Palestine, à Jarmo en Mésopotamie).

Quoi qu'il en soit de sa provenance, le chien semble faire son apparition dans quelques gisements français antérieurement à la connaissance de la poterie vers 6000 av. J.-C., le site plus ancien du Pont d'Ambon excepté. C'est le cas par exemple à l'abri de Châteauneuf-les-Martigues en Provence (où on a signalé un canidé plus petit que le loup) ou dans la grotte de Rouffignac en Dordogne. Quelques restes proviennent aussi de l'abri de Cuzoul-de-Gramat dans le Lot et du site de Téviec en Bretagne. Encore une fois les spécialistes restent perplexes sur l'origine précise de ce fidèle compagnon de l'homme. Tout porte à croire qu'une petite race de loup fut, en Europe de l'Ouest, à l'origine des premiers chiens dont, rappelons-le, on ne connaît aucune variété sauvage indiscutable. Mais sans doute n'y eut-il pas un point de domestication unique et il faut penser à plusieurs aires où dût s'accomplir le saut de l'espèce sauvage aux premières variétés domestiques. Dans les premiers temps, la fonction du chien fut sans doute d'aider l'homme à la chasse. Mais les preuves pour ces périodes reculées sont difficiles à cerner. Il est plus probable que le chien eut avant tout pour tâche de nettoyer le camp des reliefs et des rebuts alimentaires de la communauté. Sans doute pouvait-il aussi avoir un rôle de protection. Quant à la conduite des troupeaux elle est devenue à nos yeux tellement naturelle que nous avons peine à imaginer qu'elle ne fut pas pratiquée : et pourtant le dressage du chien de berger est une notion technique « récente » qui ne paraît pas antérieure aux temps historiques (Moyen Age). Même si l'introduction du chien s'opéra chez les derniers chasseurs, la présence de cet animal va faire désormais partie de l'environnement des communautés agricoles.

Les débuts de la navigation

Vers – 6000 la Méditerranée ne pouvait plus être une barrière. L'homme savait déjà fabriquer des embarcations sommaires et naviguer le long des côtes. Il est même probable qu'il ne dédaignait pas, à l'occasion, gagner le large et perdre les terres de vue. Des embarcations elles-mêmes nous ne savons rien, mais on a découvert, aux Pays-Bas, les restes d'une pirogue taillée dans un tronc d'arbre et pour laquelle on a obtenu une date de 6315 av. J.-C. Il y a tout lieu de penser que de telles pirogues « monoxyles », c'est-à-dire obtenues en évidant un tronc d'arbre, ont constitué le type même du bateau primitif. En fait ce genre d'embarcation sommaire sera tellement utilisé tout au long des temps historiques qu'il est difficile de donner une datation précise aux quelque cent pirogues répertoriées sur le territoire français et découvertes essentiellement dans les bassins de la Loire, de la Seine et de la Saône. La plus ancienne actuellement datée ne remonte qu'au IIIe millénaire (lac Paladru à Charavines, Isère : 2 240 ± 150 av. J.-C.). On n'a d'ailleurs pas mis au jour de pirogues creusées dans des troncs d'arbres dans la région méditerranéenne. Était-ce parce que les gros arbres faisaient défaut dans ces contrées ou cette absence est-elle due aux aléas de la recherche ? On peut aussi supposer l'existence en Méditerranée de flotteurs genre radeau simple ou radeau amélioré passant peu à peu aux vrais bateaux. La hache des premiers paysans a certes pu servir à défricher mais aussi à tailler le bois pour la construction d'embarcations.

Quoi qu'il en soit de notre ignorance sur les moyens de locomotion, nous avons des preuves irréfutables quant à l'existence de la navigation en Méditerranée. Avant même que ne se manifestent les premières civilisations à céramique, l'homme s'était en effet risqué sur la mer : en Égée, dès les Xe-VIIIe millénaires, l'obsidienne de Mélos était régulièrement exportée sur le continent, comme des analyses de pièces de la grotte Franchti, en Péloponnèse, l'ont récemment démontré. La présence de l'homme en Crète et en Corse est certaine dès le VIIe millénaire ; elle l'est aux Baléares dès le VIe millénaire au moins. Même en admettant que le réchauffement consécutif à la mise en place d'un climat tempéré n'avait pas fait sentir tous ses effets et que, de ce fait, le niveau de la mer était plus bas que l'actuel (vers – 30 m au VIIe millénaire ?), il faut penser que l'homme était désormais à même de franchir des distances notables.

D'ailleurs la géographie même du monde méditerranéen n'imposa-t-elle pas très tôt ce genre de communication? Souvent constitués de basses terres isolées les unes des autres par des reliefs vigoureux, les pays de la Méditerranée cloisonnés, compartimentés, forment chacun autant de mondes à part. La mer devient dès lors un trait d'union, souvent même la seule route possible. Dans ce contexte les îles sont des relais et des tremplins culturels. Toute la préhistoire récente de la Méditerranée sera un balancement entre des cultures fortement autonomes et des témoignages peu discutables de contacts incessants avec des groupes plus ou moins lointains. Dès la fin du mésolithique tout était donc prêt pour une transmission des idées et des techniques par voie maritime sur des parcours appréciables.

La « néolithisation »

Voici donc amorcée la « néolithisation » c'est-à-dire l'avènement des sociétés néolithiques. Changement capital dans l'histoire de l'Europe, au moins aussi grand que celui qui vit au XIXe siècle la naissance de l'ère industrielle. Au cours des longs millénaires qui ont précédé cette mutation, l'homme avait vécu en parasite dans la nature. Il avait chassé, pêché, cueilli, ramassé, en un mot il avait pris sur la nature sans lui donner en retour. Comme les animaux il s'était comporté en prédateur. Sans doute en prédateur intelligent, sélectionnant ses proies, mesurant par avance les effets des contraintes par trop abusives qu'il pourrait faire subir à telle espèce animale ou végétale. Une sorte de parasite connaissant à merveille le milieu écologique qu'il exploitait et veillant à ne pas rompre un certain équilibre qui assurait la survie de la communauté. Sans doute les possibilités offertes par le milileu n'étaient-elles pas trop extensibles; aussi certains seuils démographiques ne devaient-ils pas être transgressés tandis que le territoire devait être forcément assez lâche.

Qu'elle fût brutale ou progressive, la constitution des sociétés néolithiques modifia presque totalement la vie des sociétés préhistoriques. A partir de ce stade évolutif, l'homme va intervenir sur la nature pour produire sa propre nourriture. Car l'essentiel de son alimentation proviendra désormais des animaux qu'il va élever et des céréales et des plantes qu'il va cultiver.

Nous voici désormais aux racines du monde paysan. Une aventure qui va jouer un rôle décisif dans l'histoire de notre paysage. L'apparition sur le sol français des premières civilisations villageoises s'insère dans un contexte à la fois technologique et socio-économique qui se démarque rapidement de la vieille humanité paléolithique. De nouvelles connaissances apparaissent : domestication des animaux et pratique de l'élevage, culture des céréales, fabrication d'outils propres aux activités agricoles (faucilles, meules, broyons), polissage de la pierre, invention de la poterie. Ces nouveautés vont de pair avec de nouvelles structures sociales : sédentarisation progressive, apparition des premiers villages, poussée démographique puis, dans un deuxième temps, spécialisation des individus, apparition de nouvelles classes et hiérarchisation de la société autour d'un pouvoir politique ou religieux.

Comment donc ces premiers paysans ont-ils pris pied dans notre pays? Y a-t-il eu colonisation à partir de centres techniquement plus avancés? Y a-t-il eu simplement évolution sur place et transformation plus ou moins rapide des populations indigènes sous l'effet d'impulsions externes? Quelle que soit la réponse que l'on puisse apporter à ces questions, il faut savoir que la France n'occupe qu'une position chronologique secondaire par rapport à des régions comme le Proche et le Moyen-Orient où les prémices de la néolithisation sont plus anciennement attestées.

Pour l'Ancien Monde les plus vieux témoignages des premières sociétés paysannes se retrouvent en Turquie, en Syrie, au Liban, en Palestine, en Irak, en Iran. Là-bas la sédentarisation fut précoce puisque des villages à bâtisses de pierre, ovales ou circulaires, avec superstructure en torchis ou clayonnage, apparaissent dans le Zagros dès le Xe millénaire, dans la vallée de l'Euphrate, quelque mille ans plus tard. Les premiers animaux domestiques sont signalés peu ou prou dans ce même cadre géographique. Les ovicapridés sont déjà peut-être en cours de domestication dans le Zagros vers les Xe-IXe millénaires; en tout cas leur statut domestique ne semble plus faire de doute vers – 7000 en Palestine (El Khiam) ou en Turquie (Cayönu). Le porc est connu au VIIe millénaire en Mésopotamie, au Liban, en Thessalie. Le bœuf était présent en Grèce du Nord vers la même époque. La culture des céréales (blé et orge) est attestée antérieurement aux civilisations à poterie en Turquie et dans plusieurs pays du Croissant fertile.

La connaissance de la poterie fut plus lente à se manifester. A Tell Mureybet, en Syrie, les premiers essais apparaissent timidement vers le VIIIe millénaire. Mais l'« explosion » généralisée de cette technique n'est pas antérieure au VIIe millénaire, où elle voit le jour un peu partout de l'Iran jusqu'aux Balkans.

A partir de cette zone de création, l'Europe fut peu à peu gagnée selon des processus parfois complexes : apparition de vagues colonisant de proche en proche de nouveaux territoires, contaminations porteuses d'idées ou de techniques donnant naissance à des créations originales au sein même des sociétés indigènes. Deux axes essentiels semblent avoir commandé l'apparition des premières communautés paysannes de la France : au sud la voie méditerranéenne, et, tout au long de l'Europe centrale, l'artère constituée par le bassin du Danube. Ces deux « portes » naturelles ont joué un rôle de premier plan que nous allons essayer de cerner.

Les gens du cardial

Déjà en Provence et en Languedoc, à la charnière des VIIe et VIe millénaires, nous avons vu les derniers chasseurs-collecteurs accorder plus d'importance à la consommation des graminées et des légumineuses. De même le mouton était-il vraisemblablement déjà subordonné aux décisions de l'homme. Un nouveau palier se met dès lors en place sous l'effet d'impulsions méditerranéennes. Ainsi le stade suivant, qui s'organise dans le courant du VIe et surtout du Ve millénaire, correspond à ce que les archéologues appellent le néolithique ancien cardial. Pourquoi néolithique ancien? Parce que pour la première fois sont réunies un certain nombre d'acquisitions matérielles (l'homme sait dès lors fabriquer la poterie ou polir la pierre) et économiques (il devient désormais un authentique éleveur et un agriculteur débutant) qui indiquent la connaissance par les communautés de techniques nouvelles. Pourquoi cardial? Parce que les vases qu'il modèle sont fréquemment décorés par impressions variées de coquillages; le *cardium edule*, le plus souvent; le *pectunculus* moins fréquemment (fig. 2, n°s 3 à 6). Par extension cet adjectif a parfois servi à désigner l'ensemble de la culture concernée et les archéologues parlent quelquefois de « cardial » comme synonyme de « néolithique ancien de la Méditerranée occidentale » : le terme est court, commode, et c'est un avantage en matière de vocabulaire.

Où trouve-t-on ces gens? Sur toute la façade méditerranéenne, des Alpes-Maritimes au Roussillon. Sans parler de la Corse qui semble avoir été plus précocement touchée par cette propagation. Dans un premier temps leur expansion vers l'intérieur des terres sera assez lente. Le groupe cardial s'étendra jusque dans les Basses-Alpes (site de Saint-Mitre à Reillanne), en Ardèche (sites d'Oullins, de Combe-Obscure, de Ronze), dans les Cévennes occidentales (site de Camprafaud à Ferrières, Hérault), dans la Montagne Noire (grotte Gazel, Aude). L'extension continentale oscille donc entre 50 et 100 km. C'est peu. Une constatation s'impose de ce fait au seul vu de la répartition géographique : les impulsions qui ont donné naissance à cette culture sont bien méditerranéennes. La mer, on l'a vu plus haut, n'était plus un obstacle. On cabotait aisément, on s'aventurait même au large. Aller de Ligurie jusqu'en Provence ou en Languedoc était chose facile. Gagner le littoral ligure depuis la Sardaigne ou la Corse n'avait rien d'insurmontable.

Aussi trouve-t-on déjà des poteries étonnamment voisines de celles connues en Corse, Toscane ou Ligurie jusqu'en Bas-Languedoc (site de Portiragnes, Hérault). De même certains vases du Midi français auront-ils de fidèles copies jusqu'en Espagne, en pays valencien par exemple, sinon plus au sud. Quelques pièces d'obsidienne, cette roche brune translucide inconnue dans le Midi de la France, commencent à être signalées çà et là : il faut bien admettre que leur provenance a pour siège la Sardaigne, sinon les îles Éoliennes où se trouvent des gîtes naturels. Est-ce à dire que l'osmose était totale entre les populations établies sur les terres bordant la Méditerranée occidentale? Sans doute pas. Si des contacts sont démontrés, chaque province a tendance à s'originaliser à travers des caractères propres. L'archéologue décèle ces particularismes à travers des détails évocateurs : style des vases, décors sur poteries, caractères de l'outillage de pierre, etc.

Restons, par exemple, dans le domaine de la terre cuite. Voici donc apparus, vers 5000 av. J.-C., des Alpes au Roussillon, les premiers potiers du sol français. Les récipients modelés sont toujours de forme simple : bols hémisphériques, vases sphériques avec col (bouteilles) ou sans col (marmites), volumes cylindriques avec un col rétréci plus ou moins allongé (amphores), louches enfin. Les pots de fleurs ou autres récipients à fond plat ne sont guère présents que sur des sites attestant des contacts avec le monde italique, terrain où ces formes prédominent. L'ornementation est variée; elle est réalisée par impressions de coquillages, de coups d'ongle, de trace de peigne; des coups de poinçons ou de spatules donnent des sillons, des cannelures, des points; on affectionne aussi les bourrelets en relief que l'on dispose à la verticale, à l'horizontale ou en croix. Les pâtes sont souvent bien cuites et forment un ciment dur et homogène. C'est dire que, dès qu'elle se manifeste dans la zone côtière, la technique de fabrication de la poterie est parfaitement maîtrisée.

Autre innovation, l'homme sait désormais polir la pierre. Cette technique lui permet de confectionner des « haches » de pierre polie, aux destinations sans doute multiples (fig. 2, n°s 7). Mais il continue par ailleurs à tailler le silex ou d'autres roches pour en tirer toute une panoplie d'instruments nécessaires à son quotidien : rabots, grattoirs, racloirs, couteaux (fig. 2, n°s 8 à 10, 14, 15). Il façonne toujours de petites armatures en forme de trapèzes ou de triangles qui lui servent à armer les flèches (fig. 2, n°s 11 à 13, 16 à 19). En os il confectionne des poinçons, des sagaies, des aiguilles.

La coquetterie ne perd pas ses droits. On polit des bracelets en pierre, en pectoncle ou en triton; on prépare des colliers à partir de coquillages perforés (columbelles, pectoncles, porcelaine, cônes, etc.).

Provence et Languedoc au Ve millénaire

Les habitats du néolithique ancien méditerranéen sont de deux sortes. Il existe d'abord des sites de plein air, qu'il s'agisse de cabanes isolées ou de petites agglomérations. La localité de Courthézon, dans le Vaucluse, comportait des huttes circulaires, de 5 m de diamètre, empierrées de galets de quartzite. On ne peut aussi manquer de signaler un village, aujourd'hui englouti, et qui gît par 3 ou 4 m de fond dans l'étang de Leucate. Mais on pratiquait également l'occupation des abris sous roche et des grottes, c'est-à-dire des sites naturellement protégés, traditionnellement fréquentés depuis des temps immémoriaux.

L'agriculture était pratiquée sur des terrains favorables, sans doute aux alentours des premiers villages. L'élevage l'accompagnait, et l'on verra plus loin à quel point on a pu, sur les terrains impropres à la culture, tirer au maximum parti de cette activité. Quant à la chasse elle n'a pas cessé et, dans certaines zones boisées, elle a dû encore jouer un rôle capital. Dans les aires côtières le ramassage des mollusques allait bon train. Les produits de la pêche, déjà intenses au mésolithique, ne durent pas faiblir. Dans la grotte du cap Ragnon, près de Marseille, on a déterminé douze espèces de poissons dont le thon, un squale et un mérou. A Leucate on a même mis au jour les restes d'un espadon, ce qui démontre que la pêche au large était bel et bien pratiquée. Sur ce site de nombreux outils affûtés en os, présentant une base carrée, sont probablement des éléments de foënes.

On ne peut nier que les « cardiaux » aient été un tant soit peu agriculteurs. Ils ont pu pratiquer çà et là quelques éclaircies par le feu. Ils cultivaient le blé et l'orge (sites de Châteauneuf et de Fontbrégoua, en Provence) et, parallèlement, continuaient à cueillir des graminées (vesces) ou des glands. Les techniques de cette agriculture cardiale sont peu connues. Des poids de calcite servant à lester des bâtons à fouir ont été découverts en Languedoc (grotte Gazel, Ill. nº 1). C'est dire que l'on utilisait des instruments rudimentaires de type bâtons appointés pour creuser des trous, briser des mottes, etc. Sans doute utilisa-t-on aussi des houes, bâtons recourbés à « soc » durci ou renforcé par une pierre polie. Des faucilles avec éléments tranchants en silex devaient aussi exister; on a en effet remarqué que certaines pièces portaient déjà une luisance caractéristique de la moisson des céréales. Enfin des meules à va-et-vient ont servi à broyer le grain.

L'élevage ne fut pas moins important. Le rôle que va en particulier y jouer le mouton sera écrasant. Favorisé par un milieu écologique propice, le mouton va être le facteur fondamental de la tranformation du paysage, l'une des causes essentielles du déboisement et de l'érosion des sols. La chèvre l'accompagne dans cette aventure mais les spécialistes ont de grandes difficultés, à partir des restes osseux dont ils disposent, à différencier les deux espèces. Aussi se contentent-ils souvent de parler d'« ovicapridés ».

Peu à peu la sédentarisation s'accentuant, de nouvelles espèces plus « stables » vont être recherchées et leur élevage développé. Ainsi un bœuf de petite taille, peut-être connu dès la fin des temps épipaléolithiques (par exemple à la grotte Gazel, dans l'Aude), prend de l'importance dans le groupe cardial. L'a-t-on introduit ici sous une forme déjà domestique, à partir de certains centres du Sud-Est de l'Europe, ou fut-il le produit d'une domestication locale dont la souche serait le bœuf sauvage présent de longue date dans le Midi de la France? On peut en débattre. Quoi qu'il en soit il n'est pas interdit de penser, comme l'a fait remarquer récemment J. Desse, que le petit bœuf connu plus tardivement dans les cités lacustres du monde alpin occidental (Suisse, France de l'Est) ne soit en fait que le descendant direct du petit bœuf domestique présent dès le Ve millénaire en Languedoc et en Provence. Quant au porc il apparaît aussi dans le néolithique cardial; on peut penser à deux possibilités pour expliquer son apparition : l'hypothèse d'une origine orientale ou celle d'une domestication sur place des petits sangliers qui peuplaient après – 10000 les terres de la Méditerranée occidentale.

Sédentarité et mobilité : vers une spécialisation des tâches

L'agriculture, même à ses débuts, contraignit l'homme à une plus grande fixation au sol. Bien sûr l'épuisement des sols obligea quelquefois les communautés à se déplacer pour se mettre en quête de terres nouvelles. Mais semailles et moissons impliquent l'attachement à un terroir déterminé. L'homme se voit donc régulièrement contraint de faire corps avec un espace donné pour un certain temps. Ainsi sans nul doute de petites localités à vocation agricole commencèrent-elles à voir le jour dans le courant du Ve millénaire.

Pourtant l'économie mobile ne fut pas pour autant délaissée. L'élevage des ovicapridés commanda la perduration d'un certain nomadisme ou d'un semi-nomadisme. Quant à la chasse ou à la collecte, qui avaient permis de se nourrir pendant des millénaires, on n'allait pas les abandonner sans plus attendre. C'est pourquoi l'économie du néolithique ancien apparaît souvent comme un combiné entre des pratiques ancestrales liées à une mobilité minimum et de nouvelles dispositions favorisant la sédentarité. L'exemple de l'abri Jean Cros est à cet égard significatif.

Cet auvent des Corbières occidentales, situé sur un plateau où coexistaient des zones boisées et des espaces plus découverts, était au printemps et à l'automne une halte de bergers, un gîte-étape. A la sortie de l'hiver un groupuscule, sans doute désigné par la communauté, était chargé d'amener le troupeau vers les hautes terres, riches en herbes. Ce groupe abandonnait donc le camp de base et gagnait les premières hauteurs des Corbières. Il séjournait à l'occasion sous l'abri, veillant sur les moutons et exploitant au maximum la niche écologique : collecte de végétaux, chasse au sanglier, plus accessoirement au cerf, au chevreuil ou au petit gibier. De là ces bergers poussaient leurs bêtes toujours plus haut pour passer l'estive. Aux premiers mauvais jours, ils amorçaient leur descente vers le camp de base, établi en territoire plus clément et effectuaient donc sensiblement le chemin inverse. A cette occasion, ils pouvaient faire à nouveau halte sous l'abri, tirant encore parti au maximum des ressources du milieu (chasse, ramassage d'escargot en ces mois d'automne pluvieux, cueillette de fruits ou de baies).

Cet exemple tend à montrer qu'une communauté du néolithique ancien pouvait maîtriser parfaitement un territoire donné et en exploiter toutes les possibilités : agriculture en terrains favorables, déplacements nécessaires à l'entretien du troupeau, exploitation « prédatrice » du milieu végétal et animal. L'économie répondait donc à un sytème complexe et s'organisait autour de deux aspects : l'un sédentaire, l'autre mobile. L'abri Jean Cros n'est que la traduction de l'aspect « mobile » de ce système. Une telle structure implique par ailleurs d'autres aspects, sociaux ceux-là. Si au printemps on désignait quels devaient être les bergers chargés d'amener les bêtes à l'estive, c'était sans doute en fonction de leur savoir en matière d'élevage, mais aussi dans le domaine de la chasse ou de la collecte, puisque ces gens vivaient « sur le milieu ». Cette société est donc déjà orientée vers une spécialisation des individus et des tâches. On peut penser que ceci n'était pas nouveau et pouvait être une loi dès le paléolithique. Mais ce qui en fait ici son intérêt c'est que ce processus s'applique désormais à une société qui est en train de diversifier son potentiel économique en y annexant désormais l'élevage et une agriculture à ses débuts.

Bien que sous des aspects différents, ces deux volets dans l'économie, sédentarité et mobilité, se retrouveront en domaine d'influence danubienne.

Expansion et transformation du premier néolithique méditerranéen

Il est certain que le néolithique cardial n'est pas resté un phénomène figé. Il a évolué dans le temps et dans l'espace. Dans le temps, si l'outillage de pierre est peu marqué par une transformation sensible, la céramique en revanche semble évoluer assez rapidement. Vers 4500 av. J.-C., les décors classiques réalisés à la coquille – c'est-à-dire le cardial authentique – régressent statistiquement en même temps que la technique ornementale devient moins soignée. En revanche les potiers préféreront bientôt des décors à base de sillons et d'incisions (fig. 2, nos 1 et 2). Les thèmes les plus courants concernent, dans la deuxième moitié du Ve millénaire, des sillons verticaux barrés, vers leur base, par des traits horizontaux, des motifs en zigzag ou en méandres, incisés ou imprimés. On parle alors d'épicardial, bien que le terme soit impropre car dans certains horizons il n'existe plus de vase décorés à la coquille. On devrait plutôt parler de post-cardial. Des sites stratifiés comme la grotte Gazel à Sallèles-Cabardès, dans l'Aude, ou comme la grotte de Saint-Pierre-la-Fage, dans l'Hérault, montrent l'évolution régionale de ce néolithique ancien décadent. Dans les stades finaux, qui se placent vers la première moitié du IVe millénaire, l'ornementation sur céramique est même devenue rarissime.

En même temps que le cardial amorce une mutation interne, son influence s'étend. La connaissance de l'agriculture gagne des terres de plus en plus éloignées des zones côtières. Cela se conçoit : l'épuisement des sols, la nécessité de rechercher de bonnes terres ont sans doute imposé des déplacements et la colonisation de nouveaux territoires. L'élevage a probablement accru ce phénomène : les troupeaux ont sans cesse besoin de pâturages neufs. Les innovations techniques de cette époque, céramique et polissage, ont peu à peu été introduites dans des groupes qui, jusque-là, les ignoraient. On a donc eu des phénomènes complémentaires : ici des groupes nouveaux colonisaient, en remontant vers le nord ou vers l'ouest, des terres qu'ils ne connaissaient pas; là des groupes encore prédateurs se trouvaient en contact avec des techniques ou des connaissances nouvelles et finissaient par les adopter définitivement (acculturation). On peut même se demander si, en dehors de besoins économiques, certains mécanismes sociaux n'ont pas joué dans l'extension de ces structures nouvelles. En effet la densité de la population, dans le Midi méditerranéen, n'avait jamais dû être très forte au paléolithique, puis au mésolithique. Les gens vivaient sous forme de petites bandes mobiles et fluides. Le néolithique ancien ne dut pas, du moins au début, perturber ces schémas. Sans doute la fluidité entre groupes dût-elle être favorable à la transmission des techniques (élevage, agriculture, poterie). D'autres part certains mécanismes de parenté, par exemple l'échange des femmes entre communautés, ont pu contribuer peu à peu à l'extension des idées nouvelles. Ceci paraît d'autant plus vraisemblable que les femmes sont habituellement considérées, si l'on accorde foi aux comparaisons ethnographiques, comme responsables des activités agricoles et céramiques.

L'influence reconnue des groupes du néolithique primitif méditerranéen est certaine jusqu'en Haute-Loire où des tessons sans décor voisinent avec des microlithes de tradition locale aux alentours de 4000 av. J.-C. (abri du Suc à Arlempdes, abri de Longetraye à Freycenet-la-Cuche). L'Aquitaine montre semblable phénomène d'acculturation. Ici les groupes mésolithiques, reconnaissables à certains instruments particuliers (microlithes notamment), ont adopté d'abord l'élevage, puis la technique de fabrication de la poterie. Ils n'ont pas toujours parfaitement maîtrisé cette deuxième acquisition si l'on en juge d'après leurs récipients grossièrement montés au colombin, cassant facilement, mal lissés et peu ou pas décorés (Roucadour, Lot; Martinet, Lot-et-Garonne). Vers – 4000 toutefois, époque vers laquelle se placent aussi ces gisements, l'élevage, la poterie et même la culture du blé étaient des techniques connues à partir de l'aire méditerranéenne. Jusqu'où s'est arrêtée l'influence de cette vague vers l'ouest, le Massif central et le couloir du Rhône? Bien que la présence de ce néolithique ait été signalée récemment jusqu'en Vendée, il est difficile de préciser. Mieux vaut considérer ces influences comme des coups d'aiguillon permanents, qui ont petit à petit amené certaines connaissances jusqu'à une latitude sans cesse plus éloignée vers le nord. Il appartiendra aux Chasséens, au IVe millénaire, de porter toujours plus loin les frontières de cet impact d'essence méditerranéenne.

La première vague septentrionale

En ce qui concerne la pénétration des premières communautés agricoles dans la moitié Nord de la France, les mécanismes de leur apparition sont liés à des déplacements de populations originaires de la vallée du Danube. Les premières civilisations rurales européennes s'étaient constituées dans toute la zone égéo-balkanique (la « vieille Europe » selon l'expression de M. Gimbutas). A partir de ces complexes culturels, un deuxième grand ensemble s'est mis en place de la Hongrie à l'Oder et de l'Ukraine à la Hesbaye, dont l'axe essentiel demeure les vallées du Danube et de ses affluents. Nous sommes à la charnière des VIe et Ve millénaires. Ces populations sont des communautés de paysans, groupées en villages aux importantes maisons et granges de bois. Défrichant les vallées plus ou moins touffues, recherchant systématiquement les terres loessiques, plus douces, plus faciles à travailler, elles progressent peu à peu vers l'ouest par suite de besoins internes : quête de nouveaux champs, de pâturages aux herbes grasses, pression démographique, etc.

Les archéologues désignent cette première phase de la civilisation danubienne sous le nom de « civilisation rubanée » tout simplement parce que les poteries sont alors fréquemment décorées d'incisions en spirale, en méandre, en volute. Lorsque les « Rubanés » apparaissent sur les marges est de la France, ils ont derrière eux un long passé et sont parvenus à un stade d'évolution de leur culture déjà avancé. Ces premiers agriculteurs de la France continentale franchiront le Rhin vers le milieu du Ve millénaire, c'est-à-dire avec quelques siècles de retard seulement sur les premiers représentants du néolithique cardial. En France toutefois leur extension sera lente puisqu'ils ne coloniseront guère avant – 4000 le Bassin parisien et les pays de la Loire. Quand ils apparaissent sur ces territoires, ils y rencontrent immanquablement de petits groupes humains encore chasseurs-collecteurs. Ces derniers avaient-ils, comme on le soupçonne dans le Midi, tenté de produire leur propre nourriture en établissant des relations de domestication avec les animaux ou avec les plantes? C'est peu probable. On a toutefois fouillé en Alsace, dans la forêt de Haguenau, sur des promontoires sableux dominant la plaine de la Moder, de petites fosses, de 1 à 2 m de diamètre, dont la destination exacte est inconnue. Ces structures ont été aménagées par des populations du VIe millénaire qui se nourrissaient pour beaucoup de cerfs et de suidés. Certains de ces suidés faisaient-ils déjà l'objet de tentatives d'élevage? La présence, en nombre élevé, d'individus jeunes ou très jeunes autorise l'hypothèse.

Quoi qu'il en soit, l'installation des villages rubanés s'accompagne automatiquement de l'annexion des meilleures terres. Refoulés sur les terrains ingrats, les derniers mésolithiques continueront un temps leur vie de prédateurs avant de disparaître ou d'être définitivement « acculturés » lorsque la pression de l'économie agricole s'intensifiera vers le IVe millénaire.

Cuiry-les-Chaudardes et les maisons danubiennes

A l'ouest du Rhin, c'est dans la vallée de l'Aisne, à Cuiry-les-Chaudardes, que le premier néolithique danubien a été à ce jour le mieux étudié. Dans le cadre d'une opération archéologique sans précédent en France, une fouille conduite depuis 1973 a permis de dégager, sur le site des Fontinettes, de nombreuses maisons de 10 à 40 m de long pour 6 à 8 m de large appartenant au rubané et à un groupe régional lui succédant directement et que les archéologues ont précisément baptisé « culture de l'Aisne ».

Grâce à ces recherches il est possible de se faire une idée exacte des habitations « danubiennes » du Nord de la France. Certes, il ne reste de ces bâtisses que des éléments négatifs : les trous de poteaux, de teinte brune, qui tranchent par leur forte coloration sur le sédiment dans lequel ils ont été creusés. La fouille de tels « fonds de cabanes » montre ainsi, le plus souvent, des trous de poteaux rapprochés, disposés selon deux alignements extérieurs : c'est là l'ossature des murs. Les autres poteaux, disposés par groupe de trois dans la partie interne, portaient un toit en double pente. Le plan général montre donc cinq rangées de poteaux parallèles (fig. 3 et Ill. nº 5). On a d'ailleurs retrouvé sur certains sites danubiens de petites maquettes en terre cuite qui nous renseignent bien sur la forme de ces bâtisses. A proximité des cabanes, on rencontre fréquemment des fosses dont on a prélevé la terre pour en enduire les murs. Ces trous à ciel ouvert faisaient ensuite fonction de dépotoirs. Aussi y retrouve-t-on, au cours des fouilles, les détritus les plus divers : poteries brisées, déchets de taille d'outils, restes de cuisine, etc.

Les fouilleurs du site de Cuiry-les-Chaudardes ont ainsi tenté la reconstitution de l'une des maisons néolithiques de ce site, la cabane 90. Les murs ont été réalisés à l'aide de poteaux courts (2 m) et rapprochés. On a entrecroisé ces poteaux d'un clayonnage de saule. Enfin on a plaqué du torchis sur ce dernier. Le pisé a été confectionné avec de la terre prélevée sur place et de la paille de foin, le tout foulé aux pieds dans des fosses voisines. Une fois secs, ces murs sont très résistants. Les poteaux du centre supportent la faîtière, les poteaux intermédiaires les chevrons. La couverture végétale du toit, faite en roseau, a été cousue par bottes sur plusieurs épaisseurs. La maison a été aussi orientée en fonction des vents les plus violents, dans ce cas ouest-est. La porte se trouve à l'est, à l'opposé des vents dominants. Nous avons là, avec cette restitution, une bonne idée de ce qu'étaient ces vastes habitations des premiers paysans de la France septentrionale.

Ce genre de maison stéréotypée a été reconnu en d'autres points du territoire colonisé par les Danubiens. Ainsi à Reichstett, en Alsace, on a pu aussi retrouver les traces de deux maisons de cette époque (fig. 4). Il en va de même des habitations reconnues à Charmoy, dans l'Yonne, à Cys-la-Commune et à Pernant, dans l'Aisne, etc. On admet que chacune de ces maisons pouvait correspondre à une unité familiale et loger une dizaine de personnes tout au plus. Quant aux villages eux-mêmes, ils devaient en moyenne osciller entre 50 et 200 habitants, ce dernier chiffre étant rarement atteint, si l'on en croit plusieurs estimations établies à partir de villages identiques, fouillés en Tchécoslovaquie ou aux Pays-Bas. Parfois quelques maisons nettement plus vastes que la normale comme celles qui, à Cuiry, avoisinent 40 m de long, posent quelques problèmes aux archéologues : abritaient-elles plusieurs familles ? étaient-elles des lieux de réunion, des bâtiments à destination collégiale ?

Une réelle économie de production

Les Danubiens, contrairement aux premiers néolithiques méditerranéens, sont pleinement des paysans. Bien que la chasse ne soit pas dédaignée, l'agriculture et l'élevage semblent jouer ici un rôle essentiel. La culture des céréales (blé et orge) reste en particulier l'activité majeure. Le travail du sol devait s'effectuer à la houe et de nombreuses pierres polies dissymétriques (« formes de bottier ») pouvaient servir aux travaux de défrichements ou de culture (fig. 5, n°s 10, 11). Certaines haches perforées sont parfois interprétées comme des socs d'araire, encore que cette destination ne soit pas absolument assurée, l'existence de cet ancêtre de la charrue n'étant pas prouvée de manière indiscutable avant les débuts du IIe millénaire. Certains auteurs admettent pourtant son introduction dès les groupes danubiens évolués. Des masses percées ont pu également être utilisées dans cette agriculture primitive.

Des fragments de lames de silex, souvent tronquées et qui portent en oblique un lustré siliceux, sont manifestement des éléments de faucille (fig. 5, n° 12). La localisation même de ce luisant semble pencher en faveur de faucilles légèrement courbes comportant un manche de bois sur lequel l'on montait successivement plusieurs de ces lames disposées en biais. Cette fixation était assurée par un goudron, une poix tirée de l'écorce de bouleau. Enfin les meules, les pilons, les molettes sont largement attestés. Les études palynologiques effectuées sur des sites danubiens indiquent une importante déforestation : c'est le cas par exemple sur plusieurs sites de l'Yonne (Armeau, Escolives). Comment procédait-on? L'agriculture danubienne était une culture temporaire sur brûlis de forêt. Il est vraisemblable que les défrichements se faisaient par le feu; on abattait des arbres, on brûlait le bois, on ensemençait le terrain autant de fois qu'il s'avérait rentable, quitte ensuite à l'abandonner. Si les sols finissaient par s'épuiser on allait installer le village ailleurs, et des exemples d'agriculture itinérante rotative ont même été mis en évidence. En effet les anciens champs abandonnés pouvaient se régénérer peu à peu par rétablissement de la couverture végétale. De nouvelles générations venaient alors réoccuper le site ancien pour en exploiter à nouveau le terroir. On pense même que l'exploitation des sols par les Danubiens fut telle en Europe centrale qu'il s'ensuivit une importante dégradation (on n'avait pas d'engrais chimiques!). L'essartage généralisé finit en effet par engendrer une déforestation irréversible.

En matière d'élevage la première place revient au bœuf pratiquement dans toute l'aire culturelle danubienne; le porc vient généralement en seconde position tandis que, contrairement à ce qui se passe dans le Sud, des ovicapridés occupent souvent la dernière place. Le choix en faveur du bétail lourd indique une assez forte sédentarité des troupeaux; le cheptel devait être confiné dans des parcs bien délimités du terroir villageois. Quelques problèmes se posent quant à l'origine des bœufs ou des porcs. On ne sait pas la part que les espèces sauvages autochtones (aurochs et sanglier) ont pu éventuellement jouer dans leur domestication. Les bœufs domestiques de Cuiry sont de deux types. L'un, très robuste, semble issu, selon J. Dessc, d'une domestication rapide de l'aurochs. L'autre, petit, gracile, rappelle des bœufs rabougris connus précédemment en milieu cardial. Mais il ne faut pas perdre de vue que ces espèces domestiques sont déjà présentes dans les cultures néolithiques de l'Europe moyenne ou du Sud-Est. Le cheminement des techniques de l'élevage et des espèces domestiques par l'axe danubien paraît ici essentiel.

La chasse ne semble pas avoir joué le même rôle que l'élevage. C'est le cas par exemple à Reichstett, en Alsace, où la faune chassée représente moins de 30 % de l'ensemble des restes osseux. Dans les environs de ce site, on a traqué le grand bœuf, le cerf, le chevreuil, le cheval, le sanglier mais aussi de petits mammifères (putois, hérissons) et des oiseaux (coqs de bruyère). Les flèches étaient pourvues d'armatures perçantes triangulaires ou subtrapézoïdales, en silex.

La société danubienne

A observer les découvertes de Cuiry et d'ailleurs, on ne constate aucune variation dans l'habitat, dans l'équipement des unités domestiques ou dans les sépultures, qui permette de supposer une certaine stratification sociale. L'uniformité apparente qui règne semble indiquer au contraire une société égalitaire. D'où les spéculations de G. Childe à propos des Danubiens : « Ils étaient démocrates, peut-être même communistes; on n'a point trace de chefs concentrant la richesse dans la communauté, nulle déité n'en remplissait la fonction. » De fait il semble bien s'agir de petites communautés constituées par un agrégat de familles d'une dizaine de membres chacune.

Dans l'ensemble les cimetières ne traduisent pas, non plus, de distinction sociale bien accusée. Ils se composent de sépultures individuelles en fosse, le sujet étant inhumé en position contractée, parfois saupoudré d'ocre rouge à la manière paléolithique (cimetière de Rixheim, Haut-Rhin). Il a existé, comme au mésolithique, des tombes doubles (Chassemy, Aisne) et, dans un cas, multiple (Château-Landon, Seine-et-Marne). La plupart des tombes ont un mobilier très réduit mais, quelquefois, les sujets danubiens accumulent les parures : bagues, colliers, plastrons, bracelets. Un coquillage méditerranéen, le *spondyle,* a été très prisé : on en a tiré perles et bracelets (fig. 5, nº 9). Il a fallu pour cela qu'un commerce à grande distance s'établisse depuis l'Égée ou la Méditerranée; mais on peut aussi penser à l'exploitation systématique d'un site continental de coquillages fossiles, ce qui limiterait beaucoup l'échelle des échanges.

Quelques femmes paraissent pourtant avoir fait l'objet de soins particuliers. Bénéficiaient-elles d'un statut social plus élevé? On pense à la sépulture de Vert-la-Gravelle (Marne) où une femme d'une trentaine d'années était parée d'un bracelet en calcaire, d'un spondyle, de 165 perles carrées et de 63 perles rondes en test de spondyle, de 803 dentales! Des défuntes nanties de belles parures ont aussi été mises au jour à Cys-la-Commune dans l'Aisne (tombe des Longues Raies) ou à Frignicourt (Marne).

Fortement orientée vers l'agriculture, une telle société pouvait effectivement donner à la femme un rôle affermi. L'osmose entre groupes humains, inévitable à cette époque, devait peut-être amener les hommes à venir habiter dans la maison féminine et non l'inverse. On a parlé ainsi de matrilocalité à propos des communautés danubiennes. Ceci reste conjectural.

Activité féminine par excellence, la poterie reflète bien certaines évolutions stylistiques et chronologiques. Certes, comme dans d'autres groupes néolithiques primitifs, les formes céramiques sont peu nombreuses : ce sont le plus souvent des bols, des marmites et des vases sphériques à col (bouteilles) (fig. 5, nºs 1 à 8). Le décor est fait au poinçon et au peigne; il se groupe en bandes horizontales, verticales, en guirlandes ou en zigzag. En Alsace, on a pu ainsi déterminer jusqu'à cinq stades évolutifs dans cette céramique. On connaît même ici le décor en spirale ou en méandre hérité de la phase ancienne de l'Europe centrale (fig. 5, nº 8). C'est de cette même région que proviennent quelques pièces originales comme un fragment de statuette en terre cuite, découvert à Rosheim et un récipient zoomorphe *(askos)* mis au jour sur le site de Dachstein (Bas-Rhin).

Gonvillars

Les hommes de la civilisation rubanée, en dehors des grands villages de plein air auxquels ils nous ont habitués, ont aussi fréquenté, épisodiquement, grottes et abris naturels. Un bon exemple en est fourni par la grotte de Gonvillars en Haute-Saône, à l'ouest de la Trouée de Belfort. Sous le porche de cette cavité, vers 4000 av. J.-C., trois foyers au moins, d'un diamètre de 1 m, ont été allumés par un petit groupe humain. Ce dernier pouvait correspondre à trois familles ayant pour quelque temps abandonné leur village, peut-être un éperon barré ou un camp sur quelque plateau de la région. Ces hommes ont séjourné un temps sous le porche, sans doute au début du printemps si l'on en croit les renseignements livrés par la faune. Pendant le moment où ils vécurent en ces lieux, ils chassèrent le sanglier, le cerf, l'ours, le chevreuil et du petit gibier. Le chien domestique put les aider dans ces battues. L'élevage était pratiqué : on a consommé du mouton. Quant à l'agriculture, il y a peu de chances, si l'on était bien au début du printemps, qu'elle ait joué quelque rôle dans la vie quotidienne. Les hommes de Gonvillars n'en étaient pas moins des paysans. Ils ont amené avec eux des instruments de mouture et des graines de céréales carbonisées d'orge et de diverses variétés de blés. Parmi ces derniers l'amidonnier *(triticum dicoccum)* dominait. Mais une autre espèce de blé *(triticum aestivo-compactum)*, bien représentée elle aussi, offre un intérêt tout particulier car il s'agit d'une essence méditerranéenne, généralement inconnue des agriculteurs danubiens. On peut donc se poser la question : les hommes de Gonvillars n'étaient-ils pas déjà en contact avec des populations méditerranéennes par l'intermédiaire du couloir rhodanien par exemple? Bien qu'il ait pu en être ainsi, l'essentiel du matériel archéologique évoque les groupes rubanés du sud-est du Bassin parisien ou encore les Néolithiques les plus primitifs de la Suisse. La poterie ne comporte que des amphores pansues à petit goulot et des récipients hémisphériques avec parfois deux ou trois anses en position équidistante (fig. 6, nº 18). En silex ont été fabriqués des perçoirs, des burins, des faucilles, des couteaux, des grattoirs, des têtes de flèches (fig. 6, nºs 12, 15, 16, 17). On a tiré de l'os des poinçons et des hameçons (fig. 6, nº 13). Le bois de cerf a fourni aussi quelques instruments. Certaines roches ont été polies (fig. 6, nº 14).

Avec Gonvillars nous voyons donc que les premières peuplades paysannes de l'Est de la France, vers la fin du Vᵉ millénaire, pouvaient aussi à certaines saisons effectuer des séjours dans des habitats traditionnels (grottes, abris), lors de migrations liées à des activités particulières (chasse?). Ce site n'était pas isolé. La grotte de la Tuilerie à Gondenans-Montby et l'abri de Chatillon à Voujeaucourt dans le Doubs ont fourni des traces d'occupation de la même époque.

La tradition danubienne

L'impact de la première civilisation paysanne sur une superficie couvrant l'essentiel de la moitié Nord de la France allait laisser des traces durables. Une culture aussi dynamique ne pouvait certes demeurer immuable. C'est pourquoi soit par impulsions externes soit par évolution sur place, le néolithique danubien va se transformer peu à peu en civilisations dérivées qui contribueront à la colonisation de terres qui avaient jusque-là échappé aux pionniers rubanés.

Le renouvellement s'amorce à l'est, en terre d'Alsace où apparaissent, au IVᵉ millénaire, de nouveaux groupes qui affectionnent désormais une poterie à décor poinçonné. Cette mutation correspond d'ailleurs à un phénomène plus ou moins général dans l'aire danubienne. Mais elle se complique ici par l'apparition de faciès locaux. Ainsi en est-il, en Alsace, du faciès de Grossgartach caractérisé par des récipients carénés et des coupes à décor surchargé (fig. 6, n º 9). Dans cette même région, la civilisation de Roessen voit l'édification d'habitats néolithiques en altitude tandis que la chasse reprend une place plus importante. Roessen peut, à l'occasion, se fragmenter en groupes régionaux à valeur géographique ou donner naissance, au plan chronologique, à des groupes dérivés, d'âge plus récent. Ainsi cette culture s'est-elle étendue jusque dans la vallée de l'Aisne où un faciès particulier montre, toujours dans la tradition danubienne, la construction de vastes maisons de bois, de plan trapézoïdal. La poterie est ici originale et affectionne les faisceaux d'incisions bordés de traits marginaux (fig. 6, nº 11).

En Alsace, Franche-Comté ou dans la Trouée de Belfort, la civilisation de Roessen s'exprime à travers le faciès de Wauwil (fig. 6, nº 10). On peut lui rapporter l'essentiel des inhumations de la grotte de Cravanche (territoire de Belfort), véritable nécropole souterraine, regroupant de nombreux corps en position allongée, parés de colliers en perles de jais, d'os, de coquillages, de craches de cerf, et accompagnés de nombreux outils de pierre, d'os, de bois de cerf ainsi que des vases. De même la grotte de Gonvillars, en Haute-Saône, a-t-elle été réoccupée par les gens de cette culture vers le milieu du IVe millénaire.

Dans le Bassin parisien l'impact danubien survit à travers la culture de Cerny, ainsi dénommée à partir d'un habitat de l'Essonne. On retrouve dans ce groupe les grandes habitations de plan légèrement trapézoïdal : une maison fouillée aux Gours-aux-Lions, près de Marolles-sur-Seine, en Seine-et-Marne, mesurait 30 m de long sur 6 à 8 m de large. Les sépultures sont des inhumations en simple fosse. La poterie est à base de bouteilles à col évasé et de récipients sphériques dont la décoration comporte souvent des bandes poinçonnnées (fig. 6, nos 7, 8). Tout ceci s'inscrit bien dans la tradition danubienne.

Pourtant de nouvelles composantes sont venues métisser ces données traditionnelles. La mutation la plus importante concerne l'outillage de pierre taillée. A l'inverse des Rubanés, les gens de Cerny utilisent désormais un outillage de silex à tendance robuste (grattoirs épais, tranchets, rabots, ciseaux, petits pics, racloirs, haches polies) (fig. 6, nos 2 à 6). Il s'agit là vraisemblablement de l'adoption de techniques propres à des civilisations locales, que leurs prédécesseurs danubiens avaient carrément ignorées. Au IVe millénaire, Cerny pourrait représenter une sorte d'unification culturelle entre la tradition danubienne et les communautés indigènes désormais « récupérées » dans la même famille. C'est aussi l'époque où les Néolithiques colonisent de nouvelles terres. Si certains habitats sont toujours implantés dans les vallées, d'autres s'élèvent désormais sur des plateaux ou sur des éperons.

Parallèlement apparaissent vers cette époque de vastes habitats retranchés derrière des fossés interrompus de place en place. Le creusement de telles tranchées implique des communautés nombreuses et une forte structure sociale. Quelque chose a donc changé chez les paysans du Nord de la France. Il faut dire qu'à la première vague danubienne se surimposent à présent des influences méditerranéennes directes avec l'extension générale d'une civilisation originaire du Sud, le chasséen, dont nous reparlerons plus loin. En effet après avoir envisagé de quelle façon pénétrèrent sur notre sol les premiers paysans de la Méditerranée et ceux du monde continental, il nous faut à présent examiner comment se constituèrent les premières civilisations paysannes de la France de l'Ouest. Dans ces régions l'apparition des premiers agriculteurs s'imbrique étroitement avec la constitution d'un phénomène culturel de première importance : l'avènement du mégalithisme.

Principaux sites français des débuts du néolithique

(VIe-IVe millénaire)

Sud : néolithique méditerranéen à poterie imprimée
Est et Bassin parisien : danubien et tradition danubienne

FIG. 1. – OUTILLAGE DE PIERRE DE GROUPES DU MÉSOLITHIQUE (OU ÉPIPALÉOLITHIQUE FINAL).

1 à 12. Groupe armoricain de Téviec-Hoëdic (1 à 11. Téviec. – 12. Hoëdic, Morbihan). – 13 à 26. Groupe tardenoisien du Bassin parisien (13 à 26. Site de Montbani 13, Aisne). – 27 à 40. Groupe castelnovien de Provence (27 à 40. Abri de Châteauneuf-les-Martigues, Bouches-du-Rhône).

(D'après M. et S. Pequart, R. Daniel, J.-G. Rozoy et M. Escalon de Fonton.)

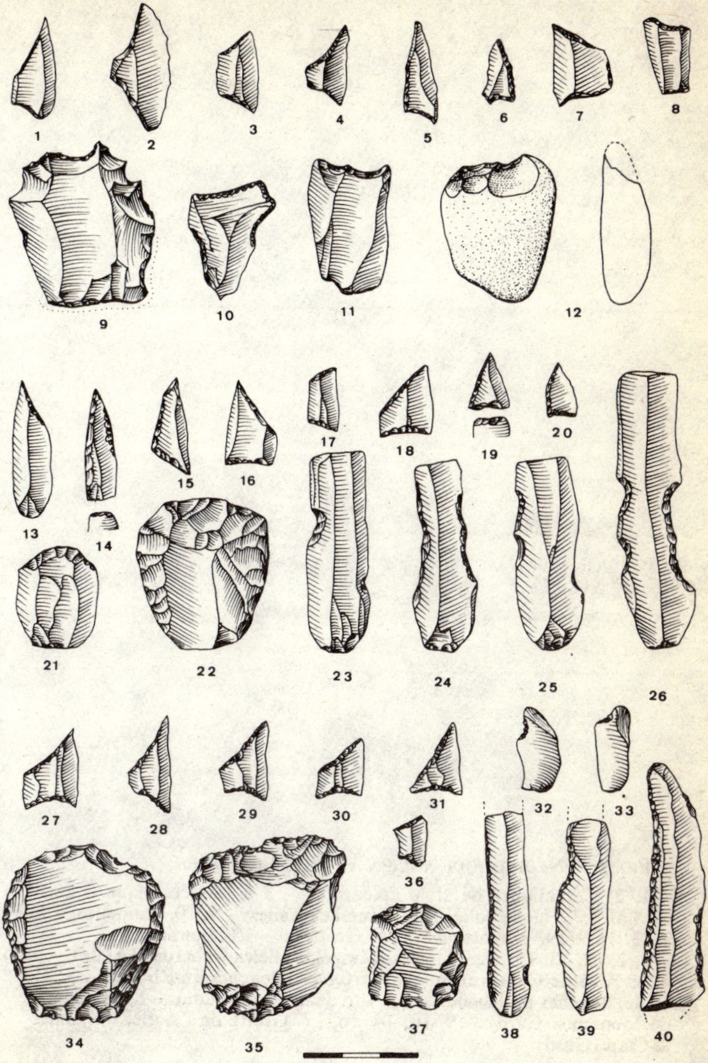
1
2
3
4
5
6
7
8
9
10
11
12
13
14
15
16
17
18
19
20
21
22
23
24
25
26
27
28
29
30
31
32
33
34
35
36
37
38
39
40

FIG. 2. – NÉOLITHIQUE ANCIEN À POTERIE IMPRIMÉE.

1, 2. Céramiques de style épicardial. – 3 à 6. Céramique à décor cardial. – 7. Hache polie. –. 8. Faucille en silex. – 9, 10. Lamelles. – 11 à 13, 16 à 19. Armatures. – 14. Grattoir. – 15. Denticulé.

1, 2, 12, 13, 15, 18, 19. Grotte Gazel, Sallèles-Cabardès (Aude). – 3, 4, 6. Abri de Châteauneuf-les-Martigues (Bouches-du-Rhône). – 5. Ile Riou (Bouches-du-Rhône). – 7. Abri Jean-Cros (Aude). – 8, 11. Baume de Montclus (Gard). – 9, 10, 14, 16, 17. Grotte de l'Aigle, Méjannes-le-Clap (Gard).

(D'après J. Guilaine, M. Escalon de Fonton, J. Courtin, J.-L. Roudil.)

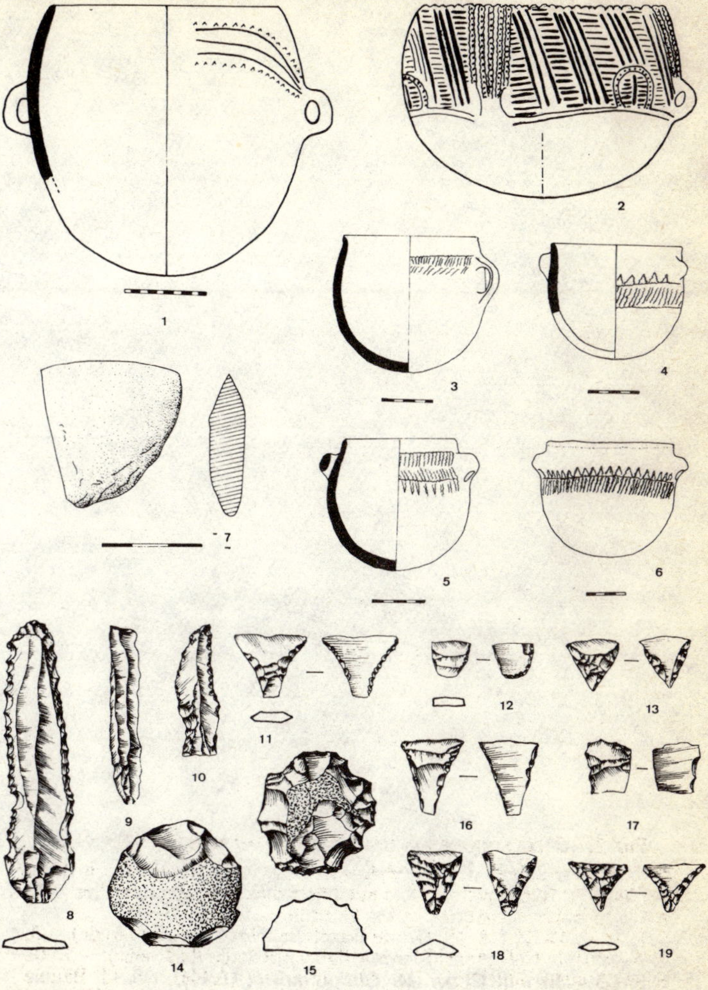
1
2
3
4
5
6
7
8
9
10
11
12
13
14
15
16
17
18
19

FIG. 3. – SITE DE CUIRY-LES- CHAUDARDES (AISNE).

Plan de maisons néolithiques du complexe danubien et localisation de fosses voisines.

(D'après B. Soudsky.)

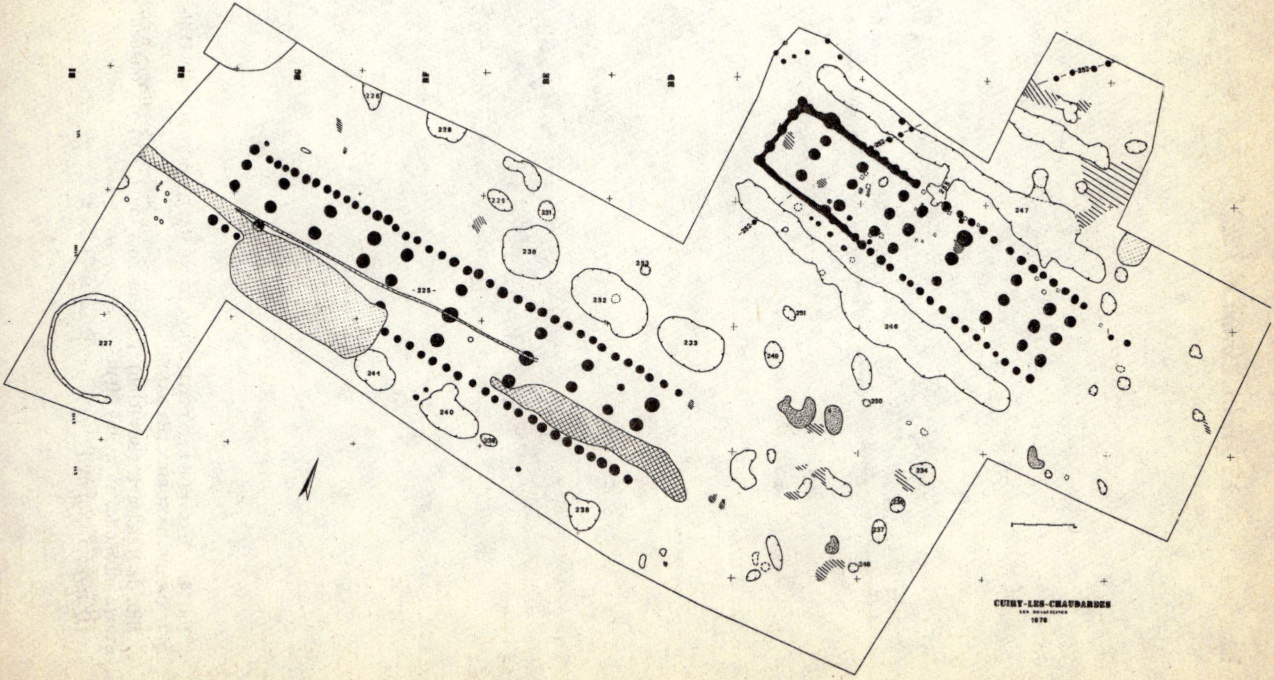
225
226
227
228
229
230
231
232
233
234
237
238
240
244
246
247
250
251
252
253
CUIRY-LES-CHAUDARDES
1976

FIG. 4. – ESSAI DE RECONSTITUTION D'UNE HABITATION DU NÉOLITHIQUE ANCIEN DANUBIEN (RUBANÉ).

Site de Reichstett (Bas-Rhin). Largeur hors tout : 7,10 m; longueur exacte inconnue, au moins 20 m.

(D'après J. Sainty.)

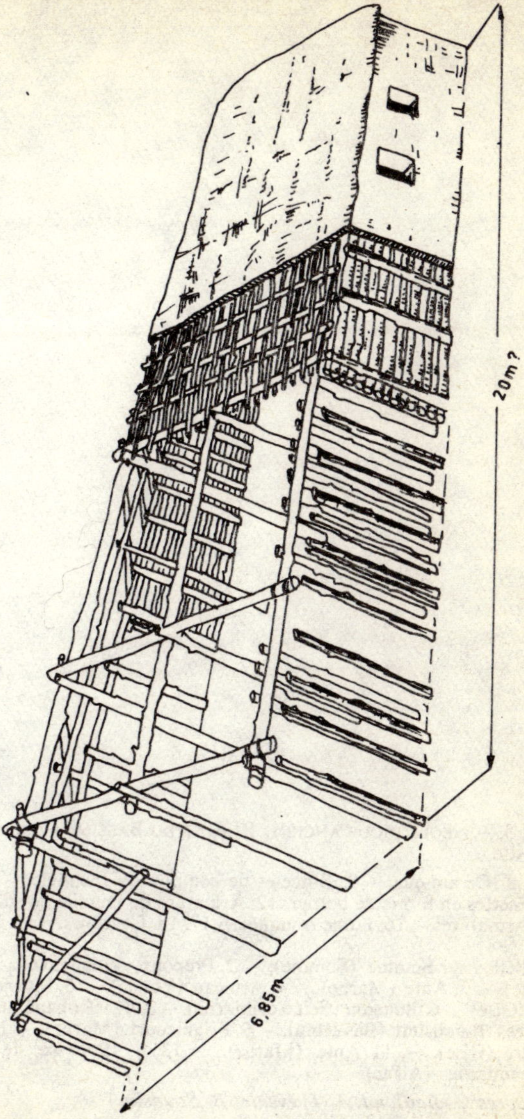
20m ?
6,85m

FIG. 5. – NÉOLITHIQUE ANCIEN : RUBANÉ DU BASSIN PARISIEN ET DE L'ALSACE.

1 à 8. Céramique. – 9. Bracelet de coquille de spondyle. – 10, 11. Herminettes en forme de bottier. 12. Armature de faucille en silex. – 13 à 15. Armatures. – 16. Lame tronquée. – 17, 18. Grattoirs. – 19. Poinçon en os.

1. Belloy-sur-Somme (Somme). – 2. Prépoux, Villeneuve-la-Guyard (Yonne). – 3. Ante (Marne). – 4. Armeau (Yonne). – 5. Morne, Pontpoint (Oise). – 6. Bourron (Seine-et-Marne). – 8, 12. Rubané ancien de l'Alsace : Reichstett (Bas-Rhin). – 9. Frignicourt (Marne). – 10. Morlincourt (Oise). – 11. Ante (Marne). – 13 à 19. Fosse de Cuiry-les-Chaudardes (Aisne).

(D'après G. Bailloud, A, Thèvenin, B. Soudsky.)

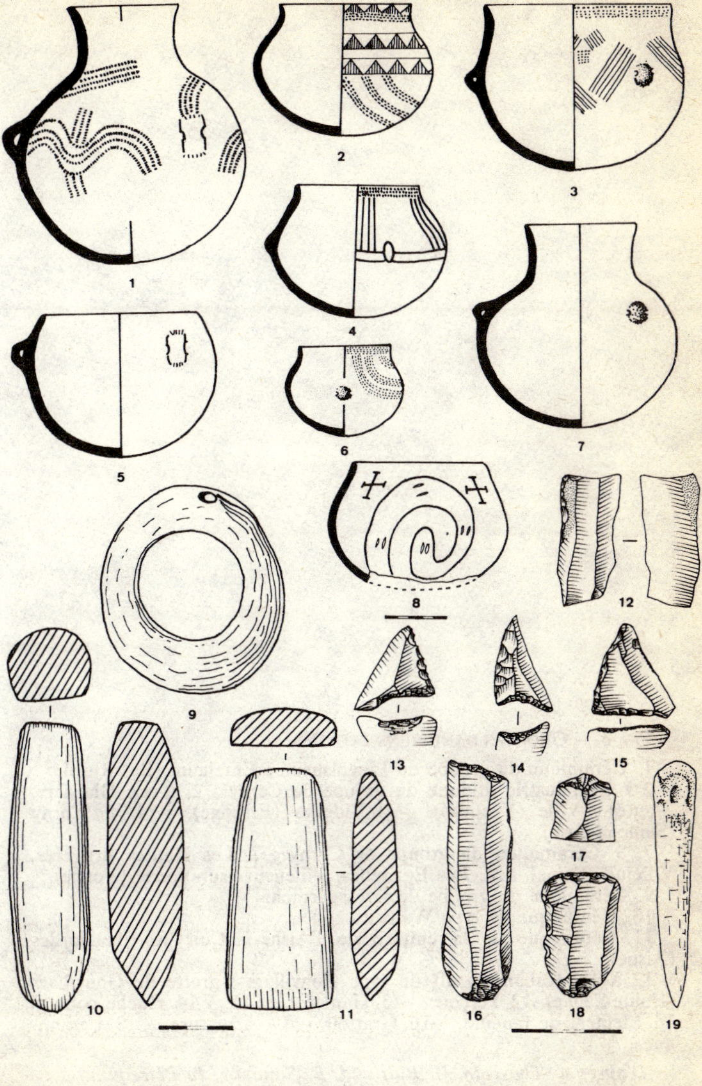
1
2
3
4
5
6
7
8
9
10
11
12
13
14
15
16
17
18
19

FIG. 6. – GROUPES DANUBIENS ÉVOLUÉS.

1. Céramique du groupe de Lingolsheim : Entzheim (Bas-Rhin).

2 à 6. Industrie lithique du groupe de Cerny : 2, 6. La Glaisière, Mantes-la-Ville (Yvelines). – 3. Videlles (Essonne). – 4, 5. Cerny (Seine-et-Oise).

7, 8. Céramiques du groupe de Cerny : 7. Les Hautes Bruyères, Villejuif (Seine). – 8. Les Égriselles, Villeneuve-sur-Yonne (Yonne).

9. Céramique du groupe de Grossgartach.

10. Céramique de type Wauwil.

11. Céramique de la culture de l'Aisne : Cuiry-les-Chaudardes (Aisne).

12 à 18. Rubané tardif de type Gonvillars : grotte de Gonvillars (Haute-Saône). 12. Perçoir. – 13. Hameçon en os. – 14. Hache polie. – 15. Élément de faucille. – 16. Grattoir. – 17. Armature. – 18. Céramique.

(D'après A. Thèvenin, G. Bailloud, B. Soudsky, P. Pètrequin.)

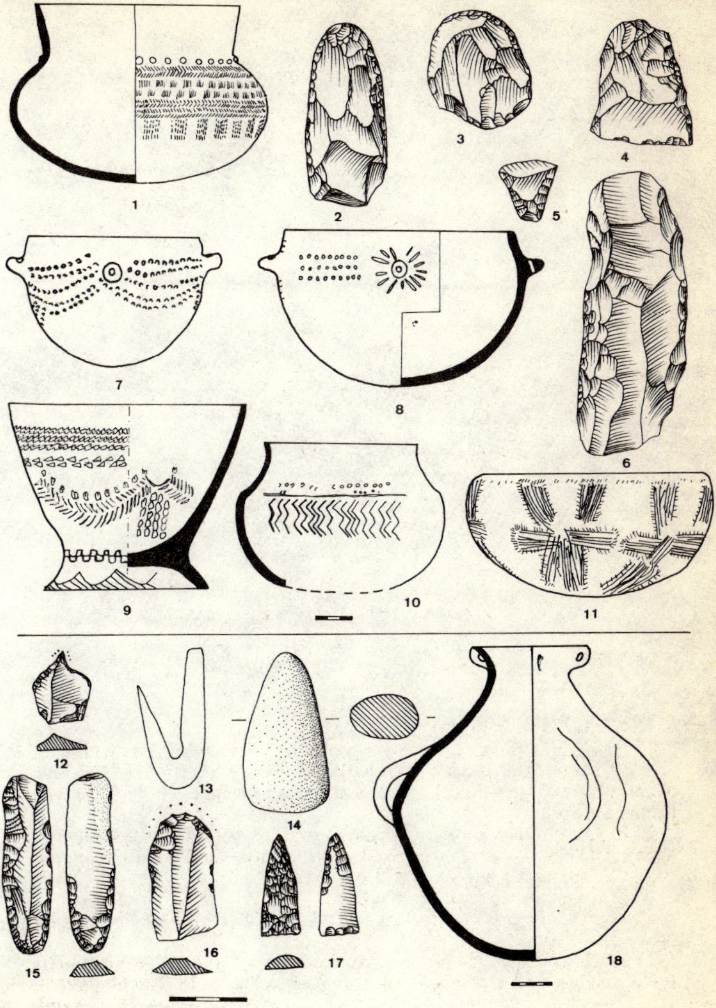
1
2
3
4
5
6
7
8
9
10
11
12
13
14
15
16
17
18

II

La France, deux mille ans de mégalithisme

Quand on parle de dolmens ou de menhirs, bien des gens pensent immédiatement à la Bretagne, aux Celtes, aux druides. Ils sont tout étonnés d'apprendre qu'il y a davantage de dolmens dans le Midi de la France qu'en Armorique, bien que les monuments méridionaux n'aient pas l'ampleur architecturale des constructions bretonnes. Ils sont tout aussi surpris de s'entendre dire que lorsque les Celtes apparurent en Bretagne, il y avait déjà 1 500 à 2 000 ans qu'on n'y construisait plus de dolmens. Tous ces clichés appartiennent à la « celtomanie » des XVIIIe et XIXe siècles. Cette dernière est responsable de l'adoption de termes celtiques pour désigner des monuments qui ont été édifiés par des civilisations bien plus anciennes, remontant aux temps préhistoriques.

Les *dolmens,* « table de pierre », sont généralement des sépultures collectives comportant une chambre funéraire de grosses pierres; on peut y accéder par une allée ou un couloir; cette architecture était primitivement recouverte d'un tumulus, de sorte qu'à l'époque de leur utilisation beaucoup de monuments devaient se présenter comme un tertre dans lequel on pouvait pénétrer par un trou sombre. Ce qu'il en reste aujourd'hui, par suite de la dégradation des tertres, est tout à fait résiduel : il n'apparaît souvent que la partie la plus résistante des architectures, le squelette en quelque sorte. Les dolmens appartiennent au néolithique, c'est-à-dire qu'en France ils ont été construits dans le courant des IVe et IIIe millénaires.

Les *menhirs,* « pierres longues », sont des pierres dressées dont la signification n'est pas toujours très claire (stèles? bornes?

monuments commémoratifs? etc.). Leur âge est bien moins assuré que celui des dolmens. Si certains sont bien néolithiques, d'autres ont pu être érigés à des époques plus tardives tels les âges du bronze et du fer. On a même dressé des pierres à des époques plus récentes encore. La répartition des menhirs sur le territoire français ne recoupe pas systématiquement celle des dolmens, indice d'une dissociation fréquente dans le temps entre les deux variétés de monuments, tout au moins pour certains. Rappelons aussi que des monuments plus complexes se présentent sous la forme d'un ensemble de menhirs disposés en cercles *(cromlechs)*.

Le mégalithisme, diffusion et/ou convergence?

Ces définitions rapidement données, il va de soi que l'apparition des monuments mégalithiques et notamment des dolmens n'a cessé de poser un certain nombre de problèmes quant à leur origine même. Il fut un temps où ces monuments furent attribués à un « peuple des dolmens », sortes de missionnaires d'une religion mégalithique, architectes puissants et redoutés, apôtres de nouvelles croyances. Mais où cette religion avait-elle pris racine? On invoqua infailliblement l'Orient, source de toute lumière, lieu de naissance des premières civilisations agricoles et historiques, berceau de l'écriture, des prouesses architecturales originales, des premières cités, des grandes religions. La Méditerranée aurait favorisé les déplacements de ces navigateurs expérimentés et les « Mégalithiques » auraient ainsi peu à peu annexé un certain nombre de territoires, en se déplaçant vers l'ouest : Malte, l'Afrique du Nord, le Midi de la France, la péninsule Ibérique, les côtes atlantiques, les îles Britanniques, la Scandinavie, etc. Ce pêle-mêle culturel empli d'anachronismes infesta longtemps les esprits et s'opposa à des conceptions détachées de tout *a priori*.

Hélas pour ceux qui échafaudèrent de telles spéculations, les travaux récents ont montré que ces phénomènes de diffusion n'ont joué qu'un rôle restreint. Il existe en effet à travers le monde des régions qui n'ont connu aucune forme de « dolménisme » et d'autres qui l'ont adopté. Entre ces dernières il n'existe souvent aucun lien possible ni dans l'espace ni dans le temps. On connaît dans le Caucase des dolmens du IIIe millénaire av. J.-C.; les sépultures mégalithiques de Manchourie et de Corée ne datent que des débuts de notre ère; quant à l'Inde du Nord-Est, on peut même y trouver localement un mégalithisme sub-contemporain! Sur une échelle géographique plus restreinte, les corrélations entre les tombes d'Italie du Sud, celles du Maghreb ou celles d'Armorique par exemple, sont des plus conjecturales. Il ne semble y avoir entre elles aucun synchronisme ni aucun rapport culturel. Alors que penser?

Il faut admettre, en définitive, que la construction des dolmens a été un phénomène propre à certaines régions, à certaines civilisations à un moment donné de leur évolution. Qu'à partir d'une invention régionale, d'un foyer « primaire » de construction, les modes architecturaux aient été transmis à des régions voisines ou se soient perpétués quelque temps sur place en évoluant, rien que de très naturel. Il reste toutefois difficile de bien différencier dans une aire donnée ce qui dans le temps et dans l'espace est proprement local de ce qui est carrément amené de l'extérieur. C'est pourquoi en dehors de quelques territoires contigus et normalement fréquentés à une époque donnée par des peuplades de même niveau technique (par exemple les côtes de l'Atlantique, du Portugal à la mer du Nord au IVe millénaire, ou encore les côtes européennes de l'Ouest méditerranéen, au IIIe millénaire), il demeure assez dangereux d'établir avec une grande sécurité d'indiscutables rapports de filiation.

Et ceci d'autant que toutes les théories échafaudées jusque vers 1950 se sont trouvées remises en question par les progrès de la physique. Les datations par la méthode du radiocarbone ont montré, contre toute attente, que les dolmens bretons étaient plus anciens que les dolmens ouest-méditerranéens, alors que l'on envisageait habituellement l'inverse en invoquant un traditionnel mouvement de transmission de l'est vers l'ouest. Les problèmes géographiques même étaient remis en cause. Voici que l'extrême Occident, habituellement considéré comme une fin de course, un bout du monde, pouvait prétendre avoir été aussi un lieu de création architecturale. Les spécialistes n'en finirent pas, au cours des années 1950-1960, de discuter sur la validité des dates au carbone 14 que proposaient alors les laboratoires. Aujourd'hui ce problème semble en grande partie résolu et les nombreuses analyses réalisées d'une part, les résultats obtenus à partir des fouilles et des données archéologiques de l'autre permettent d'avoir une idée plus saine sur l'histoire des civilisations dolméniques de la France, sur leur évolution dans le temps autant que sur leur implantation dans l'espace (fig. 7).

Les premiers monuments de la façade atlantique

C'est sur la façade atlantique, à la fois au Portugal et en Bretagne, et sensiblement vers la même époque (V[e] millénaire en chronologie « réelle », IVe millénaire en chronologie radiocarbone) que l'architecture mégalithique explose soudainement, comme sortie du néant. Des sociétés de prédateurs (peut-être connaissant déjà quelques rudiments d'élevage, sans plus) font rapidement place à des groupes qui pratiquent la confection de la poterie et qui se mettent à bâtir des architectures étonnantes et grandioses. Comment se fit le saut, la transition des premières aux secondes? Sans doute faut-il admettre que ce phénomène fut étroitement dépendant d'une profonde mutation dans la structure même des sociétés.

Bien que l'examen des corps ou des mobiliers découverts dans les premières grandes tombes collectives ne reflète pas *a priori* de faveurs particulières pour certains sujets, force nous est de supposer que la construction de tels monuments ne put se réaliser sans des chefs de communautés, des architectes qualifiés, des tailleurs de pierre, des artistes assistés d'une main-d'œuvre indispensable. Même si ces têtes pensantes n'eurent sur leurs congénères qu'un pouvoir provisoire, une hiérarchisation s'instaura rapidement, amorça de nouvelles structures sociales. Sans doute aussi ces populations obéirent-elles à des pressions économiques. On a évoqué à ce sujet l'action qu'aurait eue à cette époque l'introduction de l'agriculture dans ces régions. La culture des céréales aurait entraîné une poussée démographique qui aurait obligé les communautés à une plus grande dépendance les unes par rapport aux autres. Les vastes monuments qu'elles construisirent seraient de ce fait la traduction de leur personnalité, leur cimetière bien distinct, quelquefois leur temple aussi... On s'interroge encore sur la part qu'auraient eue les cultures locales préexistantes, de niveau mésolithique, dans la construction des sociétés nouvelles. Il semble qu'elles n'aient pas joué un rôle discret. On en a pour preuve les affinités qui existent entre les outillages de pierre découverts dans certains dolmens très anciens et ceux des civilisations mésolithiques antérieures.

Au Portugal par exemple un menu outillage géométrique se retrouvera encore dans un milieu culturel désormais « mégalithique ». De même dans le dolmen de Dissignac à Saint-Nazaire (Loire-Atlantique) a-t-on trouvé des microlithes d'allure archaïsante. Ici toutefois il existe un horizon ancien antérieur à la construction du dolmen, et qui livre poterie et céréales, vers la fin du Ve millénaire déjà...

Les premières tombes mégalithiques de l'Ouest sont donc, au stade actuel de la recherche, avec celles du Portugal, les plus vieilles aujourd'hui connues au monde. Élevées vers la fin du Ve millénaire ou les débuts du IVe, elles frappent souvent par leur volume impressionnant autant que par l'aspect très élaboré de leur architecture. Pourtant les tombes elles-mêmes sont de plan généralement simple : une chambre funéraire ronde, subcirculaire ou quadrangulaire, en piliers robustes ou en pierres sèches, est accessible par un couloir de dimensions variables.

Mais ce sont les tertres et les compositions d'ensemble (un tertre peut abriter plusieurs tombes) qui contribuent à donner à ces sépultures leur aspect grandiose et surprenant. Un autre point réside précisément dans la variété même des tumulus (ou « cairns ») et ce, dès les phases les plus reculées de l'époque dolménique.

Les tertres peuvent être circulaires, quadrangulaires ou allongés et atteindre parfois plusieurs dizaines de mètres de développement. Dans tous les cas ils devaient avoir fière allure avec leurs murailles épaisses construites en gradins, parfois sur plusieurs mètres de hauteur! De ces belles architectures tumulaires, il ne subsiste souvent aujourd'hui qu'un vaste amas de pierraille informe. Il faut pourtant penser que c'était là une partie non négligeable du monument et que ce dernier ne se limitait pas à la chambre funéraire proprement dite.

Ces monstres sacrés du mégalithisme ou des monuments de moindre envergure mais à l'intérêt non moins évident sont ainsi inclus dans une zone triangulaire allant de la Normandie au Finistère et au Poitou. La Bretagne constitue le point névralgique de ce triangle : la zone morbihannaise en particulier montre de remarquables concentrations dolméniques tout comme la côte nord de l'Armorique. Le moment est venu de faire connaissance avec les plus notoires de ces constructions.

Le « cairn » de l'île Carn à Ploudalmézeau

Si nous évoquons tout d'abord ce monument c'est parce qu'il a joué dans l'histoire du mégalithisme occidental un rôle décisif. Pendant longtemps en effet il fut à peu près impossible, à partir des riches mobiliers archéologiques découverts dans les mégalithiques armoricains, de différencier les diverses étapes d'utilisation des dolmens. En effet ceux-ci, construits à une époque, furent utilisés comme sépultures pendant plusieurs générations et parfois plusieurs siècles. A chaque réouverture des sépultures, on déposait de nouvelles offrandes tout en remaniant les anciennes. De sorte que l'archéologue, en présence d'un butin hétéroclite, avait bien du mal à effectuer un classement chronologique dans cet amalgame. La seule méthode pour introduire une sériation chronologique valable dans les mobiliers devait résider dans la découverte de monuments utilisés pendant une période très courte, contenant de ce fait des ensembles homogènes correspondant à une utilisation unique ou très concentrée dans le temps. L'un des dolmens de l'île Carn allait justement permettre, en 1954, d'entamer ce processus.

L'île Carn, d'une superficie de 2 000 m^2 environ, est un petit îlot situé au nord de la commune de Ploudalmézeau (Finistère). Depuis longtemps on y connaissait un tumulus circulaire d'une trentaine de mètres de diamètre et haut d'environ 4 m. Construit en plusieurs temps, ce « cairn » – qui contient actuellement trois dolmens – abritait en fait un tertre rectangulaire plus ancien : dans ce dernier, en position centrale, avait été édifiée une chambre en pierre sèche. On accédait à celle-ci sur le côté par un couloir long d'à peine 2 m, large de 0,70 m et haut de 1 m, couvert de quatre dalles. Malgré quelques recherches désordonnées anciennes qui avaient affecté le tumulus, la chambre funéraire était restée intacte, chose rarissime, n'avait subi aucune infiltration depuis sa fermeture.

De plan circulaire (3,50 m), elle est constituée par une superposition de pierres plates peu à peu encorbellées de manière à donner une voûte en ogive coiffée par une pierre faisant fonction de clé, à plus de 3 m du sol de la chambre (fig. 9, n° 1). On découvrit là les restes de quelques vases de forme simple, genre bol à fond convexe et bord rentrant, agrémentés de bourrelets en croissant disposés horizontalement ou à la verticale, une lame de silex sans retouche, quelques éclats, six perles en schiste (fig. 10, n°s 1, 2, 3). Mobilier « pauvre », diront certains. En fait mobilier de grand intérêt scientifique. Car cet ensemble intact et homogène allait permettre de mieux définir la personnalité « culturelle » des premiers groupes mégalithiques bretons.

Les constructeurs du dolmen de Carn comptent en effet parmi les plus anciens mégalitheurs d'Occident. Le caractère archaïque de leurs céramiques, par leur forme et leur simplicité, le laissait déjà présager. Les datations fournies quelques années après la fouille par la méthode du carbone 14 confirmèrent cette antiquité : 3300 et 3400 av. J.-C. pour ce dolmen, 3340 pour une autre tombe située à proximité, au sud de la première. Ces chiffres furent jugés « inacceptables » par beaucoup de spécialistes car on estimait alors impossible qu'il pût exister en Bretagne des monuments plus anciens que ceux de la Méditerranée. En fait le processus de remise en question des idées déjà acquises ne faisait que commencer. D'autres monuments bretons allaient fournir des datations encore plus révolutionnaires...

Barnenez et Geignog

Dans cette stupéfiante étape de la recherche qui consacra la très haute antiquité de l'architecture mégalithique occidentale, Barnenez occupe une place de choix.

Sur la rive droite de la baie de Morlaix, à l'ouest du village de Kernelehen (Finistère) existait, aux temps néolithiques, tout un ensemble de sépultures mégalithiques pour la plupart détruites aujourd'hui. Pourtant le seul monument qui a pu être sauvé de ce naufrage en dit tellement long sur le caractère grandiose de ces lointaines architectures qu'il nous permet d'imaginer ce que devait être ce paysage ancien, peuplé de tombeaux prestigieux. Il s'en fallut d'ailleurs de peu que le grand tumulus de Barnenez ne soit lui aussi réduit à néant. En 1955 une carrière avait ouvert sur son flanc nord-ouest une saignée béante par laquelle on apercevait les chambres de quatre monuments. Aussitôt informés, P.-R. Giot et ses collaborateurs mirent un terme à cette éventration et l'étude méthodique de ce vaste tertre fut entreprise. Les recherches mirent en évidence toute la complexité de ce bel ensemble long de 70 m, large de 25 m dans sa partie occidentale. Les constructeurs avaient d'abord bâti à l'est un premier tumulus trapézoïdal englobant cinq dolmens à couloir. Ils agrandirent ensuite ce monument en le flanquant à l'ouest d'un deuxième tertre abritant six autres dolmens. Barnenez cachait ainsi onze sépultures dont plusieurs ont conservé leur remarquable voûte encorbellée (fig. 8, n° 1 et Ill. n° 4). Les architectes occidentaux maîtrisaient donc la technique de l'encorbellement il y a plus de 6 000 ans... On accédait aux chambres funéraires par des couloirs longs de 7 à 12 m, couverts de tables de granite.

Le volume des matériaux nécessaires à la construction d'une telle masse est considérable : pour ce faire on a utilisé la roche trouvée dans les environs immédiats, une dolérite, mais le granite auquel on a aussi fait appel ne se trouve pas à moins de deux kilomètres de là. On a encore utilisé le schiste, mais en très petite quantité. Les tumulus étaient construits en paliers successifs aux murs verticaux. Des contreforts pouvaient localement les consolider. Ceux de la zone occidentale étaient forcément plus nombreux compte tenu de la déclivité du terrain à rattraper pour donner à l'ensemble une certaine homogénéité. On ignore tout de même la hauteur primitive maximale du monument.

Construire une telle bâtisse à des fins purement sépulcrales peut très bien s'admettre mais laisse rêveur. Hélas les sols acides armoricains dissolvent à peu près systématiquement les ossements et nous ne saurons jamais combien de personnes furent ici ensevelies. Mais peut-être ce site n'était-il pas qu'une nécropole, tout au moins pour ce qui concerne certaines tombes. La tombe H en particulier a fait l'objet d'une architecture nettement plus soignée : son couloir est « doublé » de piliers; elle comporte une antichambre voûtée et une *cella* dominée par une table de couverture; enfin, entre l'antichambre et la chambre, un pilier a été dressé sur lequel on a gravé des haches et, peut-être, un arc. D'autres gravures décorent les piliers de la chambre. N'était-ce pas là un sanctuaire? Nous retrouverons le même problème à propos du dolmen de Gavrinis. Bien que les tombes de Barnenez aient subi des visites intempestives à diverses époques (à partir du néolithique récent, au chalcolithique, aux âges du bronze et du fer, au Moyen Age), des vestiges des occupations plus anciennes ont été mis au jour : céramiques à fond rond se rattachant au néolithique le plus ancien de Bretagne, outils de silex ou de pierre polie. Quant aux datations obtenues par la méthode du carbone 14, elles confirmèrent et intensifièrent les résultats obtenus à Carn : 3800 ans av. J.-C. pour l'un des dolmens du bloc oriental, 3500 pour l'un des monuments du tertre ouest. En « calibrant » ces datations, c'est-à-dire en leur restituant leur véritable antiquité, on obtiendrait peut-être des dates de l'ordre de 4500 ans av. J.-C.

Barnenez, étonnant de grandeur et d'ancienneté, ne doit pas être considéré comme un phénomène isolé. D'autres monuments du même style furent édifiés à la même époque sur toute la façade atlantique. L'un des sites les plus intéressants à cet effet, mais mal conservé, demeure l'île de Geignog à Landéda (Finistère). Quatre cairns furent ici construits, qui abritaient chacun plusieurs sépultures à couloir! L'un en contenait six. L'une de ces tombes fut datée de 3850 av. J.-C. Mieux, on retrouva ici trace des premières divinités honorées par les peuplades mégalithiques. A cette époque en effet, à côté des divinités liées au culte de la terre nourricière, se juxtaposent d'autres dieux ou déesses chargés de veiller sur le destin des morts. Ainsi, dès les débuts du mégalithisme occidental, avait-on pris quelquefois l'habitude de placer à proximité des défunts quelque puissance protectrice. Un bon exemple en est justement fourni par les stèles des sépultures de l'île Geignog. Quand on pénètre dans les chambres dolméniques du tumulus III de ce site, on constate la présence de dalles dressées, à l'allure anthropomorphe (fig. 8, n° 2). Sans doute avons-nous ici, déjà, les premières manifestations des dieux de l'au-delà que nous retrouverons, sous des formes artistiques plus achevées, dans beaucoup de sépultures collectives du IIIe millénaire.

Carnac et les tumulus géants

Parmi les imposants monuments qui marquent les débuts de l'architecture de pierre, il en est un certain nombre auxquels l'ampleur, la démesure presque, confèrent un caractère particulier. Plusieurs sont regroupés autour de Carnac et du golfe du Morbihan, c'est-à-dire dans une zone d'une exceptionnelle richesse en matière de mégalithisme. Ce sont de vastes tertres comportant une chambre funéraire principale, généralement close, c'est-à-dire sans couloir d'accès, autour de laquelle peuvent éventuellement être réparties des tombes adventices sous la forme de petits coffres. Un dolmen à couloir peut aussi être intégré à l'édifice. Les tertres, rectangulaires, trapézoïdaux ou ovalaires sont colossaux : 50 à 100 m de long sur 30 à 50 m de large, 5 à 7 m de hauteur. Ces monuments sont, à Carnac, le tumulus de Saint-Michel (sur lequel on a construit une chapelle!) et celui du Moustoir; à Locmariaquer, le Mané-er-Hroeck et le Mané-Lud; à Arzon, le tertre de Tumiac, etc. Dans ces monuments le mobilier associé aux sépultures était spectaculaire. Les haches polies en roche dure sont nombreuses. On en découvrit 106 au Mané-er-Hroeck, 39 à Saint-Michel. Elles sont parfois plates et de grande taille, avec le tranchant légèrement évasé, comme cela est le cas pour les premières haches de métal. Les plus longues atteignent 46 cm. Certaines, plus petites, ont un talon perforé (fig. 10, nº 13). A ces pièces « d'apparat » s'ajoutent aussi des pièces originales comme l'anneau disque en serpentine découvert dans le Mané-er-Hroeck. Le commerce des roches « nobles » qui ont été utilisées dans la fabrication d'objets cultuels ou de prestige devait être déjà organisé. On pense que la serpentine, par exemple, pouvait provenir d'ateliers alpins.

Les colliers dont on parait les défunts étaient essentiellement taillés dans la callaïs, un phosphate hydraté de teinte vert clair que les minéralogistes nomment variscite. On en tirait des grains discoïdaux ou des pendeloques biconiques ou en olive (fig. 10, nº 14). On en mit au jour 249 dans le tertre de Tumiac, 136 à Saint-Michel, 49 au Mané-er-Hroeck. En revanche ces tertres étaient pauvres en céramique : les quelques éléments rencontrés évoquent la plus vieille céramique découverte en milieu dolménique comme à Carn ou à Barnenez. Les monuments tumulaires de Carnac furent longtemps considérés comme « récents », à la charnière du néolithique et de l'âge de bronze. En effet l'allure des haches évoquait déjà des haches en métal : on pensait à des copies en pierre d'armes de cuivre. Les Armoricains d'alors, pauvres en minerai, se seraient contentés de haches de pierre, même s'il s'agissait de belle pierre... La réalité était autre : ces haches étaient carrément néolithiques et n'avaient rien à voir avec les haches de cuivre qui ne seront connues en Bretagne qu'un bon millénaire plus tard. Les datations radiocarbone obtenues font remonter ces monuments au IVᵉ millénaire. On dispose en effet de datations tantôt « hautes » (3760 $\pm$ 300 à Saint-Michel), tantôt plus proches de la transition IVᵉ-IIIᵉ millénaire (3120 $\pm$ 130 à Saint-Michel par exemple).

L'Armorique n'avait certes pas le monopole de ces monuments exceptionnels. On en a reconnu plusieurs dans le Pas-de-Calais mais aussi dans le Centre-Ouest. Dans cette dernière région notamment se rencontrent des terres aux dimensions disproportionnées par rapport aux sépultures enfouies. A Saint-Saturnin-des-Bois, dans la Charente-Maritime, la tombelle de la Tonnelle avait 150 m de long sur 4 m de large. Dans ce même département la tombe de la Demoiselle, au Thou, était longue de 120 m et large de 9 m. On connaît aussi trois tumulus géants au lieu-dit « Les Moindraux » à Saint-Jean-de-Liversay, etc. Hélas ces monuments furent pour beaucoup détruits ou défigurés à une époque récente. D'autres grands tumulus ont été décrits dans les Deux-Sèvres, la Vienne, la Charente, la Gironde.

Gavrinis ou l'ornementation des plus vieux mégalithes

Construire un monument mégalithique et dépasser sa fonction sépulcrale éventuelle pour l'élever au rang de temple put quelquefois tenter les préhistoriques. Cette consécration ne pouvait se matérialiser sans s'accompagner d'un art lié à des traditions religieuses. Ceci explique la cohabitation de certaines architectures, souvent exceptionnelles d'ailleurs, et de signes gravés originaux. Le meilleur exemple en ce domaine est fourni par le dolmen de la pointe sud de l'île de Gavrinis à Larmor-Baden, dans le Morbihan. Inclus dans un tumulus, ce monument comporte une chambre sépulcrale carrée, de 2,50 m de côté à laquelle on accède par un long couloir de 14 m de développement. Sur vingt-neuf pierres qui constituent les parois de ce monument, vingt-trois sont ornées en totalité. Les motifs représentés sont variés et presque comme une récapitulation de l'art des premiers dolmens occidentaux. On peut y voir de nombreux arceaux emboîtés disposés systématiquement sur chaque pilier (Ill. nº 3). Ce motif est-il purement décoratif ou faut-il y voir la représentation de quelque divinité? Il est difficile de trancher la question. Certes, bien que schématiques, les gravures sont parfois assez parlantes : des haches polies dont l'une perforée près du talon sont identiques aux belles haches d'apparat des tumulus de Carnac; un arc ou encore des serpents sont indiscutables.

Il reste plus difficile d'interpréter d'autres signes fréquents : crosses, signes en U, spirales, écussons décorés de courbes emboîtées (fig. 10, nº 19). Peu ou prou Gavrinis est une sorte de synthèse des motifs gravés par les artistes bretons du IVe millénaire. Bien sûr, des variantes peuvent exister dans d'autres monuments de même que des gravures un peu différentes. Ainsi en va-t-il de « l'écusson » de l'île Longue à Larmor-Baden (Morbihan) : cette figure subquadrangulaire présente une partie supérieure légèrement décrochée en forme d'ogive avec un pointement terminal, deux anneaux latéraux et des traits curvilignes prolongeant la partie haute. Un écusson de même style avec des sortes de cheveux « en éventail » figure dans le dolmen J de Barnenez (fig. 10, nº 18). Le dolmen de Mané-Lud à Locmariaquer (Morbihan) comporte pour sa part de nombreux signes en U. Certains sont des U très évasés, avec une branche latérale peu développée. On peut interpréter ces représentations comme étant des bateaux. Et ceci d'autant plus que quelques traits verticaux gravés dans la partie centrale de ces motifs peuvent très bien être des figurations schématisées de personnages (fig. 10, nº 16). Ce sont là d'intéressants éléments qui semblent confirmer le rôle joué par la navigation sur les côtes de l'Atlantique ou de la Manche dans le courant du IVe millénaire. A n'en pas douter la mer jouera un rôle déterminant dans l'expansion des premières architectures mégalithiques et des thèmes religieux qui furent dans le même temps véhiculés.

Les tumulus de Fontenay-le-Marmion

Remontons un temps jusqu'en Normandie pour y suivre ces très anciens constructeurs de dolmens.

Un certain nombre de tertres contenant des sépultures relevant du courant mégalithique le plus archaïque sont en effet connus jusqu'ici. Ainsi en est-il des monuments de la butte de Hu à Condé-sur-Ifs et du tumulus d'Ernes, dans le Calvados, d'un tumulus d'Habloville, dans l'Orne, ou encore du tertre de la butte à Vierville (Manche). Ce dernier était une sorte de pyramide de gradins concentriques englobant une chambre sépulcrale précédée d'un couloir d'accès. Les fouilles qui y furent pratiquées révélèrent la présence de sépultures auxquelles étaient associés sept poinçons en os, divers outils de silex (lames, grattoir, couteau à dos, flèches à tranchant transversal), les restes d'une dizaine de vases de forme simple (bols, écuelles en calotte, vases sphériques à col court), et de nombreuses parures. Parmi ces dernières on note des coquillages perforés, des dentales, des dents percées, des pendentifs en os, des perles en stéatite, une perle en callaïs et une perle en ambre. A côté un deuxième tertre appartient à la même époque.

Mais ce sont les tumulus de Fontenay-le-Marmion (Calvados) qui jouissent de la réputation la plus solide. Le premier, dit tumulus de la Hogue, est une masse de pierraille de 40 m de long sur 30 m de large. Son mur externe atteignait 2 m de haut. Le monument devait s'étager en gradins successifs. Cette butte n'abritait pas moins de douze sépultures auxquelles on accédait par des entrées ouvertes sur tout le pourtour du monument. On cheminait d'abord dans un couloir étroit en pierre sèche, long de 5 à 10 m, pour déboucher dans une chambre circulaire ou ovale de 4 m environ. L'architecture des chambres était totalement en pierres sèches; ces *cellae* étaient voûtées en encorbellement et leur hauteur devait primitivement avoisiner 5 m. Hélas après que les premières fouilles y eurent été effectuées en 1829-1830, une carrière défigura une bonne partie du monument. Par bonheur des recherches méthodiques y furent conduites au début de notre siècle, puis tout récemment, mettant au jour un intéressant mobilier ainsi que divers squelettes se rattachant à une population de petite taille (les hommes évoluent entre 158 et 169 cm, les femmes entre 140 et 153 cm).

A 600 m de ce monument, un deuxième tertre se rattache au même courant culturel. C'est le tumulus de la Hoguette. Long de 30 m pour une largeur de 20 m, il abritait sept dolmens à couloir (peut-être huit) bâtis en pierres sèches de la même manière que ceux de la Hogue (fig. 9, n° 3). Fait curieux, on a découvert à la base du remplissage des tessons appartenant à la culture danubienne, c'est-à-dire à la plus vieille civilisation néolithique de l'Europe moyenne et occidentale. Or cette culture est en général sans rapport avec le courant mégalithique ancien qui a diffusé le long de l'Atlantique. Que faisaient donc ces vestiges sur le cairn et dans les environs? Le monument fut-il construit sur un site néolithique plus ancien ou les populations danubiennes locales furent-elles acculturées par des groupes mégalithiques? La question reste posée. Les datations les plus anciennes obtenues pour ce monument sont antérieures, ici encore, à 3600 av. J.-C.

Les tumulus de Bougon

Le Bougon, c'est une petite rivière des Deux-Sèvres. C'est aussi un village de ce département. Mais pour les archéologues, Bougon c'est surtout un bel ensemble mégalithique situé à 500 m à peine au nord de l'église de cette localité, au lieu-dit « Les Chirons ». On peut voir là les vestiges d'une vaste nécropole forte de six tertres, qui fut révélée par des fouilles entreprises entre 1840 et 1845. De nouvelles recherches ont été mises en chantier ces toutes dernières années. Elles ont démontré que cette nécropole avait été fréquentée pendant au moins un millénaire et demi. C'est dire que les monuments la composant n'étaient pas contemporains; partant, il en va de même des documents archéologiques mis au jour.

Le tumulus A, le plus éloigné de l'entrée, est circulaire (40 m de diamètre). Il renferme une chambre funéraire qui fut forcée le 2 avril 1840 par des fouilleurs enthousiastes et – c'était l'époque – romantiques : « Partout des os, des cadavres et des vases, les uns brisés, les autres intacts; là, des piliers debout, des piliers renversés, des murailles en pierres sèches dont quelques-unes sont écroulées, ruinées par les pluies et le temps; sous les pieds de la terre humaine, sur la tête un bloc énorme. Quelle construction gigantesque, que de siècles sont passés sur elle! » De forts piliers régularisés soutiennent effectivement la grande table de couverture d'un dolmen à couloir d'âge tardif (dolmen de type « angoumoisin »). Dans cette *cella* avaient été disposés de nombreux corps, en position repliée, tête appuyée le long des parois. On identifia plus de 200 squelettes répartis sur trois couches, chacune séparée de la précédente par un dallage. Le mobilier funéraire associé à ces défunts comportait un pic en bois de cerf, des poignards et des ciseaux, des flèches tranchantes ou perçantes, des grattoirs et des lames de silex, des haches polies en roche dure, une belle hache marteau, longue de 25 cm, des vases, des perles en calcaire, calcite, callaïs, coquillage, des pendeloques en canine de loup ou d'ours...

Les tumulus B et D sont de forme allongée (35 cm de long sur 8 m de large). Le tumulus C est plus vaste. Il est subcirculaire (57 m de diamètre) et englobe, lui aussi, comme le tertre A, un dolmen à couloir récent de style angoumoisin dans lequel quatre personnes avaient été inhumées. En fait ce tumulus semble avoir été construit en deux temps : on a d'abord bâti un tertre central, puis on l'a agrandi en l'englobant dans un deuxième tertre, beaucoup plus vaste, dans lequel on a aménagé le dolmen. Le tertre E, oblong, de 28 m de long sur 11 m de large, renferme deux chambres rondes, jadis voûtées en encorbellement, précédées d'un couloir court, comme le dolmen central de l'île Carn. Mais l'une de ces chambres fut par la suite aménagée en chambre quadrangulaire, tardivement. Ces dolmens ronds sont donc, par leur type d'architecture, apparentés aux formes les plus anciennes de la façade atlantique (fig. 8, nº 3).

Enfin le tumulus F est une butte de 80 × 20 m et haute de 3 m. Il renferme un dolmen à chambre quadrangulaire de piliers régularisés avec parfois de véritables crochets sculptés de rainures favorisant leur emboîtement. La *cella* est précédée d'un couloir en pierres sèches, couvert de dalles. Il semble ici encore que la construction du tertre soit complexe et ait été faite en deux temps. Au IVe millénaire on a d'abord bâti un tumulus « géant » qui contenait notamment une sépulture ronde, en pierre sèche, construite au sud; puis au IIIe millénaire on a ajouté à cet édifice, au nord, le dolmen coiffé d'un tertre demi circulaire prenant appui sur la façade du tumulus initial.

Bien sûr, comme on l'a vu, ce vaste ensemble mégalithique n'est pas chronologiquement homogène. Les tombes en pierre sèche du tumulus E ou la tombe sud du tumulus F sont les plus anciennes, comparables à celle de Carn, de Barnenez ou de Fontenay-le-Marmion. La date carbone 14 fournie par des charbons trouvés dans une tombe du tertre E (3850 av. J.-C.) confirme ce point de vue. Les dolmens à couloir des autres tumulus sont plus récents (on a obtenu des dates de 3000 et 2400 av. J.-C.). Difficile et passionnant travail pour l'archéologue d'aujourd'hui que d'essayer de démêler l'écheveau de ces architectures successives!

Originalité des premiers paysans de l'Ouest

Si l'on jette à présent un coup d'œil d'ensemble sur les premiers groupes néolithiques de la côte atlantique, on s'aperçoit qu'ils présentent un certain nombre de points communs. Exception faite de quelques documents relevant d'un courant centro-européen (danubien tardif) parvenus jusqu'en Normandie ou dans le bassin de la Loire et de quelques autres d'essence méditerranéenne (quelques sites à poterie imprimée sont connus dans le Centre-Ouest comme le site de La Tranche-sur-Mer en Vendée), l'originalité des premières civilisations néolithiques de l'Ouest s'affirme bel et bien par un ensemble de données. Tout d'abord la construction de dolmens à couloir en pierres sèches ou avec piliers « mégalithiques » constitue les premières grandes tentatives dans l'histoire de l'architecture européenne. Vers 4000 av. J.-C. environ on connaissait donc déjà l'art de voûter en encorbellement, et jusqu'à des hauteurs respectables, des chambres funéraires spacieuses. Le goût pour les tertres immenses, au volume de pierraille considérable, à la disposition en gradins, recherchée, n'est pas moins original. Ces vastes tombeaux de familles ou de clans suggèrent habituellement une société peu hiérarchisée.

Pourtant on ne peut manquer de supposer, pour la réalisation de tels monstres, une société en pleine transformation avec des chefs politiques ou religieux, même si leur pouvoir fut temporaire et, à coup sûr des ingénieurs, des architectes, des chefs de chantiers et, à la base, une masse d'ouvriers ou de tâcherons volontaires ou résignés. Des artistes aussi : l'ornementation des premiers mégalithes montre déjà tout un art consommé dont Gavrinis constitue une sorte de fleuron. Cet art ne saurait être disjoint de concepts religieux : déjà des idoles ou des déesses funéraires veillaient sur le monde de l'au-delà. Sur un plan plus terre à terre, on ne peut manquer d'être étonné par le luxe qui s'étale dans les dépôts votifs de certaines communautés à travers les remarquables haches d'apparat des tumulus de Carnac ou les splendides colliers de roche verte. La poterie semble démarrer sous des formes simples, aux surfaces polies et noirâtres, pratiquement sans décor (style de Carn). Ce style atlantique s'enracinera longtemps.

Au cours de phases un peu plus récentes on trouve en Armorique des récipients aux formes plus élaborées : bols à épaulement, vases globuleux munis d'anses verticales tubulaires (vases de type Le Souc'h, du nom d'un dolmen de Plouhinec, Finistère) (fig. 10, n°s 4, 5), bols munis d'anses en bobine, éventuellement même vases à fond écrasé et col haut, avec ouverture évasée (dolmen de Larcuste à Colpo, Morbihan) (fig. 10, n° 7). Que ces récipients soient dès lors influencés par quelque impact méridional (culture chasséenne) ou qu'ils soient le produit d'une évolution sur place, ils obéissent pour autant à un style plus ou moins répandu sur l'ensemble de la façade atlantique.

Ainsi, en Vendée, un dolmen à couloir, avec chambre bâtie en encorbellement, a livré un mobilier à la fois homogène et original. Il s'agit de la tombe des Cous à Bazoges-en-Pareds (fig. 11). On y a découvert une industrie de couteaux à dos, de lames et de lamelles associée à des flèches tranchantes à retouche abrupte. Il y avait aussi des colliers de perles en calcaire, en coquillage ou en dents de carnassiers percées. La poterie comporte des bols, des écuelles carénées (fig. 10, nº 9), des coupes, des vases à col cylindrique. Cet ensemble peut avoir déjà assimilé des influences méridionales issues de la culture chasséenne. Mais il peut être aussi plus ancien.

En Aquitaine enfin, où l'on connaît sans doute dès les débuts du IVᵉ millénaire de grands tumulus comparables à ceux du Morbihan (comme le tertre du Bernet à Saint-Sauveur-Médoc, Gironde), un néolithique d'inspiration atlantique se constitue aussi. Il est bien représenté sur le site de Roquefort à Lugasson (Gironde). L'outillage est à base de têtes de flèches tranchantes, à retouche abrupte, d'armatures en trapèzes asymétriques, de grattoirs, de faucilles, de haches polies. La poterie est riche en bouteilles à col cylindrique court, en bols, en écuelles à profil sinueux dont les éléments de préhension sont fréquemment des anses horizontales « en trompette » ou des oreilles de même forme. On ne trouve pas les vases carénés déjà vus sur le site des Cous; en revanche une certaine ambiance rapproche le matériel de Roquefort de la céramique bretonne de type Le Souc'h. Bel exemple à la fois et des affinités et de la diversité qui inspirèrent les potiers de l'aire atlantique dans la deuxième moitié du IVᵉ millénaire.

La longue évolution des dolmens armoricains

Mais les dolmens ne restèrent pas des architectures figées. De nouveaux architectes naquirent et les modes changèrent. Aussi se produisit-il une évolution à partir des dolmens à couloir, à chambre ronde ou polygonale. C'est ainsi que les ingénieurs mégalithiques voudront désormais construire des tombes aux architectures toujours plus compliquées. Parallèlement se manifestèrent des variétés de monuments limitées à des secteurs géographiques déterminés. Aux chambres rondes on préférera désormais les chambres quadrangulaires (fig. 9, n° 4). Il arrivera même que ces chambres soient à leur tour subdivisées en compartiments internes (La-Forêt-Fouesnant à Kerleven, Finistère). De leur côté certaines tombes de la Loire inférieure affectionneront des plans en transept (dolmens des Mousseaux à Pornic, Loire-Atlantique) (fig. 9, n° 5).

Peu à peu, dans le courant du IIIe millénaire, la démarcation entre la chambre et le couloir s'estompera. On parviendra de ce fait à construire des monuments allongés caractérisés par un simple rétrécissement de la zone d'accès. Ainsi en est-il des dolmens en V de l'intérieur de l'Armorique, tel le dolmen de Ty-ar-Boudiged à Brennelis, Finistère (fig. 9, n° 6). Dans l'Armorique littorale de la Loire jusqu'au Blavet, se développeront des sépultures « en équerre » : la chambre s'allongera nettement et formera avec le couloir un monument bâti en angle droit (dolmen de Goerem à Gavres, dolmen des Pierres-Plates à Locmariaquer, Morbihan) (fig. 9, n° 8). Ces transformations s'accompagneront de la constitution de nouveaux groupes culturels souvent de faible extension géographique. De nouveaux styles céramiques apparaîtront, comme les écuelles et jattes à fond rond ou plat et à décor de nervures de Kerugou ou encore les vases biconiques à fond plat décorés de motifs incisés dans le style de Conguel.

Le cycle dolménique en Armorique se termine entre 2500 et 2000 par la construction des allées couvertes, monuments rectangulaires allongés, formant une sorte de galerie voûtée à même hauteur sur tout son développement. Ces monuments sont généralement inclus dans un tertre allongé (fig. 9, n° 9). Nous retrouverons des allées couvertes dans le Bassin parisien lorsque nous évoquerons le néolithique final de cette région mais, à la différence des allées bretonnes, les allées parisiennes ne sont pas « aériennes »; elles ont été édifiées dans de grandes fosses et sont donc « enterrées ». On connaît aussi des allées couvertes dans le Centre-Ouest comme celle des Tabernaudes I à l'île d'Yeu, longue de près de 10 m ou celle de Roquefort à Lugasson, longue de 14 m. En Aquitaine certains monuments rectangulaires allongés montrent une hauteur décroissante depuis la dalle de chevet jusqu'à l'entrée (dolmen de Château-de-Pitray à Gardegan, Gironde).

Variantes occidentales : dolmens de l'Angoumois et de la Loire

Parmi les monuments construits postérieurement à la première vague mégalithique, mais antérieurement aux allées couvertes, se situent un certain nombre de dolmens aux architectures originales.

Ainsi en est-il des dolmens à couloir de l'Angoumois. Ils possèdent une chambre quadrangulaire. Leur couloir, de dimension variable, est toujours décentré. Les parois étaient réalisées avec des grandes pierres équarries ou à l'aide de murs en pierres sèches. On a fréquemment utilisé des tables massives, épaisses, de fortes dimensions. Ces dolmens ont ensuite été recouverts de tertres aux formes très variables. Nous avons déjà décrit les dolmens situés sous les tumulus A et C de Bougon. La nécropole de la forêt de la Boixe à Vervant et à Cellettes (Charente) montre le passage progressif des tombes circulaires en pierre sèche et à couloir aux tombes angoumoisines à chambre quadrangulaire.

Un autre groupe comporte parmi les plus spectaculaires dolmens de la France. Il est centré autour de la Loire moyenne. Aussi parle-t-on, pour désigner ces tombes, de dolmens de type Loire ou de dolmens angevins. Ces monuments présentent une chambre quadrangulaire, presque toujours plus longue que large. Elle est précédée par une sorte d'antichambre ou de portique carré, dont les piliers sont moins hauts que ceux de la chambre. A côté de monuments de faible développement, existent des monuments majestueux, impressionnants, pour lesquels on a parfois employé le terme de « temples ». Leurs piliers autant que leurs tables de couverture présentent souvent des proportions considérables. Ainsi en est-il du dolmen de Bagneux, dans la banlieue de Saumur, l'un des monuments les plus imposants de France, long à l'intérieur de 17 m, large de 4,25 m à l'entrée, de 5,40 m au fond. Chaque côté est formé de quatres dalles, les plus vastes étant celles qui jouxtent la dalle de fond, elle-même longue de 7,30 m. Quatre tables de couverture servent de toit au monument. Les vestiges d'une antichambre, dont un côté et la toiture sont effondrés, précèdent l'entrée. Ce monument colossal mérite une visite. Touristes des pays de la Loire, abandonnez un instant les châteaux de la Renaissance et allez rendre visite au café de la Grande-Pierre-Couverte, à Bagneux : son dolmen en vaut la peine.

D'autres dolmens angevins sont tout aussi respectables telle la Pierre-Folle de Bournand, dans la Vienne, monument avoisinant 16 m de développement ou encore le dolmen de la Pagerie à Gennes (Maine-et-Loire), long de 10 m. Ces monuments à portique ont essaimé jusqu'en Ille-et-Vilaine puisqu'un autre dolmen prestigieux, la Roche-aux-Fées, à Essé, peut être rattaché à ce groupe : c'est un monument étonnant par ses dimensions (20 m de long, 2 m de hauteur sous la voûte, 1,10 m seulement sous le portique d'entrée). Sept grosses dalles forment le toit de ce dolmen tandis que l'entrée comporte deux pilastres et un linteau remarquablement taillés.

Les tombes dolméniques de la France du Centre et du Sud

Les nombreux groupes culturels qui, de la Provence jusqu'aux Causses, succèdent à la civilisation chasséenne vers 2700-2600 av. J.-C., ont souvent un rapport étroit avec le mégalithisme de ces régions. Ces communautés amorcent le plus souvent une colonisation beaucoup plus radicale du territoire. De plus leur éclosion est matérialisée par l'apparition de sépultures collectives : grottes sépulcrales, hypogées et dolmens. Ces derniers seuls nous intéressent ici. Le IIIe millénaire est là une grande période d'effervescence en matière de mégalithisme. Des Pyrénées à l'Ardèche, du Lot à la Méditerranée, avec accessoirement un petit noyau à l'est du Rhône (Bouches-du-Rhône, Var, Alpes-Maritimes), le Midi se couvre de dolmens au point de devenir la plus dense région de France en ce domaine (le département de l'Aveyron comporte environ 600 dolmens, l'Ardèche sans doute autant!). Certes ces monuments n'ont pas l'ancienneté des chambres circulaires à couloir de la façade atlantique – un bon millénaire les sépare – mais leur architecture en est quelquefois proche, ce qui paraît dû à un phénomène de convergence. Ainsi les dolmens à couloir et chambre carrée de l'Hérault, du Gard ou de Provence orientale constituent un ensemble intéressant.

Certains de ces mégalithes sont subdivisés en trois parties distinctes : un couloir d'accès, une antichambre, enfin la chambre funéraire proprement dite bien qu'on ait aussi enterré dans les autres parties du monument. Ainsi en va-t-il des dolmens du Lamalou à Rouet et du Capucin à Claret dans l'Hérault. Sur les

Causses, vers la fin du IIIe millénaire, les civilisations régionales (culture des Treilles, culture d'Artenac) vont édifier un grand nombre de sépultures mégalithiques de plan tantôt simple (chambres quadrangulaires incluses dans un tumulus rond) tantôt plus complexe tels les dolmens doubles du Lot ou les dolmens coudés de la Lozère. Des dolmens « simples » parsèment aussi le Massif central.

La plaine de l'Aude se caractérise par des monuments aux dimensions exceptionnelles (dolmen des Fades à Pépieux, dolmen de Saint-Eugène à Laure) caractérisés par un plan général sub-rectangulaire allongé. Ces dolmens sont subdivisés intérieurement par des dalles échancrées. De petits monuments colonisent les Corbières et le Roussillon. Signalons que la Corse est bien dotée en tombes dolméniques appartenant elles aussi au IIIe millénaire.

Les tombes de l'Est

Notre périple dolménique s'achève dans l'Est du pays, sur des terres qui ont été boudées par les constructeurs de mégalithes. Contrairement aux façades atlantique et méditerranéenne, les grandes sépultures en pierre sont ici fort rares, sans être toutefois absentes. Les dolmens qui y furent élevés n'en sont pas moins intéressants. C'est ainsi que de récentes recherches conduites en Franche-Comté ont montré les complexités architecturales auxquelles les ingénieurs néolithiques pouvaient parfois aboutir. Le dolmen de Santoche (Doubs), par exemple, était primitivement une chambre carrée de 1,80 m × 1,90 m couverte par deux dalles; on accédait à l'intérieur par une dalle hublot. Dans un deuxième temps cette tombe a été complétée par une sorte de couloir constitué par deux piliers dressés face à face contre la dalle hublot; un empierrage de forme trapézoïdale, long de 9 m, a été construit autour de la tombe : la grande base du trapèze constituait la façade du monument.

Le dolmen I d'Aillevans, en Haute-Saône, montre quant à lui au moins cinq phases de constructions, de modifications ou de réemploi. On construisit d'abord une tombe carrée insérée dans un tumulus circulaire en plaques calcaires. Le caveau était flanqué sur un côté de deux dalles verticales en antennes. On commença à y déposer des inhumations. Puis on remodela le tumulus qui fut transformé en un grand empierrage trapézoïdal de 18 m de longueur. L'ensemble de ces structures de pierre fut vraisemblablement recouvert ensuite par une vaste construction en bois présentant un toit en double pente. Ne faut-il pas voir dans la recherche de ces constructions imposantes, où le bois s'associe à la pierre, la transformation de la tombe en un sanctuaire, une sorte de temple? De tels exemples de monuments ayant joué à la fois le rôle de caveau et de temple ne sont pas rares dans le domaine atlantique. Aillevans en est peut-être une version « continentale ». Après la ruine de cette superstructure le caveau central reçut encore quelques cadavres.

De telles transformations de monuments ne sont pas exceptionnelles. L'utilisation de ces tombes s'étant perpétuée tout au long des IIIe et IIe millénaires, il arriva que chaque période vit l'apparition de modes architecturaux ou de rituels funéraires nouveaux : il s'ensuivit des transformations dans l'aspect externe des monuments en même temps que des bouleversements affectèrent leur contenu.

Les menhirs

Si les dolmens de la France sont à peu près toujours des tombeaux et, de rares fois, des monuments religieux, il s'en faut que nous ayons une image correcte de la signification des menhirs. Ces pierres dressées gardent un certain mystère et ce d'autant plus qu'on ne peut les dater, à l'inverse des dolmens, par le mobilier funéraire. Quelques exceptions existent toutefois. On a en effet découvert, au pied de certains menhirs d'Armorique ou d'ailleurs, quelques vestiges de type néolithique (haches polies, tessons, silex) en liaison avec des ossements humains. Dans ces cas – très rares – une datation approximative est possible et, de plus, on peut alors considérer les pierres dressées comme des sortes de stèles funéraires. Mais que penser de la masse des blocs levés? Pierres commémorant un événement important? Monuments indicateurs? Édifices religieux? Monuments liés au culte de la fécondité (on a souvent souligné l'aspect phallique de beaucoup de pierres dressées)? Autant d'hypothèses.

Le problème de la destination se double d'un problème de datation. Dolmens et menhirs ne sont forcément pas contemporains. Il suffit pour s'en convaincre de jeter un coup d'œil sur la carte de répartition des deux variétés de constructions. Si l'on s'en tient aux vieilles listes établies par A. de Mortillet, on s'aperçoit que, la Bretagne exceptée, les provinces géographiques qu'affectionnent les menhirs ne sont pas toujours celles aimées des dolmens. Le cas est flagrant pour le Midi méditerranéen : cette région qui connaît la plus grande concentration de dolmens à l'échelle de l'hexagone reste excessivement pauvre en menhirs. Il y a donc dissociation assez nette entre les deux phénomènes. Les périodes de construction demeurent aussi énigmatiques : si les dolmens de l'hexagone sont le produit des civilisations néolithiques, on ne saurait être autant précis pour ce qui concerne les pierres dressées. Certaines sont néolithiques (quelques-unes sont en relation manifeste avec des tertres mégalithiques). Beaucoup doivent être plus tardives et appartenir aux âges des métaux (âge du bronze, âge du fer). On sait aussi qu'à l'époque romaine des « bornes » étaient parfois élevées aux carrefours. Et des bornages d'époque médiévale sont peut-être parfois considérés comme des menhirs. Mais rajeunir systématiquement certaines pierres dressées est tout aussi dangereux car certaines fois d'authentiques menhirs ont été utilisés comme lieux de limite ou points de démarcation au cours de divers découpages agraires d'époque historique.

Ici encore la taille n'a rien à voir avec toute notion d'ancienneté. Il est de petits menhirs, de un mètre de hauteur environ, comme il en est de colossaux. Le monument peut porter traces de certaines régularisations comme il peut n'être qu'une simple pierre brute fichée en terre sans nulle transformation à sa surface. Les plus hauts menhirs connus actuellement avoisinent 10-12 m. Le monument de Kerloas à Plouarzel (Finistère), haut de 12 m, aurait été en partie décapité par la foudre. En Armorique on citera le monument de Champ-Dolent près de Dol (Ille-et-Vilaine) ou les menhirs de Kergadiou à Plouvien-Ploudalmézeau (Finistère). Dans le Midi, celui de Lussan (Gard) atteint 5,60 m, celui de Malves (Aude) 5 m; celui de Counozouls (Aude) avoisine 7 m. Mais la palme en matière de grande pierre doit être rapportée au menhir de Locmariaquer, le Mané-er-Groah, qui gît, brisé en cinq morceaux aux côtés de la célèbre Table des Marchands réputée pour ses œuvres d'art. Le Mané-er-Groah atteignait primitivement 20 à 23 m de hauteur et pesait 350 t. Ce monument a posé beaucoup de problèmes aux spécialistes. N'était-il pas un observatoire lunaire, un point de visée exceptionnel, établi dans cette zone d'intense mégalithisme qu'était la côte morbihannaise? Certains l'ont affirmé.

Mais, au fait, à quand remonte sa destruction? Fut-elle récente, due à la foudre ou à quelque séisme, comme beaucoup le pensent en s'appuyant sur un dessin de C.-P. de Robien, président du parlement de Bretagne au XVIIIe siècle et qui représente ce menhir debout? Ou fut-elle ancienne et ne faut-il considérer le dessin de C.-P. de Robien que comme une reconstitution idéalisée? On en discute et certains ont parfois estimé que le Mané-er-Groah n'était peut-être qu'un menhir avorté, un essai de l'homme néolithique pour construire quelque chose d'exceptionnel mais qui n'aurait pas résisté à certains problèmes techniques : le monument se serait brisé lors de sa construction même, un peu comme la voûte de la cathédrale de Beauvais, portée à une hauteur trop forte. Mais fi de ces supputations pessimistes, conservons l'image de la Pierre de la Fée bien plantée dominant de ses 20 m le golfe du Morbihan comme l'un des premiers défis architecturaux que l'homme s'est lancé à lui-même.

Les alignements de Carnac

Disposer des menhirs en files parallèles pour obtenir des alignements ne semble pas avoir été, sur le territoire de ce qui sera plus tard la France, un phénomène fréquent. C'est la raison pour laquelle les alignements de Carnac, dans le Morbihan, doivent être considérés comme une réalisation hors du commun (Ill. n° 6). L'homme préhistorique a dressé ici quelque 4 000 pierres et encore les monuments qui nous sont parvenus ne donnent-ils qu'une idée très déformée de ce que pouvaient être les ensemble originels. En effet en dehors des nombreuses pierres disparues au cours des temps historiques se sont ajoutées, depuis le siècle dernier, des restaurations plus au moins discutables. Des menhirs ont ainsi été replacés debout dans une position sans rapport avec leur emplacement primitif. Les alignements ont donc parfois cessé d'être parallèles : ils peuvent se rejoindre de façon quelque peu anarchique.

Carnac comporte en fait trois champs successifs de menhirs se relayant à 250 m, puis à 400 m de distance. Chacun d'eux était constitué de pierres dressées en demi-cercle ou en ovale et prolongées par des rangées de blocs parallèles.

L'ensemble du Ménec comporte aujourd'hui 1 169 menhirs; 70 composent l'hémicycle tandis que 1 099 pierres sur une largeur de 100 m sont disposées sur onze lignes d'un développement de 1 167 m. Un autre demi-cercle pouvait en marquer la fin. Le champ de Kermario, large de 100 m, totalise 1 029 pierres groupées en dix lignes, longues de 1 120 m; son hémicycle est malheureusement détruit. Enfin l'ensemble de Kerlescan comporte 594 menhirs : 39 composent actuellement le demi-cercle; 555 sont disposés en treize lignes sur un développement de 880 m. Dans la même région l'ensemble de Kerzerho à Erdeven regroupe 1 129 menhirs disposés sur dix lignes.

Mais au fait qu'était Carnac? Une sorte de monument religieux exceptionnel, pensent les uns; un observatoire astronomique complexe visant à prédire les éclipses, disent les autres. Peut-être les deux si l'on pense que ces pierres sont liées au culte du soleil qui se trouve bien attesté au début de l'âge du bronze. C'est en gros l'époque de la construction de Stonehenge, en Angleterre, célèbre temple mégalithique du soleil. Ajoutons que beaucoup d'hypothèses souvent farfelues ont fleuri à propos de ces pierres dressées qui ont parfois entamé la crédibilité des approches sérieuses. Aussi Carnac ayant longtemps offert un inépuisable champ aux thèses les plus fantaisistes, un certain discrédit s'est ensuite longtemps attaché à l'interprétation de ces monuments. On y revient depuis quelques temps avec rigueur et prudence.

Les cromlechs

Les « cromlechs » sont des cercles de pierres dressées, de tailles variables. Le monument peut comporter parfois un pilier central. Ainsi le cromlech du puy de Pauliac à Aubazine (Corrèze) possède un diamètre de 40 m et présente la particularité de posséder sur son pourtour quelques blocs naturels qui reliaient entre eux des piliers fichés en terre. Un menhir avait été planté au centre. Une pierre centrale honorait aussi le cromlech de Perarine, sur le causse de Blandas (Gard). Il existe par ailleurs des cromlechs rectangulaires, comme l'enceinte de Crucuno à Erdeven (Morbihan), de 34,25 m × 25,70 m. On pense que les côtés de ce monument regarderaient les quatre points cardinaux et que les diagonales indiqueraient les levés de soleil lors des solstices. On retrouve là ces explications « solaires » chères aux anciens auteurs.

L'exemple de cromlech le plus original est sans conteste celui situé sur le petit îlot d'Er Lannic (commune d'Arzon, Morbihan), long de 130 m environ sur 100 m de large. Il comportait deux cercles de pierres tangents : l'un possède une cinquantaine de pierres dont la moitié est immergée à marée haute; le deuxième cercle, fort d'une trentaine de piliers, est entièrement sous l'eau. Ces piliers étaient encastrés dans un talus de soutènement formé de pierres et de terre; ils étaient par ailleurs soigneusement calés. Tout autour de ces monuments et à la base même de plusieurs menhirs on a découvert une soixantaine de foyers, peut-être rituels, et des restes de faune (de bœuf principalement), des éclats de silex, des percuteurs, des meules, des haches polies. Mais on y a surtout mis au jour une grande masse de céramique que l'on évalue à plusieurs centaines de vases. Parmi ces derniers figure une série de récipients (162!) en forme de socle cylindrique, décorés de triangles, de losanges, de chevrons ou de méandres emplis de points ou réservés. Par leur décoration originale, ces « vases-supports », par ailleurs connus dans la civilisation chasséenne, permettent d'isoler un « style d'Er Lannic », propre aux régions de l'Ouest (fig. 10, nº 11).

Principaux sites mégalithiques de la France
(IVe-IIIe millénaire)

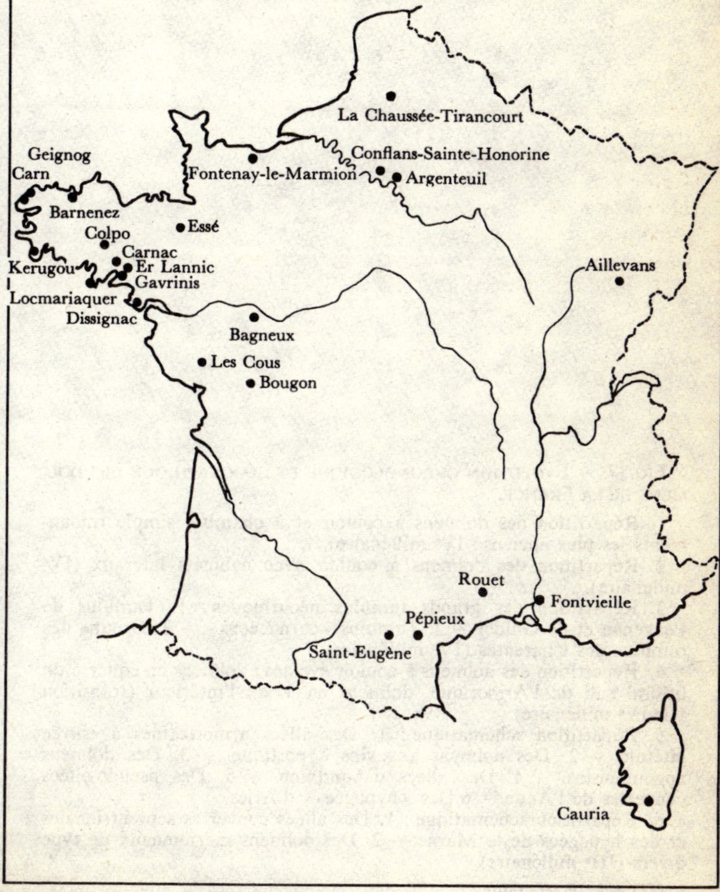

FIG. 7. – ÉVOLUTION CHRONOLOGIQUE ET GÉOGRAPHIQUE DES DOLMENS DE LA FRANCE.

1. Répartition des dolmens à couloir et à chambre simple (monuments les plus anciens : IVe millénaire).

2. Répartition des dolmens à couloir avec cabinets latéraux (IVe millénaire).

3. Répartition des grands tumulus néolithiques : 1. Tumulus de Penvenan et de Guidel. – 2. Tumulus « carnacéens ». – 3. Groupe des tumulus des Charentes (IVe millénaire).

4. Répartition des dolmens à couloir évolués : dolmens en équerre du littoral sud de l'Armorique, dolmens en V de l'intérieur (transition IIIe-IVe millénaire).

5. Répartition schématique : 1. Des allées armoricaines à entrée latérale. – 2. Des dolmens angevins à portique. – 3. Des dolmens angoumoisins. – 4. Des allées d'Aquitaine. – 5. Des pseudo-allées couvertes de l'Aude. – 6.Des « hypogées » d'Arles.

6. Répartition schématique : 1. Des allées couvertes septentrionales et des hypogées de la Marne. – 2. Des dolmens méridionaux de type divers (IIIe millénaire).

(D'après P.-R. Giot.)

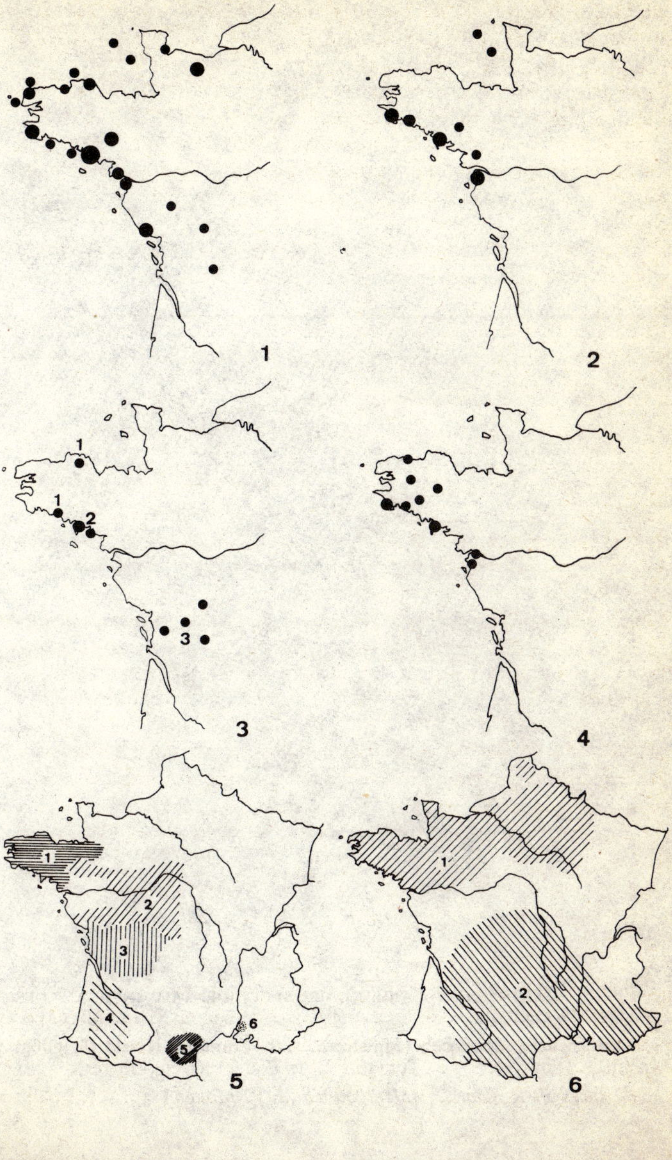
1
2
1
1
2
3
3
4
1
2
3
4
5
6
5
1
2
6

FIG. 8. – TERTRES TUMULAIRES (CAIRNS) OCCIDENTAUX INCLUANT DES DOLMENS À COULOIR.

1. Barnenez, Plouézoch (Finistère). – 2. Tumulus III de Geignog, Landéda (Finistère). – 3. Tumulus E de Bougon (Deux-Sèvres).

(D'après P.-R. Giot, J. L'Helgouach, J.-P. Mohen.)

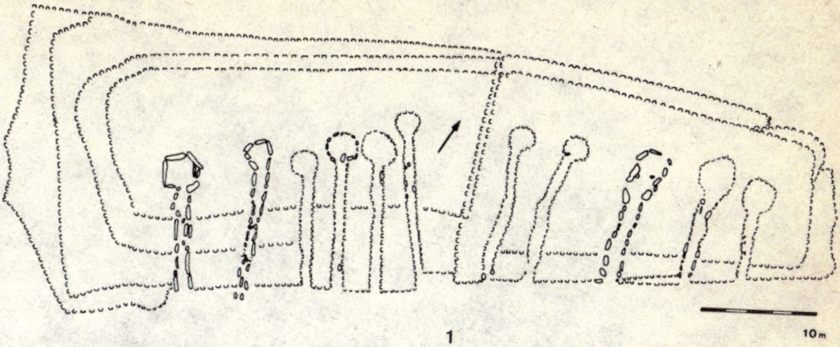

1

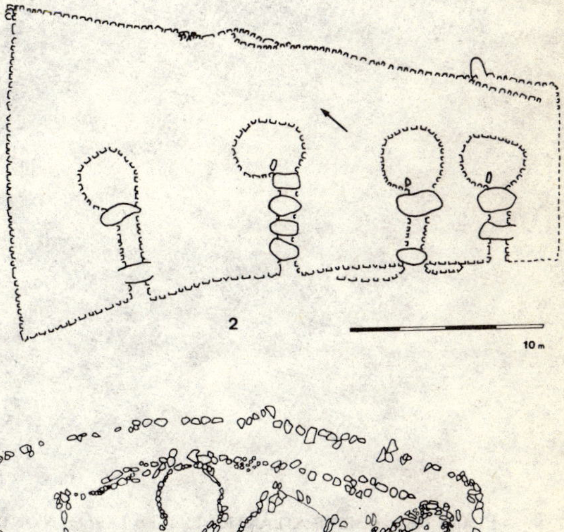

2

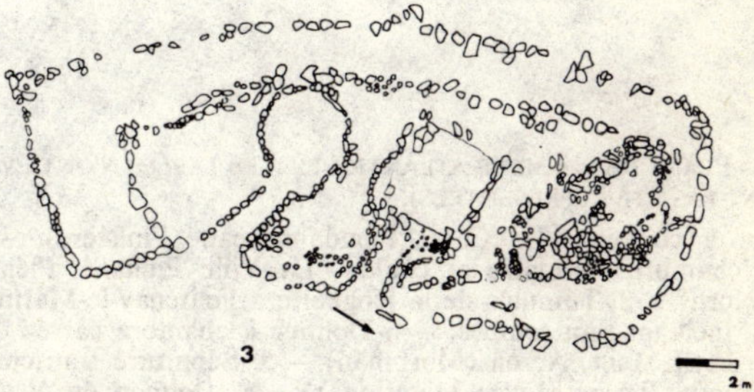

3

FIG. 9. – PLANS DE DOLMENS ATLANTIQUES (LES TABLES N'ONT ÉVENTUELLEMENT PAS ÉTÉ REPRÉSENTÉES).

1. Tholos à couloir , Ile Carn, Ploudalmézeau (Finistère). – 2. Dolmen à chambre circulaire et couloir, La Ville Pichard, Pléneuf (Côtes-du-Nord). – 3. Tumulus de la Hoguette à Fontenay-le-Marmion (Calvados), incluant sept tombes. – 4. Dolmen à chambre carrée et à couloir, Le Petit Mont, Arzon (Morbihan). – 5. Sépulture transeptée, Les Mousseaux, Pornic (Loire-Atlantique). – 6. Dolmen en V, Ty-ar-Boudiged, Brennilis (Finistère). – 7. Dolmen à couloir coudé, Kergonfalz, Bignan (Morbihan). – 8. Dolmen en équerre, Le Goërem, Gâvres (Morbihan). – 9. Allée couverte de Mougau-Bian, Commana (Finistère).

(D'après P.-R. Giot, J. L'Helgouach, R. Caillaud et E. Lagnel.)

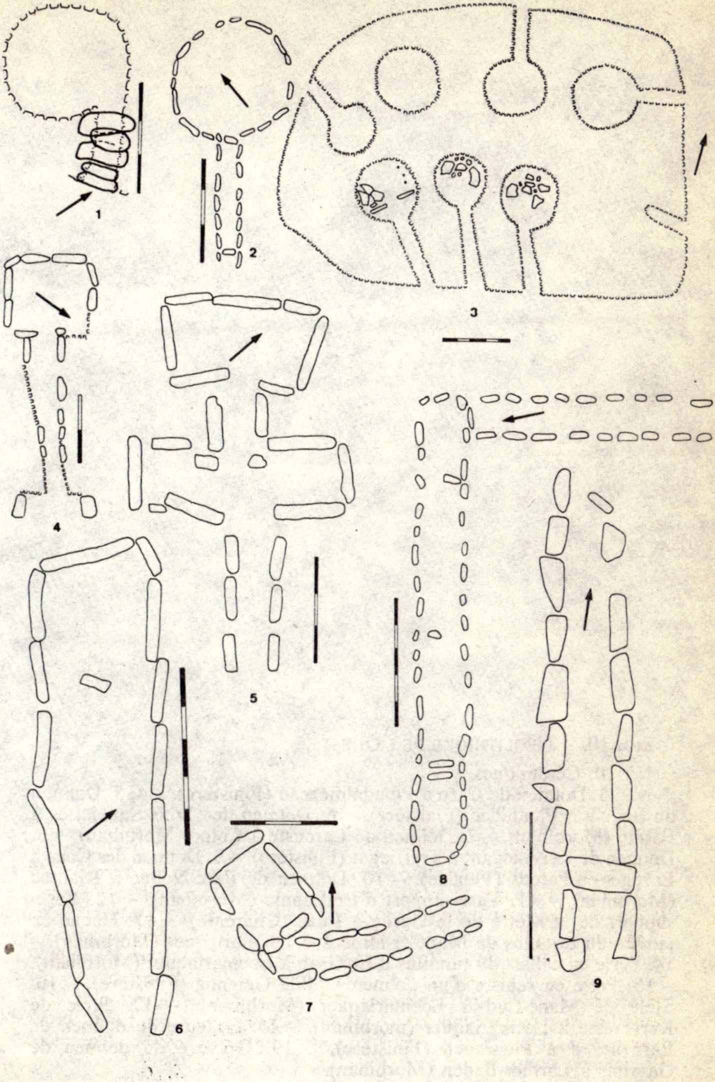
1
2
3
4
5
6
7
8
9

FIG. 10. – NÉOLITHIQUE DE L'OUEST.

1 à 10, Céramiques.

1, 2, 3. Dolmen de Carn à Ploudalmézeau (Finistère). – 4, 5. Dolmen du Souc'h à Plouhinec (Finistère). – 6. Dolmen des Trois Squelettes à Pornic (Morbihan). – 7. Dolmen de Larcuste à Colpo (Morbihan). – 8. Dolmen de Kervillogant à Treffiagat (Finistère). – 9. Dolmen des Cous à Bazoges-en-Pareds (Vendée). – 10. Dolmen de Parc-Nehué à Riantec (Morbihan). – 11. Vase-support d'Er Lannic (Morbihan). – 12. Vase-support de la Motte de la Garde à Luxé (Charente). – 13. Hache en jadéite du tumulus de Mané-er-Hroëck à Locmariaquer (Morbihan). – 14. Perle en callaïs du tumulus d'Er Grah à Locmariaquer (Morbihan). – 15. Perle en schiste d'un dolmen de l'île Geignog (Finistère). – 16. Stèle de Mané-Lud à Locmariaquer (Morbihan). – 17. Stèle de Kervéresse à Locmariaquer (morbihan). – 18. Gravure du dolmen de Barnenez J à Plouézoch (Finistère). – 19. Gravure du dolmen de Gavrinis à Larmor-Baden (Morbihan).

(D'après J. L'Helgouach et R. Joussaume.)

1
2
3
4
5
6
7
8
9
10
11
12
13
14
15
16
17
18
19

Fig. 11. – Dolmen des Cous à Bazoges-en-Pareds (Vendée).

Essai de restitution du monument : tumulus à gradins, chambre voûtée et couloir d'accès.

Plan et sections.

(D'après R. Joussaume.)

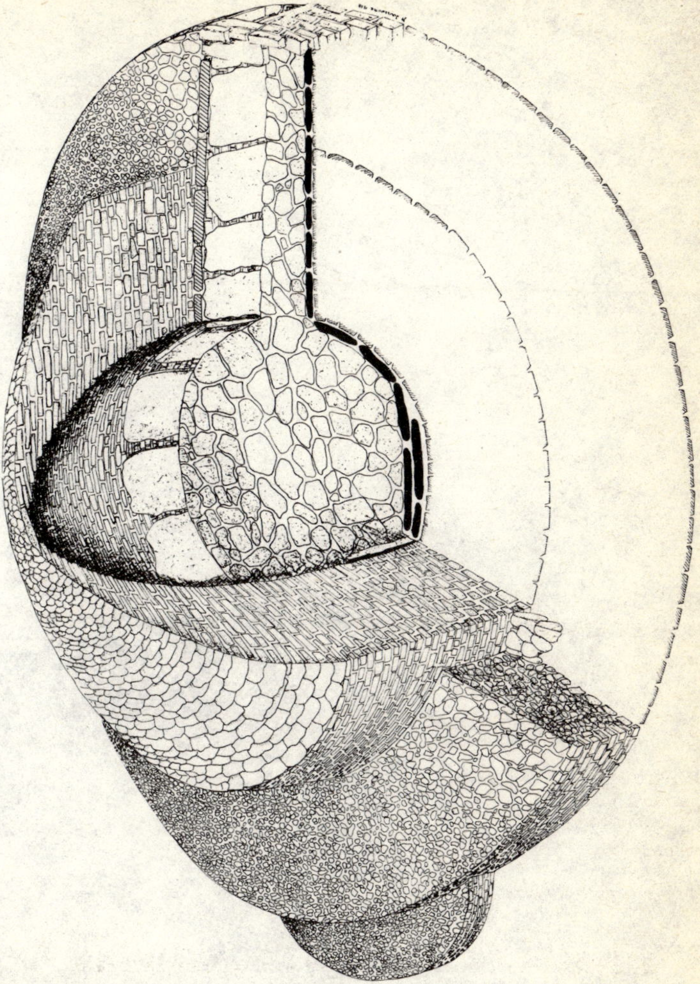

III

Communautés villageoises et conquête du sol

Après avoir analysé la question du mégalithisme et de ses multiples variantes dans le temps et l'espace, faisons un retour en arrière et récapitulons à présent l'état de la France vers les débuts du IVe millénaire.

Comment s'est présenté jusqu'à présent le visage de la France des premiers agriculteurs?

D'abord au cours du Ve millénaire et au début du IVe, le territoire nous apparaît coupé en trois avec une sorte de *no man's land* intermédiaire qui se situerait *grosso modo* à hauteur du Massif central. Les trois civilisations qui occupaient ces aires diverses correspondaient à des modèles culturels différents, tous trois étroitement liés à des milieux écologiques distincts. Au Sud, un modèle méditerranéen : c'est l'aire de la civilisation à poterie imprimée, dans lequel la prédation (chasse, pêche, collecte) a joué encore, pendant quelques temps, un rôle important en association avec l'élevage (du mouton essentiellement) et une agriculture embryonnaire. Au Nord, une civilisation dont les sources sont à chercher en Europe centrale, le long de l'axe du Danube et dont les répercussions sont très sensibles le long du Rhin jusqu'aux Pays-Bas et dans le Bassin parisien. Il s'agissait ici d'un modèle très stéréotypé autant au plan de l'architecture (maisons bâties selon un plan précis) qu'à celui de la culture matérielle ou encore des genres de vie (élevage des bovidés, agriculture jouant un rôle important).

A l'Ouest enfin, le long des côtes, sporadiquement touchées par quelques pionniers danubiens ou quelques aventuriers méditerranéens, les groupes mésolithiques ont cédé le pas à des communautés dont l'expression majeure reste la confection de grands tertres mégalithiques incluant caissons ou dolmens à couloir. C'est là une autre facette du néolithique primitif de la France, centrée sur un trait d'union géographique : le littoral atlantique.

Or au IVe millénaire ces trois aires essentielles vont dès lors évoluer rapidement sous l'effet d'influences communes d'origine méditerranéenne. Ces dernières permettent la constitution d'une culture expansionniste à vocation « nationale » : le chasséen.

Le phénomène chasséen

Le chasséen, que nous avons pu déjà évoquer çà et là, s'est constitué dans le Midi de la France à la fois à partir du fonds de population antérieur et en assimilant des impulsions de souche méditerranéenne. De cette fusion est sortie une entité très originale qui prend corps vers 3700-3600 av. J.-C. Le matériel de pierre ou de terre cuite peut à lui seul aider à cerner cette originalité. L'outillage est caractérisé par une forte proportion d'outils à base de lames ou de lamelles régulières, sortes d'outils tranchants utilisés comme couteaux ou comme pièces de faucilles. On a pu aussi aménager ces lames en burins, grattoirs, perçoirs à pointe finement dégagée (fig. 12, nos 17 à 19, 21 à 23). Les armatures de flèche sont soit tranchantes, triangulaires ou trapézoïdales, soit perçantes; dans ce cas elles sont de formes losangiques ou foliacées (fig. 12, nos 12 à 16, 20). Des lamelles d'obsidienne apparaissent de rares fois, signe de contacts sporadiques avec la Sardaigne ou les îles Éoliennes. A côté de ce bel outillage se rencontrent des instruments plus robustes, lourds et encombrants : haches polies de types diversifiés, pilons, broyeurs, galets aménagés en grès ou en quartzite, couteaux à dos, galets encochés, meules, etc.

La poterie présente un aspect particulier dominé par le goût pour les surfaces lissées jusqu'à la perfection. La petite vaisselle comprend des bols ou des calottes hémisphériques, des coupelles à décor interne de sillons, des assiettes à marli décoré, des vases à épaulement, des écuelles carénées, des socles cylindriques à cupule supérieure (« vases-supports »), etc. (fig. 12, nos 4 à 11). Les prises étaient également variées. Certaines, originales, consistaient en cordons régulièrement percés ou en tubulures imitant les cartouchières des chasseurs (on appelle ces prises des anses « en flûte de Pan »). Le goût pour la décoration, généralement réalisée à cru dans la pâte sèche, se manifeste à travers des motifs géométriques : triangles, quadrilatères rayés ou quadrillés, scalariformes ou bandes en guirlandes finement incisées. Ces techniques de décoration se retrouvent dans le groupe de Bize, en Narbonnais (fig. 12, nos 1 à 4).

Et presque tout de suite c'est l'explosion. Par la vallée du Rhône les Alpes, le Massif central, la Bourgogne sont touchés. La porte du Bassin parisien est ouverte. Par les Causses et par le seuil de Naurouze l'Aquitaine et l'Ouest vont à leur tour voir émerger cette civilisation nouvelle qui se surimposera ainsi aux groupes en place. De sorte que le chasséen semble avoir recouvert à peu près la totalité du territoire français actuel, les provinces de l'Est exceptées. C'est un peu la civilisation néolithique « nationale » par excellence. Il ne faut pas s'imaginer toutefois que les Chasséens ont systématiquement évincé les populations locales. Bien des exemples montrent au contraire qu'ils ont pu cohabiter avec des peuplades culturelles distinctes : les derniers Danubiens dans le Bassin parisien par exemple (groupe de Cerny). Mais leur impact fut tel qu'ils influencèrent fortement les cultures régionales et qu'ils favorisèrent ainsi la naissance de groupes originaux qui furent leurs contemporains : le néolithique du Vallon-des-Vaux en Suisse et dans le Jura, le néolithique « moyen » de la Bourgogne, les groupes à poterie de type Le Souc'h dans l'Ouest, par exemple.

Enfin il n'est pas jusqu'aux groupes chasséens eux-mêmes qui, en fonction des données culturelles ou écologiques locales, ne finirent par se distinguer les uns des autres par quelque trait matériel ou économique. Ainsi apparurent des « faciès » chasséens présentant de l'un à l'autre quelques différences sensibles : le chasséen du Bassin parisien ou le chasséen de l'Ouest, pour prendre deux exemples, se démarquent quelque peu de la culture-mère méridionale.

Dans le Bassin parisien le chasséen a ainsi abandonné le fin outillage méridional et adopté des outils très robustes en silex : haches taillées ou polies, pics, rabots, tranchets, grattoirs sont abondants et souvent de fortes dimensions, notamment les trois premiers instruments cités. On a débité des lames qui ont été transformées en couteaux à dos. Si les Chasséens du Bassin parisien ont beaucoup taillé de silex c'est qu'ils avaient dans ces régions une matière première abondante. A l'occasion même ils n'ont pas hésité à mettre en chantier des puits ou des galeries de mines pour obtenir, dans des filons intéressants, un matériau de meilleure qualité, comme sur le site de Troussencourt dans l'Oise. Pourquoi la nécessité d'un outillage aussi résistant? Sans doute parce qu'au IVe millénaire les paysans du Bassin parisien avaient entrepris, à l'inverse des premiers Danubiens qui s'étaient limités à la colonisation des vallées, la conquête de nouveaux types de territoires, les plateaux en particulier. Leur déforestation nécessita sans doute la confection de gros instruments afin de venir à bout d'un environnement réfractaire.

Dans l'Ouest, le chasséen n'est à peu près connu que par des documents provenant de sépultures collectives. Il faut dire que lorsque cette civilisation se manifesta dans ces contrées, la tradition des grands dolmens à couloir y était déjà solidement établie. Nul étonnement à ce que désormais les défunts ne soient accompagnés dans leur demeure éternelle de récipients marqués par l'emprise chasséenne. On a surtout confectionné dans ces régions des vases-supports, curieux récipients cylindriques dont la destination n'est pas encore assurée. Contrairement à ceux du camp de Chassey ou du Bassin parisien, qui étaient quadrangulaires, ils avaient un socle circulaire et étaient ornés de motifs triangulaires incisés superposés. Certains de ces triangles étaient décorés de fines rayures (type du dolmen de la Garde à Luxé, Charente) ou de points (type du dolmen A de Bougon, Deux-Sèvres).

Avant de passer en revue quelques sites essentiels de cette importante civilisation néolithique, il est permis de s'interroger sur la portée du phénomène chasséen. Comment ne pas être surpris par la force d'expansion d'un tel courant? Comment tenter de l'expliquer? Pour ce qui concerne l'aire méditerranéenne et ses marges, une proposition vient naturellement à l'esprit. La faiblesse démographique des sociétés du néolithique primitif est éloquente : elle traduisait un certain isolement, doublé d'un tassement géographique manifeste. Cette difficulté de progression était liée à un certain nombre de données : densité humaine peu accentuée, équilibre économique n'ayant pas atteint un seuil de rupture générateur d'expansion, diversification des potentialités alimentaires, cloisonnement culturel vraisemblable. A l'inverse la poussée démographique chasséenne est liée sans doute à une augmentation des ressources. Dans le Sud la raison motrice essentielle semble être la progression de l'agriculture et, de ce fait, la nécessité de disposer d'une plus grande main-d'œuvre pour produire. On parvient désormais à un néolithique « accompli ». L'isolement du monde cardial est dès lors désenclavé. L'expansion en est le corollaire naturel. La puissance « expansionniste » de la civilisation chasséenne doit résider en grande partie là-dedans.

Il serait tentant d'appliquer cette théorie à l'ensemble de l'aire couverte par le chasséen. Pourtant, en ce qui concerne le Nord de la France, des inconnues subsistent bien que la conquête de nouvelles terres soit patente. Si la déforestation semble y prendre de nouvelles proportions, il n'est pas sûr que l'agriculture en fut l'unique moteur. Les spécialistes n'ont pas manqué de constater que dans le chasséen et les groupes danubiens tardifs du Bassin parisien, le nombre des faucilles était en régression par rapport aux premiers groupes néolithiques. L'élevage aurait-il çà et là repris le dessus?

Habitats traditionnels du Midi méditerranéen : La Madeleine et Font-Juvénal

Protagonistes des premières communautés villageoises authentiques, les Chasséens n'ont pas rompu avec certaines habitudes traditionnelles. Vivre dans une localité plus ou moins fixe à cabanes en bois n'oblige pas à délaisser certains terrains de parcours pour les moutons ou quelques espaces giboyeux. Aussi, à côté de nombreux villages de plein air que l'on retrouve tout au long de la façade méditerranéenne française (par exemple à Miouvin dans les Bouches-du-Rhône, à La Condamine, à Saint-Aunès dans l'Hérault, à Aussières ou aux Aurioles dans l'Aude), trouve-t-on des gisements en grotte ou sous abri davantage dans la lignée des époques antérieures. Le cas est particulièrement net sur les Causses où la plupart des cavités sont alors occupées, sans doute de manière temporaire, au cours de déplacements saisonniers. En Bas-Languedoc un bel exemple d'occupation des cavités est fourni par la grotte de La Madeleine près de Villeneuve-les-Maguelonne (Hérault). Creusée dans le calcaire de la Gardiole, la grotte de La Madeleine, à proximité de basses terres lagunaires, pouvait abriter de petits groupes s'adonnant à une économie tournée autant vers la production que vers la chasse aux mammifères et au gibier d'eau, ou encore vers la pêche. C'est dans cette cavité que l'on mit au jour de très belles séries céramiques, lithiques ou osseuses qui allaient permettre de donner une première définition culturelle de la civilisation chasséenne dans le Sud de la France.

Autre type d'habitat traditionnel, l'abri de Font-Juvénal près de Carcassonne. Ce porche s'ouvre dans une zone de transition entre la plaine de l'Aude et la partie la plus méridionale du Massif central ou montagne Noire. C'est un surplomb d'une vingtaine de mètres de développement, profond de cinq mètres environ. Or, au IVe millénaire, cet auvent était naturellement fermé par un énorme rocher provenant d'une ancienne chute du plafond. Aucun aménagement d'envergure n'était donc nécessaire pour vivre en ces lieux limités par une belle paroi, une voûte très haute, un mur externe naturel et sur un site au demeurant bien éclairé (Ill. 7). Ceci explique qu'à toutes les époques du néolithique, des groupes humains aient fréquenté ce porche, par ailleurs bien protégé des vents dans une petite dépression fermée de toutes parts par de fortes barres calcaires. Les restes de leurs foyers, correspondant à de plus ou moins longues haltes successives, se sont empilés. Les niveaux du chasséen notamment montrent fréquemment une succession de lits de cendres blanches ou grises qui séparent des sols de sédiment bruni ou rougi au contact du feu.

Certes les Néolithiques ne se contentaient pas d'allumer de simples feux sur un sol plat. Ils ont abandonné aussi des restes de structures plus complexes en relation directe avec des activités de combustion. Certains foyers à plat ont été intentionnellement recouverts de pierres. On a fréquemment creusé des cuvettes ou des fosses dans lesquelles on a allumé du feu; on a ensuite comblé ces dépressions avec des galets. D'autres fosses ne semblent avoir été que des aires de vidange et elles sont alors comblées de cendres ou de débris organiques divers, groupés en ces lieux de rebut. D'autres structures ne sont pas liées à l'usage du feu. Ce sont des aménagements en relation avec la circulation et la vie des gens sous l'abri : séparations internes, pavages, calages de poteaux ou de piquets, etc. Au IVe millénaire les hommes qui fréquentaient l'abri de Font-Juvénal étaient à la fois des pasteurs et des chasseurs mais aussi des agriculteurs. Dans les environs de l'auvent on a cultivé du blé *(triticum dicoccum* et *triticum aestivo compactum)* et de l'orge nue. Une plante messicole, le gaillet, a pu être à l'occasion sélectionnée par les moissonneurs.

Quant aux sépultures de ces Néolithiques, nous n'en connaissons pas grand-chose. Ils devaient s'enterrer dans des fosses ou dans des caissons isolés ou groupés en petits cimetières. Les nécropoles de Dela Laïga à Cournanel ou de Bordasse à Conilhac-de-la-Montagne, dans l'Aude, ont permis d'étudier quelques tombes en coffres; elles contenaient des sujets en position contractée, quelques-uns enterrés avec leur carquois (seules les armatures de flèches subsistaient), des haches polies ou des éléments de parure. Quelques-unes de ces tombes comportaient deux sujets selon une tradition que nous avons déjà rencontrée au mésolithique ou au néolithique ancien.

Les villages du Toulousain

Mais dans le Sud, de la Provence aux Pyrénées, les Chasséens édifient surtout, au IVe millénaire, de vastes agglomérations de plein air. Pourtant la plupart des nombreux villages reconnus n'ont fait l'objet, à ce jour, que de travaux limités. En revanche deux agglomérations de la région toulousaine ont connu des investigations relativement étendues : Saint-Michel-du-Touch et Villeneuve-Tolosane.

Aux portes de Toulouse, le site de Saint-Michel-du-Touch occupait une butte dominant le confluent du Touch avec la Garonne. Le troisième côté était barré par une forte palissade dont on a retrouvé les assises. D'autres palissades, de moindres porportions, découvertes à l'intérieur de l'enceinte, pouvaient constituer des subdivisions internes et limiter des parcs à bestiaux ou des quartiers de maisons. Sur ce site on a pu mettre au jour de nombreuses structures (plus de 300!) de formes diverses et dont la destination est encore obscure. Certaines étaient petites, d'un diamètre atteignant péniblement 2 m. Elles comportaient une assise de galets brûlés, reposant sur un lit de bois calciné « en fosse » (l'argile de base montre parfois des traces de rubéfaction). Ces aires empierrées fréquemment appelées « fonds de cabanes » restent troublantes. On ignore tout de leur superstructure. Elles ne présentent pas de trous de poteaux. Leur exiguïté semble s'opposer à la notion même de « fond de cabane » ou d'unité familiale. Enfin aucun foyer avec restes de cuisine n'a été découvert en rapport avec ces infrastructures.

D'autres empierrements de même agencement présentaient des formes rectangulaires ou trapézoïdales et atteignaient des longueurs variant de 3 à 11 m et des largeurs de 1,50 à 2,50 m. Si la destination réelle de telles constructions nous échappe, on ne peut s'empêcher de noter le soin mis à leur réalisation. Les chapes successives de bois brûlés et de galets semblent répondre à un souci de salubrité, afin d'isoler les superstructures – que nous ne connaissons pas – d'une éventuelle remontée de l'humidité. Autres éléments intéressants, des fosses, certaines d'un développement supérieur à 30 m sur 3 à 4 m de large, très riches en foyers, en céramiques, en vestiges de faune et autres résidus. On les interprète comme ayant été étroitement liées aux éléments défensifs. Ce pourrait être des sortes de « fossés interrompus » ayant recueilli des immondices mais où l'on aurait pu cuisiner aussi à l'occasion. Tout ceci n'est encore qu'hypothèses.

Des recherches anciennes conduites à Villeneuve-Tolosane, et récemment complétées par de nouvelles investigations, ont permis de retrouver encore certaines de ces énigmatiques constructions néolithiques. Plusieurs de ces dernières se présentent ici encore comme des dépressions circulaires aux parois rubéfiées avec des restes de bûches carbonisées; une aire de galets, tous fortement chauffés, recouvre ce lit charbonneux. Ces aménagements ont un diamètre variant de 0,90 à 2,40 m. Mais on a pu, sur ce site, décaper aussi de grandes surfaces rectangulaires, empierrées (de 11 m de long sur 2,90 m de large, pour les plus fortes), agencées de même manière que les aires rondes. Ces unités rectangulaires paraissent s'ordonner selon un plan général recherché ; ainsi plusieurs sont alignées ou épousent une disposition sinueuse. Qu'étaient au juste ces constructions ? En l'absence des superstructures immédiates ruinées depuis longtemps par les labours, nous ne disposons là que de la partie la plus profonde des bâtiments. S'il s'agissait bien de vestiges d'habitations, le plan de ces dernières et leur allure générale demeurent encore conjecturaux.

Ce qui frappe, toutefois, c'est l'abondance de ces structures (plusieurs centaines), le travail collectif qu'elles sous-entendent et par là même l'importance numérique de ces communautés. Pour s'approvisionner en eau, ces dernières n'hésitaient pas à creuser des puits de 10 m de profondeur !

Dans ces villages les outils de la vie quotidienne sont identiques à ceux trouvés sur les sites chasséens de la bordure méditerranéenne. De plus on a notamment confectionné ici des instruments robustes en roches locales : haches polies, pesons de filet, couteaux à dos, etc. L'élevage était surtout axé sur le bœuf. La culture des céréales, mise en évidence par les instruments archéologiques, a été confirmée par de récentes analyses palynologiques. D'autre part l'installation sur des terres à lœss, facilement cultivables, n'est pas fortuite. Enfin les activités traditionnelles ont subsisté : chasse au grand bœuf sauvage, au cerf, au chevreuil, pêche aussi comme l'atteste un bel hameçon en os.

Les sépultures de ces lointains paysans de la Garonne pouvaient être des fosses dans lesquelles on déposait un sujet en position accroupie avec un petit mobilier. Un cas particulier est constitué par une sépulture de Saint-Michel-du-Touch, que les fouilleurs ont dénommée « tombe royale » en raison de ses dimensions et de son contenu. C'était une grande fosse de 7,40 m de long sur 4 m de large et 0,80 m de profondeur, reste probable d'une chambre funéraire couverte en bois et enfouie sous une chape de galets. Deux sujets figuraient dans cette tombe accompagnés de douze vases, deux broyeurs, six perles en roche verte, une lame de silex et deux plaquettes rectangulaires en grès poli présentant deux trous de suspension.

Le camp de Chassey

Voici un site, en Saône-et-Loire, bien connu puisqu'il a servi à dénommer la civilisation néolithique française la plus étalée dans l'espace. C'est ici encore un habitat de hauteur, établi sur un plateau incliné vers l'est et délimité par des barres rocheuses. Le gisement s'ordonne sur un développement de 750 m et une largeur maximale de 230 m. Ses deux extrémités, la « redoute » au sud, le « château » au nord, portent des restes de fortification d'époque protohistorique (Hallstatt). Mais le site demeure surtout célèbre pour avoir été le siège d'un important habitat du néolithique moyen aux IVe et IIIe millénaires. Il a livré, en particulier, de nombreux restes céramiques décorés d'une ornementation géométrique gravée. Un genre de vase décoré, dont nous avons déjà retrouvé trace ailleurs, a notamment accentué cette célébrité : il s'agit des fameux « vases-supports » dont la destination n'est pas encore bien connue. Certains les appellent en effet « vases-supports », en pensant que le creux supérieur pouvait servir d'assise à quelque récipient à fond rond; d'autres les nomment « brûle-parfum », les interprétant comme des objets de luxe ou des pièces votives. En fait, on ne sait.

De récentes recherches conduites sur ce gisement ont permis de mieux apprécier dans l'espace et dans le temps l'occupation préhistorique. Les Chasséens se sont surtout installés sur la frange orientale du plateau, à l'abri de petits cirques rocheux, nous dit J.-P. Thèvenot. Les fouilles stratigraphiques ont montré en fait que deux civilisations néolithiques ont fréquenté le site. Les Chasséens, d'origine méridionale, furent les premiers à prendre possession des lieux. De nombreuses structures correspondent à leurs occupations : foyers, sol pavé de rognons de chaille, dépotoirs. Dans le courant du IIIe millénaire des populations pouvant être rattachées à un autre faciès culturel, caractéristique de la région bourguignonne, relayèrent les Chasséens. Mais l'emprise culturelle de ces derniers subsista cependant.

Chassey est en somme l'exemple même de ces camps de hauteur que l'on retrouvera au néolithique moyen dans le Bassin parisien ou le Centre. Citons notamment les camps de Jonquières et de Saint-Maximin à Canneville dans l'Oise, le camp dit de César à La Groutte dans le Cher, l'éperon de Montgasteau à Saint-Denis-les-Pons, en Eure-et-Loir, etc.

Le néolithique moyen bourguignon et le camp de Myard à Vitteaux

Au IVe et au début du IIIe millénaire sur le territoire correspondant au nord-est de la Bourgogne et sur ses marges (Franche-Comté par exemple) vivaient des populations se rattachant au complexe « occidental » caractérisé par la céramique de belle qualité à dominante sombre, avec un goût marqué pour les récipients carénés. Bien que l'habitat temporaire en grotte ne soit pas abandonné, comme en témoigne la fréquentation de la grotte de Gondenans-Montby dans le Doubs, ces peuplades préfèrent désormais vivre sur des hauteurs calcaires aménagées, des éperons barrés, c'est-à-dire des villages perchés protégés par un rempart ou une palissade. L'outillage quotidien est obtenu à partir d'éclats de silex tandis que les outils sur lames ou sur lamelles sont rares. On y rencontre des racloirs sur plaquettes, des grattoirs, des couteaux à dos, des flèches perçantes triangulaires ou ovalaires, plus rarement tranchantes. On a exploité dans la Trouée de Belfort une roche locale, l'aphanite, qui a servi à confectionner des haches polies ou des ciseaux.

L'os et les bois de cerf ont été utilisés dans la fabrication de pics, de pioches, de ciseaux, de marteaux et de nombreuses gaines. La poterie comporte des assiettes, des écuelles carénées, des vases à col, des récipients tronconiques, enfin des plaquettes discoïdes baptisées « plats à pain ».

Les morts étaient enterrés dans des caissons : le corps était inhumé en position repliée. On connaît aussi des sépultures contenant des incinérations partielles ou encore quelques inhumations collectives. Les tombes étaient souvent aménagées à proximité du village. Nous avons vu que le camp de Chassey avait été occupé, postérieurement au chasséen, par ces peuplades. Examinons à présent plus en détail un village typique de ce néolithique bourguignon.

A Vitteaux (Côte-d'Or), entre les vallées de l'Armançon et de la Brenne, la partie nord de la montagne de Myard pointe à 510 m d'altitude. Cette avancée naturelle a été aménagée au cours du néolithique pour servir d'habitat à des populations de la région, entre 3300 et 2400 av. J.-C. environ. Le site archéologique, grand de 4 ha, est constitué par la partie terminale de l'éperon, barrée sur son côté sud par un rempart de 180 m de développement. Aucune porte n'a pu être décelée à ce jour dans cette fortification. On estime, compte tenu du volume des pierres éboulées, que ce rempart pouvait atteindre une hauteur de 4 m. Une partie des pierres nécessaires à cette construction ont été extraites à l'avant même de la muraille, dans une carrière qui prend la forme d'un fossé. Les hommes de Myard connaissaient donc les techniques nécessaires pour l'extraction, en carrière, des pierres de construction non équarries. Le rempart lui-même présente une puissance étonnante : entre 2,30 m et 2,80 m de largeur. Il était limité sur ses faces par des blocs; la partie comprise entre ces deux parements avait été comblée par de la pierraille. Les cases étaient disposées à l'intérieur de l'enceinte, quelquefois contre le rempart lui-même. Les murs pouvaient être enduits d'argile. Leur largeur était de 4 m tandis que la fouille de l'une d'elles a montré un développement en longueur de plus de 6 m. On possédait une maîtrise suffisante pour pouvoir associer, dans la construction des maisons, la pierre et le bois. C'est en bois en effet qu'étaient les charpentes. On pense même que certaines pièces pouvaient avoir un plancher surélevé si l'on en juge d'après la disposition à la fouille de certains matériaux éboulés. Plusieurs poutres de bois ont en effet brûlé au cours d'une destruction du site vers le milieu du IIIe millénaire.

L'enceinte de Noyen

Plusieurs enceintes néolithiques ont été repérées dans la vallée de la Seine, en amont de Montereau. Elles sont parfois groupées par deux sur une rive du fleuve : Chatenay et Gravon, séparées par 1 200 m; Grisy et Noyen, distantes de 220 m; seule l'enceinte de Barbuise-Courtavant paraît pour l'instant isolée, au nord-est de Nogent. Ces « camps » présentent un certain nombre de points communs. Ils sont délimités par un ensemble de fossés en arc de cercle, renforcés intérieurement par les restes d'une palissade discontinue. La surface délimitée varie de 3 ha (comme à Noyen) à 20 ha (Châtenay). En fait il n'est pas toujours facile de reconstituer l'évolution chronologique des structures d'implantation d'autant que des reconstructions ont parfois affecté plusieurs d'entre elles.

A Noyen, par exemple, un barrage de palissades, plusieurs fois réaménagé, est recoupé par une enceinte qui semble avoir réduit de plus de moitié la surface circonscrite. En fait, assez curieusement, les traces d'habitat se retrouvent autant à l'extérieur qu'à l'intérieur de l'enceinte, tout en restant dans l'aire limitée par les palissades barrant une boucle de la Seine. Des rigoles de fondation avec des remplissages plus ou moins sombres pouvant correspondre à l'emplacement de trous de poteaux délimitaient des aires riches en vestiges archéologiques (galets, outils ou éclats de silex, meules céramiques, faune, etc.). Des restes de pavages et de calages ont été observés de même que des structures de combustion : ces dernières sont des cuvettes de 1 m à 1,50 m de diamètre, creusées sur une profondeur de 0,25 à 0,30 m, remplies de terre brune reposant sur un fond durci et rubéfié.

On a aussi noté des groupements d'ustensiles domestiques (meules, poteries), peut-être liés à des activités de stockage des céréales ou de mouture. Il existe aussi des amas de restes osseux qui semblent correspondre à des aires de rebut. En dépit de la grande surface fouillée (3 500 m^2) dans le secteur sud-ouest, l'organisation générale de cette partie du village néolithique demeure difficile à interpréter à partir de l'ensemble des observations réalisées. Les diverses variétés de structures reconnues ne paraissent pas disposées au hasard mais groupées en ensembles, formant des sortes de rangées selon l'axe des vents dominants, avec une orientation méridienne. L'interprétation générale de tels habitats n'est certes pas aisée. Soulignons aussi que ces villages ressemblent étrangement aux caps barrés du Centre-Est de la France. Ils se rattachent au même courant culturel, même si leur réalisation a été menée en fond de vallée et non plus sur des sites de hauteur plus facilement défendables.

Extraction, fabrication et commerce des haches de pierre : l'exemple de Plussulien

Un bon exemple de la circulation et du « commerce » d'objets manufacturés préhistoriques nous est fourni par les haches polies, ces élégants instruments « à tout faire » du néolithique. L'exemple des ateliers de Plussulien dans les Côtes-du-Nord est de loin le plus significatif. Vers 4000 av. J.-C. les préhistoriques avaient découvert dans cette région un gisement de roche dure (dolérite) propre à la fabrication des haches polies. Ils commencèrent à en extraire et à travailler des blocs de taille moyenne ou petite. Puis vers – 3400, ils n'hésitèrent pas à s'attaquer à des blocs de roche massive, dont le poids atteignait parfois plusieurs tonnes. Sans doute est-ce dès lors l'époque d'apogée de la carrière, en liaison avec une demande renforcée et une divulgation favorisée par un large réseau d'échanges. La décadence apparaît vers – 3000. Le site est abandonné. Puis vers – 2300 le gîte est réoccupé et l'exploitation reprend quelque temps avant de sombrer dans un sommeil définitif.

Les artisans néolitiques, à partir des blocs, dégrossissaient dans un premier temps des ébauches allongées. On retouchait ensuite ces ébauches ou on les martelait, avec un percuteur de pierre, de manière à donner à la pièce son allure définitive ; on la polissait enfin pour lui conférer un brillant caractéristique en même temps que le tranchant, affûté, devenait fonctionnel.

L'atelier de Plussulien s'est spécialisé dans la fabrication des haches « à bouton ». Ces instruments, aisément identifiables, s'originalisent en effet par une terminaison circulaire particulière. Ils furent largement répandus dans toute la Bretagne puisque les haches en dolérite de Plussulien constituent jusqu'à 40 % de l'ensemble des pierres polies du néolithique armoricain. Leur divulgation est encore très importante dans les autres régions de l'Ouest (Manche, Mayenne, Chinonais, Loire-Atlantique). Au-delà les exportations ont pu encore s'étendre fort loin : sur le Rhin, dans les Alpes ou les Pyrénées. On a même retrouvé des haches à bouton extraites des ateliers de Plussulien en Angleterre.

Le cas des ateliers de Plussulien est certainement le plus remarquable. Mais on connaît aussi d'autres exemples de gisements exploités au néolithique pour la confection des haches polies dont on a pu cerner par ailleurs l'aire de divulgation. Ainsi en est-il de pièces en hornblende dont la zone originelle est la Basse-Bretagne (Finistère, Morbihan). Il s'agit de haches d'apparat genre bipenne (haches à deux tranchants et douille centrale) ou des haches-marteaux. On a réussi à identifier environ quatre-vingts de ces objets. Beaucoup se retrouvent dans les bassins de la Seine et de la Loire. Quelques pièces ont même été colportées plus loin : en Aquitaine vers le sud, jusque dans le delta du Rhin vers le nord.

Dieux, déesses et idoles néolithiques

En un temps où l'agriculture était devenue la principale source de production, il était naturel que la terre bienfaitrice fût tout particulièrement honorée. Au Proche-Orient et dans les Balkans (à Vinça en Yougoslavie par exemple), les premières civilisations paysannes vouèrent un culte à la grande déesse, la Mère du renouveau, de la fertilité, qui permettait chaque année de nouvelles récoltes pour nourrir la communauté. Cette déesse fut souvent représentée sous forme d'idoles et de petites statuettes aux formes généreuses : les seins et le bassin, plus directement liés à la procréation, y prennent quelquefois un relief singulier ou sont plus particulièrement mis en valeur... Comparativement aux civilisations orientales ou balkaniques, les groupes de l'Occident n'ont pas beaucoup modelé ou sculpté des représentations miniaturisées de divinités. Un fragment de statuette découverte à Rosheim (Bas-Rhin) est en argile cuite de couleur noire. Il ne comporte qu'une partie du tronc et le haut des jambes. Il appartient à la civilisation rubanée.

Le groupe le plus important de statuettes néolithiques provient de sites du Bassin parisien. Cette statuaire se rattache essentiellement au chasséen, culture déjà développée dans le Bassin parisien antérieurement à 3000 av. J.-C. Plusieurs sites comme Fort-Harrouard dans l'Eure-et-Loir, les Chatelliers à Amboise en Indre-et-Loire, Jonquières dans l'Oise, Noyen en Seine-et-Marne, ont fourni des statuettes modelées en argile (fig. 13, nos 1 à 4). Cette matière explique souvent que les pièces sont presque toujours cassées. Ces terres cuites se présentent sous forme de petites plaques ou, au contraire, en colombins épais de section circulaire. Sauf de rares cas, par exemple sur le site de Jonquières, tous les exemplaires connus sont, évidemment, des représentations féminines. La tête n'est généralement pas donnée : on l'a seulement suggérée par un appendice; dans un cas toutefois (la pièce est hélas brisée) il semble qu'on ait tenté une approche plus réaliste. Si les bras sont généralement absents, la pièce est souvent élargie à hauteur de la poitrine et s'agrémente de mamelons pointus. Le bassin et les hanches font aussi l'objet d'un renflement recherché; les jambes se limitent souvent à des appendices schématiques. Un exemplaire de Jonquières, sur plaquette rectangulaire, semble porter une figuration de vêtement, genre voile.

Le site de Jonquières a également fourni une pièce originale en terre cuite. Il s'agit d'un godet quadrangulaire supporté par quatre « pattes » d'animaux (fig. 13, no 5 et Ill., no 2). L'objet évoque effectivement le corps et la partie inférieure d'une bête acéphale. Ces objets sont parfois baptisés « autels » parce qu'on n'a guère pu les utiliser que dans un but rituel. On en connaît beaucoup dans le néolithique moyen yougoslave (cultures de Danilo, de Butmir, etc.). L'exemplaire de Jonquières semble témoigner donc d'une influence méditerranéo-balkanique peu discutable.

Des sites chasséens du Massif central ont aussi fourni des figurines tel le site des Rivaux à Espaly-Saint-Marcel en Haute-Loire ou celui d'Aulnat en Auvergne. A Cormail, en Velay, on a mis au jour une tête dont le visage est rendu par un relief en T.

En Aquitaine on a découvert sur la station de Roanne à Villegouge (Gironde), une tête en céramique de 78 mm. Elle montre des yeux dissymétriques, un nez avec des narines marquées, une barbe cerclant la bouche; la tête était coiffée d'un bonnet conique. Cette tête devait être montée sur un tronc par l'intermédiaire d'une cheville. En effet un trou de fixation a été aménagé dans le cou.

La déesse de Capdenac-le-Haut

C'est à Capdenac-le-Haut, dans le Lot, qu'il nous faut aller pour faire connaissance avec la plus ancienne statue préhistorique de France. Au pied d'un abri les Chasséens avaient établi un campement sur une terrasse dominant d'une trentaine de mètres la vallée du Lot. Parmi les vestiges de leur occupation on découvrit une statue, couchée sur le flanc droit, la tête tournée vers la paroi. Haute de 27 cm, large de 17 cm (de face) et de 25 cm (de profil), cette pièce a été sculptée dans une arkose vraisemblablement locale. Il s'agit d'un bloc massif comportant une tête et un tronc pourvu de bras. Il n'y a pas de jambes, mais on peut penser que le personnage est censé être représenté assis et que, de ce fait, les membres inférieurs n'avaient pas à être figurés. De la tête on retiendra quelques aspects originaux : des yeux ronds en relief, un nez très long, la bouche circulaire; sur le crâne on voit une crête rectangulaire bien marquée. La tête est posée directement sur le tronc, sorte de volume cubique dont les éléments essentiels sont les seins et les bras. Les seins sont figurés par deux beaux renflements démarrant sous le cou; les mamelons sont rendus par deux grosses pastilles en relief; une poitrine fort avantageuse en somme et bien suspendue. Sur les deux côtés les bras sont sculptés plaqués au corps, coudes pliés. Les mains comportent seulement trois doigts écartés posés sur le ventre.

Cette statue est pour l'instant unique en France. Elle appartient, selon toute vraisemblance, à une occupation située vers 3000 av. J.-C. Or, chose curieuse, les statues qui présentent avec elle la meilleure ressemblance se trouvent à 2 000 km de là! De plus elles sont beaucoup plus anciennes puisqu'elles appartiennent à des groupes en cours de « néolithisation » vers 4700-4600 av. J.-C.! Le site qui les a livrées est celui de Lepenski Vir, sur le Danube, à proximité des Portes de Fer. Bien sûr quelques différences sont sensibles entre la déesse de Capdenac et ses consœurs yougoslaves. Mais il existe aussi des ressemblances troublantes comme ces mains limitées à trois doigts ou cette crête énigmatique qui couronne le crâne. Alors que penser? Y a-t-il seulement un phénomène de convergence entre les deux productions? Ou le sculpteur occidental avait-il eu l'occasion de voir la statuaire yougoslave avant de tenter ensuite de l'imiter? Ceci n'est pas impossible à condition de penser que des statuettes semblables aient été encore taillées par les Néolithiques yougoslaves vers 3000 av. J.-C., ce qui n'est pas vérifié et demeure fort peu probable. Ou alors avait-on conservé dans quelque coin une de ces vieilles statues du Ve millénaire qui aurait frappé notre sculpteur? Il est bien difficile de comprendre. La déesse de Capdenac-le-Haut tait le mystère de ses origines.

Les stèles provençales

En Provence furent taillées et sculptées, au néolithique, plusieurs stèles originales. Isolons d'abord de ce groupe trois stèles découvertes dans le Comtat Venaissin (deux en Avignon, une à l'Isles-sur-Sorgues); l'une d'elles, mise au jour en Avignon, sur le rocher des Doms, est curieuse à la fois par sa petite taille (0,26 m de hauteur), ses yeux encadrant un long nez et, sur cette même face, par la présence de huit traits rayonnants, motif correspondant sans doute à quelque symbole solaire. Mais le groupe essentiel de stèles provençales, comprenant quelque vingt-cinq unités, se localise dans le Vaucluse et les Bouches-du-Rhône, le long de l'axe de la Durance avec des prolongements à l'est dans la plaine de Trets et jusqu'à Villecroze dans le Var. Elles sont en général de petites dimensions (entre 0,30 et 0,50 m de hauteur, quelquefois plus) et ont un aspect quadrangulaire avec, souvent, une base triangulaire destinée à être fichée dans le sol.

La face se présente sous la forme d'un rectangle ou d'un carré en creux, non fermé à sa partie inférieure (bras?); le nez, laissé en relief, se détache nettement de ce quadrilatère (fig. 14, nos 1, 2). Tout autour du visage se déploie une curieuse décoration gravée de chevrons verticaux ou horizontaux, parfois combinés en losanges, et quelquefois limités par des bandes régulières. On ne sait quelle est la signification exacte de ces motifs en chevrons : chevelure? coiffure propre aux divinités? Dans le bassin de Trets, ces monuments semblent avoir joué le rôle de stèles funéraires. Lors de recherches déjà anciennes, plusieurs fragments auraient en effet été découverts en association, semble-t-il, avec des sépultures en fosse du néolithique moyen ou récent. Bien qu'il faille encore attendre de nouvelles trouvailles susceptibles de préciser les rapports entre stèles et tombes, on peut attribuer ces curieux monuments aux populations provençales de la fin du IVe millénaire ou de la première moitié du IIIe millénaire. On imagine donc ces sculptures parsemées dans les nécropoles à la manière des stèles bogomiles de Serbie...

La Corse

En l'état actuel des connaissances, nous savons que l'homme était déjà présent en Corse au VIIe millénaire. Nous avons déjà évoqué cette Dame enterrée dans une fosse, dans l'abri d'Araguina-Sennola, près de Bonifacio, il y a quelque 9 000 ans ! Aux VIe et Ve millénaires succédèrent à ces lointains occupants de l'île les premiers groupes producteurs de nourriture. Mais sans doute s'agissait-il encore de petites cellules chez lesquelles la chasse et la cueillette devaient tenir un rôle important ; sans doute élevait-on aussi quelques troupeaux de petit bétail et pratiquait-on à l'occasion une agriculture à ses débuts. La navigation, déjà ancienne, n'est pas démentie à cette époque et l'obsidienne en particulier, cette roche sombre dont on se servait pour tailler les outils, fait l'objet d'importations régulières à partir de la Sardaigne. Mais c'est au IVe millénaire que la conquête du sol amorce de sensibles progrès. Le nombre des sites connus augmente en liaison avec une agriculture céréalière mieux affirmée et un élevage qui concerne désormais petit et gros bétail. Aux abris qui étaient restés au néolithique ancien les lieux de prédilection, on préfère désormais les villages de plein air établis sur des buttes ou des éperons, dominant le plus souvent quelques petites plaines mises en valeur. L'abri n'est plus qu'un habitat passager, un refuge occasionnel.

Dans le Sud-Ouest de l'île, sur la rive droite du Taravo, le site de Basi, près du hameau de Stiliccione, est une butte de blocs granitiques que les Néolithiques durent aménager. Après une occupation au début du néolithique, le site fut à nouveau habité au IVe millénaire. Ces nouveaux occupants disposaient d'une abondante industrie d'obsidienne qu'ils débitaient en lamelles. Ils fabriquaient une poterie brune, brillante, bien cuite à laquelle ils donnaient la forme d'écuelles, de bols, de jattes à carène ou à épaulement. Plusieurs de ces vases étaient montés sur un pied annulaire. On décorait ces récipients en les agrémentant de cordons lisses verticaux ou en arc de cercle. L'aménagement de cabanes en pierre sèche est désormais le signe d'une sédentarisation accrue. L'abondance des meules confirme la part tenue par l'agriculture chez ces populations du Sartenais.

Cette même importance des pratiques agricoles apparaît par exemple sur le site du Monte Lazzo, une colline qui domine la vallée du Liamone. On a reconnu sur ce site la présence de deux occupations peu éloignées dans le temps et pouvant être rapportées à un néolithique évolué. Ces occupations ont engendré l'utilisation d'un exceptionnel outillage de meunerie. Plusieurs dizaines d'instruments de broyage (meules, molettes) ont été découverts. Ces outils s'associent à un complexe de cuvettes creusées dans les rochers qui parsèment le site : ces cuvettes durent essentiellement faire fonction de meules ou de mortiers.

Un autre site important de la même époque est celui de Carco-Modria, au-dessus du village de Cateri, en Balagne. Au sud la colline de Modria domine le col de Saint-Césaire. A peu de distance l'ensemble de Carco comporte deux buttes couronnées par des enceintes de gros blocs. Le site occupe une importance stratégique certaine puisqu'il surveille un passage obligé entre deux vallées. Occupé dès le néolithique, il fut malheureusement bouleversé au cours de périodes plus récentes.

Dès le IVe millénaire donc et tout au long du IIIe millénaire, l'implantation de communautés agricoles solides est clairement attestée en Corse. Déjà s'annoncent les agglomérations qui, quelques siècles plus tard, à l'âge du bronze, contribueront à affirmer l'originalité des cultures insulaires.

Les cités « lacustres »

Les régions alpines et jurassiennes ont l'avantage de receler de nombreux lacs glaciaires et des dépressions occupées par des tourbières qui attirèrent très tôt les hommes préhistoriques. Au néolithique, puis à l'âge du bronze, des agglomérations furent notamment construites en bordure des lacs. Ce sont les palafittes, les fameuses « cités lacustres » qui contribuèrent à donner à la préhistoire européenne un cachet quelque peu romantique. En effet les structures de ces villages furent après leur ruine, submergées et leur étude prit dès lors la forme d'une recherche en milieu humide ou noyé. On s'enthousiasma dès le XIXe siècle pour ces localités souvent recouvertes par les eaux, par suite d'une élévation du niveau des lacs. En effet la zone déversoir de ces derniers finit par s'encrasser par suite de dépôts incessants de craie. Le plan d'eau monta peu à peu. Les villages furent progressivement gagnés par l'eau, on les rebâtit plus haut ou plus loin, jusqu'au jour où on les abandonna.

Aujourd'hui les archéologues discutent pour savoir si ces villages palustres furent bien construits sur pilotis, au-dessus de l'eau, ou seulement à même la terre ferme sur le littoral. Cette deuxième hypothèse réunit de fait de plus en plus de suffrages. Quoi qu'il en soit les gisements lacustres constituent des lieux d'études privilégiés. En effet en plus de la présence des vestiges habituels rencontrés dans les sites terrestres (instruments de pierre, d'os ou de céramique, restes osseux), l'envasement a permis la conservation, souvent remarquable, des documents en matières périssables (outillage en bois, textiles, restes végétaux de toutes sortes) qui font défaut ailleurs.

A ces témoignages s'ajoutent fréquemment des restes architecturaux permettant de restituer la forme des maisons, l'évolution des structures d'habitat ainsi que mille et un détails de la vie quotidienne. Par malheur, la richesse même de ces nombreuses stations les a désignées depuis longtemps à l'attention des collectionneurs et des fouilleurs clandestins pour qui comptent seulement les objets en dehors des enseignements de leur contexte. Aussi a-t-on vu se constituer pendant longtemps des séries de pièces remarquables « pêchées » dans ces palafittes; malheureusement, ces objets étaient dès lors déracinés et perdaient l'essentiel de leur valeur ethnographique.

Ces dernières années une réaction bénéfique s'est produite en France. Notre pays avait pris en effet quelque retard par rapport à d'autres États européens en matière de recherches en milieu lacustre. Les travaux poursuivis actuellement dans le Jura et l'Isère comblent désormais une lacune de notre archéologie préhistorique.

Situé à 20 km à l'est de Lons-le-Saunier, le lac de Clairvaux ne recèle pas moins de onze sites archéologiques reconnus. Des populations vécurent sur ses rives tout au long du

IIIe millénaire, c'est-à-dire du néolithique moyen à l'âge du cuivre, et même au début du IIe (âge du bronze ancien). Les déterminations des pollens et des végétaux ont permis de reconstituer le paysage de l'époque néolithique et son évolution. Quand les premiers paysans s'installèrent en ce lieu, une forêt de hêtres, de sapins, d'épicéas, de chênes, de tilleuls, de noisetiers couvrait la région ; l'aulne, le bouleau et le noisetier poussaient même au bord des lacs. L'homme va dès lors défricher intensément les environs et les cultures vont pousser sur ces terres propices. Quand, à l'âge du bronze, l'homme abandonnera les lieux, les groupements d'aulnes et d'épicéas repousseront sur les terres désertées.

Les villages les plus anciens (vers 3000 av. J.-C.) étaient fermés du côté de la terre par une palissade. L'un d'eux montre un ensemble de maisons mitoyennes de plan carré, juxtaposées en enfilade, dans l'axe des vents dominants. Rondins et perches étroitement serrés en tapissaient le sol. A l'âge du bronze les maisons sont construites isolément, ce qui pourrait indiquer une plus grande autonomie de la famille par rapport à la communauté. Des plans rectangulaires caractérisent ces habitations qui comportent des subdivisions internes.

Les résultats obtenus à Clairvaux se complètent des observations réalisées au lac de Paladru, au lieu-dit « station des Baigneurs » à Charavines (Isère). Les restes d'un village de la fin du néolithique existent par deux à trois mètres de fond, dans la zone sud du lac. Menacés d'anéantissement par un programme d'équipement portuaire, ils sont l'objet depuis 1972 de campagnes de fouilles dirigées par A. Bocquet. Placé au bord de l'ancien rivage, ce village présente une superficie de 1 500 m^2 environ. Il était entouré, du côté de la terre, par une palissade légère.

Deux périodes d'occupation ont été reconnues : on les rattache à la civilisation Saône-Rhône, complexe culturel de la fin du IIIe millénaire (vers 2400-2300 av. J.-C.), implanté dans la région du Rhône supérieur et dont nous aurons l'occasion de reparler. D'intéressantes études sont permises grâce à la dendrochronologie, science de l'analyse et du comptage des cercles de croissance des végétaux. Cette discipline permet de suivre ici l'évolution de l'habitat de façon précise. Ainsi dans la zone fouillée on constate qu'à un moment donné (que l'on peut appeler année 0) les préhistoriques ont construit une maison rectangulaire (de 12 m de long sur 4 m de large), orientée est-ouest. Un an après une maison identique est bâtie sur le côté sud. Sept ans après, la première maison est reconstruite. Au bout de seize ans, les deux maisons sont rebâties ensemble alors qu'en l'année 18 un incendie les ravage. Après un abandon d'environ 70 ans, un nouveau village est bâti sur ce même emplacement : il comporte des maisons rectangulaires plus petites que les précédentes et diversement orientées.

Bien entendu, les outillages de pierre (haches polies, pointes de flèches, scies, grattoirs, racloirs) ou de terre cuite (essentiellement des récipients cylindriques ou tronconiques) sont abondants mais répètent des séries connues ailleurs. Par contre des ustensiles de bois ou des restes textiles liés à la vie quotidienne sont par bonheur conservés ici alors qu'ils ont inévitablement disparu sur tous les sites terrestres (Ill. n°s 8 à 11). Des cuillers de bois ont manifestement été utilisées par des droitiers : elles sont en effet usées sur leur bord gauche par suite d'un raclage incessant contre les récipients. Un peigne en bois a des parallèles sur des sites de Suisse (Egolzwill II) et de Lombardie (La Lagozza). Deux poignards en silex avaient conservé leur système d'emmanchement : l'un comportait une poignée d'osier enroulé, l'autre, plus élaboré, présentait une plaquette de bois terminée par un pommeau discoïde : la plaquette, en bois de hêtre, avait été collée à la lame de silex par du goudron, puis on avait attaché l'ensemble en enroulant un jeune rameau de sapin dans la zone de la poignée. On a aussi mis au jour des pelotes de fil, des fragments de ficelles et de cordes, des brindilles d'osier tressées.

Et que dire des nombreuses graines, des fruits, des baies sortis du site et actuellement en cours de détermination? Leur inventaire, ajouté à celui des espèces animales chassées ou élevées, permettra de connaître avec exactitude – comme cela a été fait sur les palafittes suisses – les menus préférés des hommes néolithiques de l'Est de la Gaule.

Les camps retranchés de l'Ouest

Vers 2800 av. J.-C., c'est-à-dire au cours du néolithique moyen, apparaissent entre Loire et Garonne de nouvelles civilisations. On distingue ainsi la culture des Matignons, dénommée à partir d'un site de Juillac-le-Coq (Charente) et la civilisation de Peu-Richard, baptisée à partir d'un camp de la commune de Thénac (Charente-Maritime). Dans une région où les vestiges des civilisations néolithiques provenaient avant tout jusque-là de tombes dolméniques, voici que de grands habitats de plein air offrent désormais une documentation abondante et variée. Faucilles, grattoirs, perçoirs, haches polies, flèches tranchantes à retouche bifaciale, meules, molettes s'associent à des styles céramiques nouveaux. Dans les deux cas aux récipients à fond rond (écuelles carénées, vases cylindriques, bouteilles, assiettes) se juxtaposent désormais des vases à fond aplani ou plat. Si l'ornementation de ces récipients est rare dans le groupe des Matignons (simples cordons horizontaux ou verticaux) elle est abondante et devient une caractéristique importante dans la culture de Peu-Richard : cannelures superposées, incisions horizontales, en guirlandes ou concentriques autour des anses, grecques, chevrons, motifs rayonnants « en soleil », etc. Certaines anses offrent aussi un trait original : elles ont un aspect en tunnel favorisé par un renflement sensible de la paroi interne. Leurs orifices soulignés par des incisions ressemblent étonnamment à des yeux et ce phénomène n'est pas sans rappeler certaines poteries ou des « idoles » schématiques sensiblement contemporaines du Sud de la péninsule Ibérique.

Ces populations vivaient fréquemment dans des villages retranchés et c'est là l'une de leurs plus grandes originalités. Le site des Matignons, notamment, est intéressant puisqu'il comporte en fait deux camps ovales, de superficie voisine, qui se recoupent en partie et dont les diamètres maximum atteignent respectivement 290 et 220 m. Sur l'emplacement choisi on a, à chaque fois, creusé deux fossés et dressé un rempart entre ces deux tranchées. Le rempart a été construit avec la pierre mise au jour lors du creusement des tranchées. La face externe du rempart était en gros appareil de craie. Cette bâtisse pouvait atteindre 2 m de hauteur mais son efficacité était renforcée du fait qu'elle surplombait à son tour un fossé aux parois verticales profond par endroits de 2,50 m. Un tel déploiement de travaux devait nécessiter une main-d'œuvre abondante, sans doute sédentaire, ce qui est un argument en faveur de communautés plutôt importantes. A l'intérieur devaient s'élever les cabanes mais nous devons avouer notre ignorance sur la forme et l'aspect de ces dernières. Peut-être étaient-elles construites en bois et, dans ce cas, il ne peut en subsister grand-chose. Il en va de même des portes et des fortifications de bois qui devaient compléter les architectures en dur.

Le camp du site de Peu-Richard lui-même est des plus curieux. Il comprend une petite enceinte centrale cernée par une double enceinte beaucoup plus vaste, comportant parfois jusqu'à trois fossés. Cette grande enceinte possède quatre portes (fig. 15, nº 2).

Grâce à la photographie aérienne on a pu aussi dresser un plan du village du Chaillot-de-la-Jard (Charente-Maritime). Une grande enceinte, à double fossé, est flanquée, au sud-ouest, par une enceinte plus petite, peut-être plus récente (fig. 15, nº 1). Le camp du Mourez à Berneuil, dans le même département, comportait deux enceintes concentriques (fig. 15, nº 3). C'était peut-être le plus vaste des camps du Centre-Ouest...

L'une des recherches parmi les plus récentes poursuivies sur ces camps néolithiques de l'Ouest de la France est celle menée par R. Joussaume au Champ Durand à Nieul-sur-l'Autize (Vendée). Ici encore, c'est à la photographie aérienne que l'on doit la découverte de ce camp ainsi que d'une vingtaine de sites semblables qui parsèment le Marais poitevin. Le Champ Durand comporte une triple enceinte de fossés interrompus protégeant une surface de cinq hectares environ. Le creusement de ce système défensif contraignit les préhistoriques à un travail énorme à l'aide d'instruments sommaires : des pics en bois de cerf. Les fossés totalisent en effet 1,5 km de développement, pour une largeur moyenne de 5 m et une profondeur de 2,50 m. Ces fossés étaient renforcés intérieurement de gros murs qui les surplombaient et qui avaient été construits avec les pierres extraites lors du creusement (fig. 16). La complémentarité du mur et du fossé intérieur est évidente : leur conjonction formait une défense de quelque 5 m de hauteur! Mais avant de se trouver devant un tel obstacle un éventuel assaillant avait déjà dû franchir deux autres écrans à peu près semblables. Investir de telles localités ne devait pas être chose facile!

Ce camp semble avoir été édifié par des peuplades néolithiques qui ont abandonné dans le fossé, outre des haches polies et de l'outillage en silex, de curieux vases tronconiques. Les gens de la civilisation de Peu-Richard ont aussi vécu sur ce site qui sera également fréquenté quelque temps encore après leur passage.

D'où vinrent ainsi aux populations charentaises du néolithique l'idée et les techniques pour creuser de tels fossés surplombés par de telles enceintes? On connaît certes de semblables camps retranchés dans le néolithique ancien et moyen de l'Italie méridionale mais à une époque antérieure, au bas mot, d'au moins mille ans... Alors admettons que la mode des camps retranchés a pu être héritée d'une tradition régionale. On connaît en effet de plus en plus de camps retranchés, en plaine comme sur des éminences, dès le néolithique moyen de la France septentrionale (chasséen), et il y a peut-être là la possibilité d'une filiation sur place : le savoir-faire des architectes chasséens aurait préfiguré les petits chefs-d'œuvre des ingénieurs charentais du IIIe millénaire.

Sites des IVe et IIIe millénaires

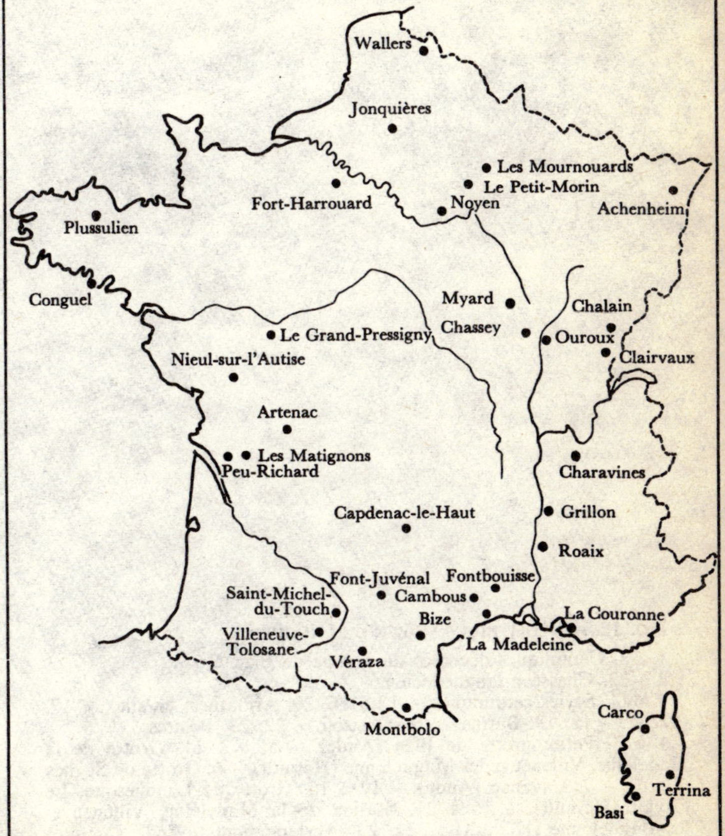

FIG. 12. – NÉOLITHIQUE MOYEN DU LANGUEDOC.

1 à 3. Céramiques décorées du groupe de Bize.
4 à 23. Chasséen languedocien.
4 à 11. Styles céramiques. – 12 à 16, 20. Armatures en silex. – 17. Perçoir. – 18, 19. Burins. – 21. Grattoir. – 22, 23. Pointes.

1 à 3. Petite grotte de Bize (Aude). – 5, 8 à 11. Grotte de la Madeleine, Villeneuve-les-Maguelonne (Hérault). – 6. Grotte de Seynes (Gard). – 7. Cavanac (Aude). – 12 à 15. Grotte de Limonesque, Le Caylar (Hérault). – 16 à 21. Station de la Madeleine, Villeneuve-les-Maguelonne (Hérault). – 22, 23. Abri de Font-Juvénal, Conques (Aude).

(D'après J. Guilaine, J. Vaquer, J. Arnal, L. Barral, J.-L. Roudil.)

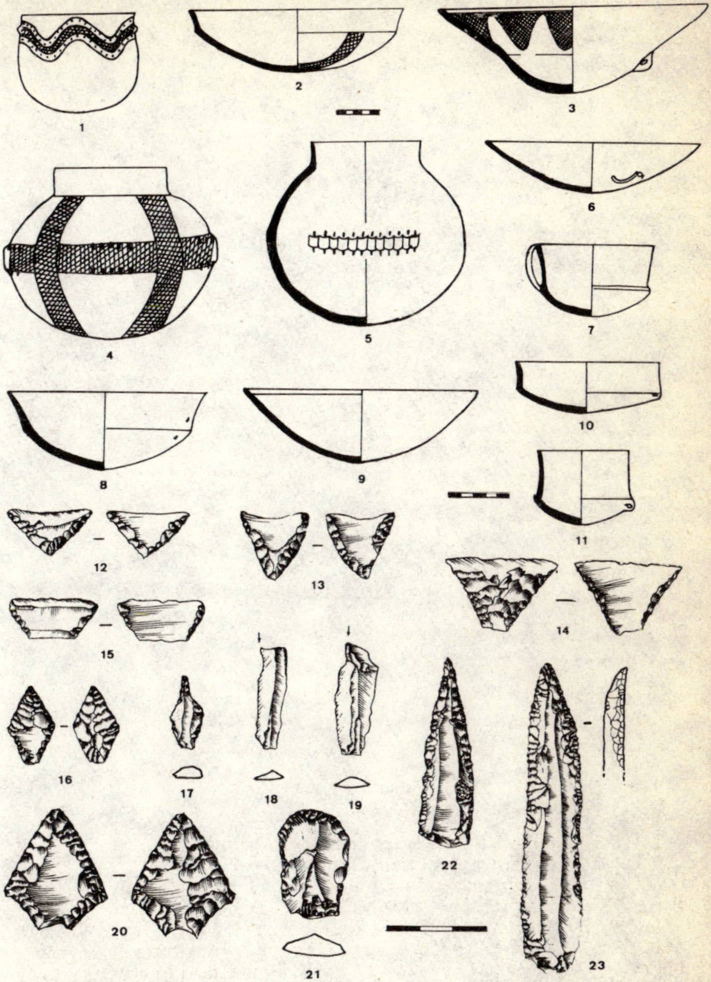
1
2
3
4
5
6
7
8
9
10
11
12
13
14
15
16
17
18
19
20
21
22
23

FIG. 13. – IDOLES ET « AUTEL » DU NÉOLITHIQUE CHASSÉEN DU BASSIN PARISIEN.

1, 5. Jonquières (Oise). – 2, 3, 4. Fort-Harrouard (Eure-et-Loir).

(D'après J.-C. Blanchet, C. et D. Mordant.)

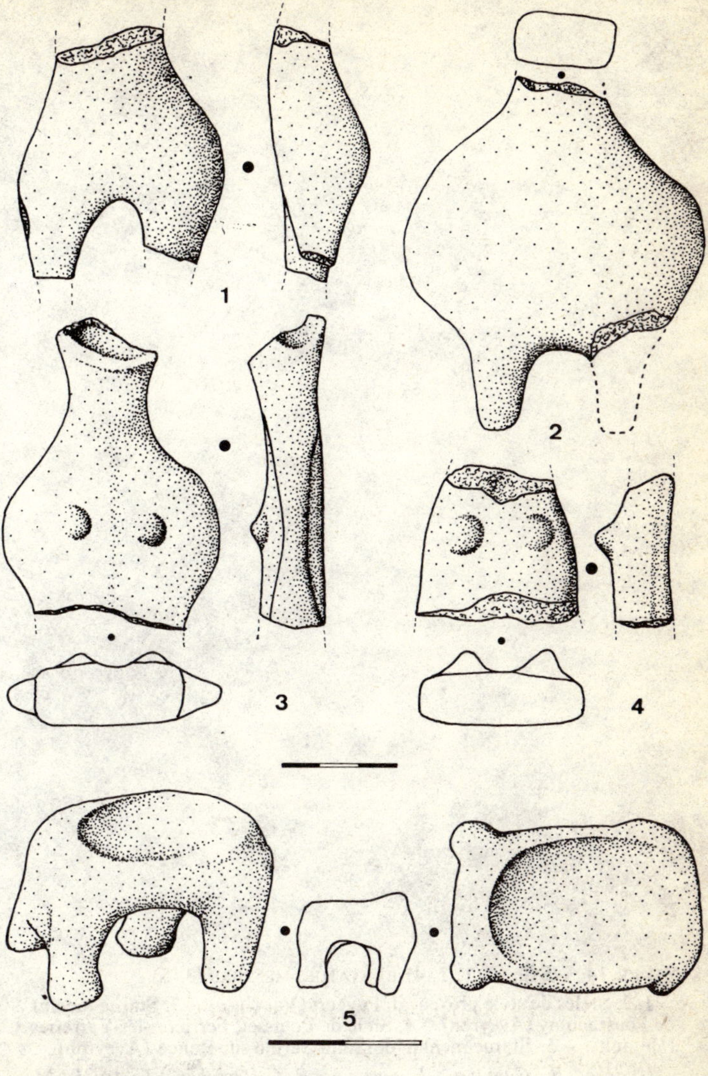
1
2
3
4
5

FIG. 14. – STÈLES (1, 2, 4) ET STATUES-MENHIRS (3, 5).

1, 2. Stèles de style provençal, Puyvert (Vaucluse). – 3. Statue-menhir de Pousthoumy (Aveyron). – 4. Stèle de Bouisset, Ferrières-les-Verreries (Hérault). – 5. Statue-menhir de Saint-Sernin-sur-Rance (Aveyron).

(D'après S. Gagnière, J. Granier, F.-C. Octobon, J. Arnal, M. Louis.)

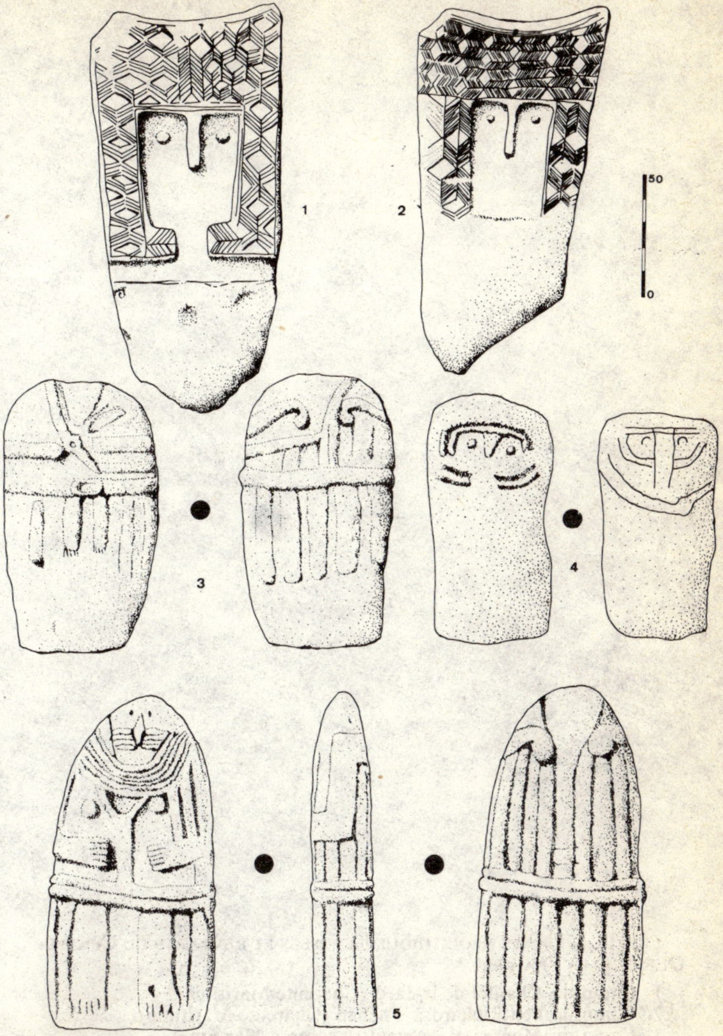
1
2
50
0
3
4
5

FIG. 15. – CAMPS NÉOLITHIQUES À FOSSÉS ET REMPARTS DU CENTRE-OUEST DE LA FRANCE.

1. Camp du Chaillot-de-la-Jard (Charente-Maritime).
2. Camp de Peu-Richard à Thénac (Charente-Maritime).
3. Camp du Mourez à Berneuil (Charente-Maritime).
4. Camp I des Matignons à Juillac-le-Coq (Charente).

(D'après C. Burnez et R. Joussaume.)

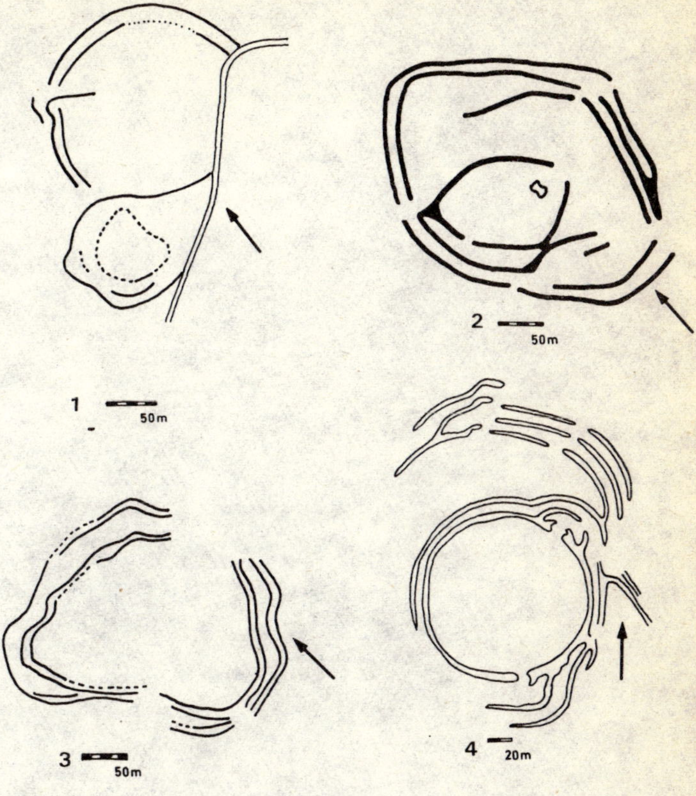
2
50m
1
50m
3
50m
4
20m

FIG. 16. – CAMP DU CHAMP DURAND À NIEUL-SUR-L'AUTIZE (VENDÉE).

Essai de restitution partielle en vue cavalière de la triple enceinte de fossés surmontés de remparts.

(D'après R. Joussaume.)

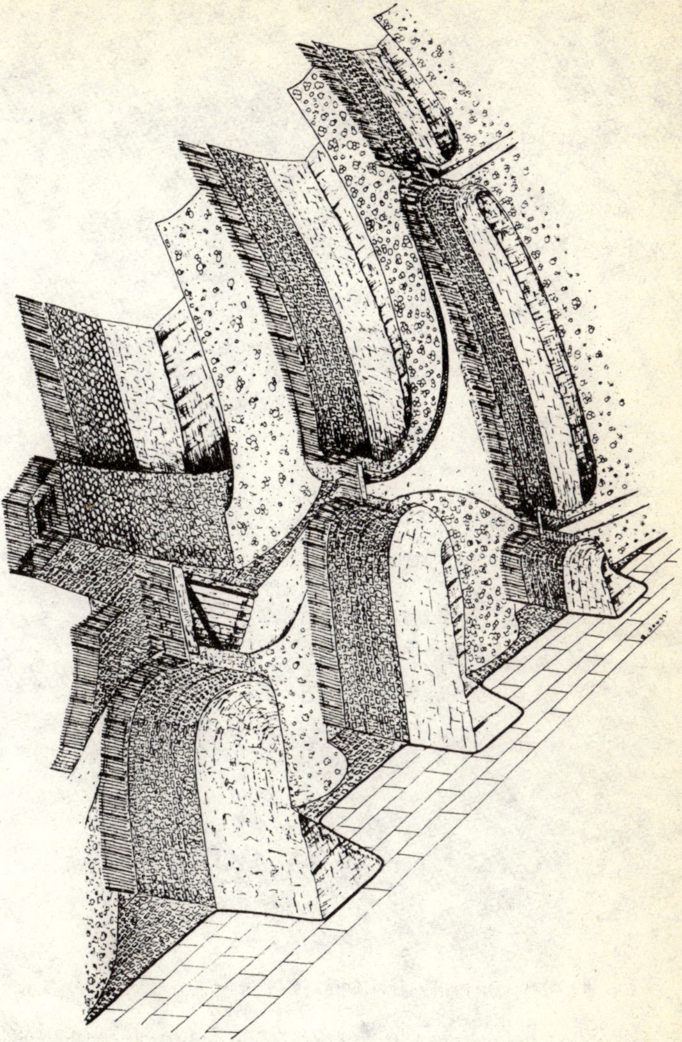

IV

Au temps de la métallurgie archaïque

C'est dans les civilisations néolithiques finissantes de la Corse et du Sud de la France que le métal fit pour la première fois son apparition. Ceci se passait vers le début ou le milieu du IIIe millénaire. Les mécanismes qui ont conduit à l'avènement d'une métallurgie indigène sont mal connus. Il faut admettre que des prospecteurs et des forgerons étrangers en ont introduit les techniques, en même temps que les échanges commerciaux favorisaient la circulation d'objets manufacturés plus ou moins loin de leur lieu d'origine. Les leçons données par ces mineurs et ces forgerons venus d'ailleurs furent vite assimilées. Il fallut dès lors très peu de temps pour que l'on assistât à l'essor d'une métallurgie locale plus ou moins totalement prise en main par les artisans autochtones.

Dans l'hexagone tout ceci s'organisa donc assez rapidement entre 2500 et 2000 av. J.-C. A partir de 2300-2200 av. J.-C. le mouvement, qui était resté limité à la région cévenole et à quelques zones périphériques, s'amplifia : on vit en effet se constituer de petits groupes d'hommes étonnamment dynamiques – les populations à vases campaniformes – qui s'attachèrent, entre autres, à la divulgation des instruments métalliques. Ce qui n'était finalement resté dans le Sud qu'une production artisanale limitée va soudainement prendre des proportions nouvelles. De sorte que vers 2000 av. J.-C. les centres métallurgiques du Midi sont en plein rendement tandis que, parallèlement, les peuples à récipients campaniformes, qui ont aussi leurs productions originales, véhiculent des pièces de métal à travers l'essentiel de l'hexagone.

Ainsi se trouve réalisée la généralisation des techniques

métallurgiques pour ce qui concerne l'or, l'argent, le plomb et surtout le cuivre. Si les trois premiers métaux cités n'ont été utilisés que dans la fabrication de bijoux ou de colifichets, le cuivre servit à confectionner, outre des parures, des intruments nécessaires au quotidien : haches, coins, poignards, aiguilles, etc. On parle alors de d'âge du cuivre pour désigner cette période finalement assez longue qui couvre la période débutant vers 2500 (dans le Sud) ou vers 2200 (dans le Nord) et se développant jusque vers 1800 av. J.-C. Un terme synonyme est celui de chalcolithique, forgé à partir du grec (de *chalkos,* cuivre, et *lithos,* pierre) qui traduit assez bien la coexistence à cette époque des premiers objets de métal et d'instruments obtenus, selon un procédé ancestral, par la taille de la pierre.

Les débuts de la métallurgie

Mais revenons aux sources même du travail du métal. Où et quand naquit la métallurgie? On n'est pas encore très bien renseigné sur la genèse de cette technique. Il va de soi que cette invention, même si elle fut menée à bien en des lieux différents, n'est pas le fruit du hasard. Elle fut de fait le résultat d'un long progrès qui accapara l'homme à partir du début du néolithique. Il semble en définitive que la connaissance de la métallurgie était devenue inévitable dès lors que la maîtrise du feu avait permis la cuisson de certains produits à haute température. L'invention de la poterie constitua déjà un grand pas dans cette direction : pour la mener à bien il fallait obtenir des températures de l'ordre de 500° au minimum. Le perfectionnement des techniques permit bientôt de monter les températures jusqu'à 1 000° dans des parties localisées de foyers, judicieusement aérées. Or, la fonte du cuivre s'effectue à 1 085°. Dès lors la réduction des oxydes métalliques en métal s'avérait possible.

Le premier métal connu fut peut-être l'or. On le rencontrait en paillettes, dans le lit des cours d'eau ou en pépites dans certains filons apparents. Le cuivre natif fut lui aussi repéré parmi des filons à l'air libre. Il fallut ensuite s'attaquer aux minerais souterrains. On se contenta d'abord de marteler le métal mou pour en tirer des pendentifs (en Orient par exemple). Mais on devait apprendre peu à peu à le couler. Or couler du cuivre pur reste une opération difficile à réaliser. Par bonheur certaines impuretés contenues dans le métal (l'arsenic en particulier, mais aussi l'antimoine, l'argent, le nickel, etc.) favorisèrent le durcissement de l'objet fini tout en évitant la constitution de zones poreuses.

Plusieurs techniques furent inventées pour obtenir des objets en métal. On confectionna des moules de pierre d'abord fort simples : l'objet était creusé en négatif dans une roche tendre que l'on recouvrait ensuite. A l'âge du bronze on fabriqua des moules bivalves que l'on fixait par un système de tenons. Enfin, toujours à l'âge du bronze, le procédé dit « à cire perdue » connut une grande vogue. Il consistait à modeler en cire l'objet que l'on voulait réaliser. Ce modèle était enduit d'argile et de sable. Cette couverture réalisée, on coulait le métal en fusion en aménageant un passage dans la chape externe : ainsi la cire fondait et le métal chauffé se stabilisait selon la forme préétablie par le modèle. Le forgeage intervenait ensuite. Au début le martelage était pratiqué à froid. Plus tard le forgeage à chaud permit d'amincir certaines pièces.

Revenons à présent aux premiers balbutiements de la métallurgie pour tenter de voir par où et sous quelle forme celle-ci pénétra dans nos régions.

La voie de la Méditerranée et des Alpes

Vers 6000 av J.-C., après quelques tâtonnements, l'homme était parvenu au Proche-Orient à inventer et à diffuser la technique de fabrication de la poterie. Vers la même époque, à Çatal Huyuk, en Turquie, on avait appris à marteler du cuivre natif pour réaliser de menus objets de parure. Vers – 4500 en Iran, on sait déjà chauffer le minerai dans un four et on va bientôt mouler des objets. A partir de – 4000 ces techniques sont connues en Europe balkanique : on fabrique sur le Danube des pendentifs en or, de belles épingles et des haches-herminettes en cuivre. C'est là le plus ancien foyer métallurgique européen. Le monde égéen, contrairement à ce que l'on a longtemps pensé, ne connut la métallurgie que plus tardivement. Bénéficiant d'un courant refluant vers la Grèce à partir de la zone balkanique, il s'avère moins donneur que débiteur. C'est, selon toute vraisemblance, à partir de ces noyaux de l'Europe du Centre et du Sud-Est que la technique gagna l'Occident. Plusieurs civilisations, méditerranéennes ou alpines, servirent à coup sûr de relais dans la transmission de ce savoir.

Entre 3000 et 2500 av. J.-C., la métallurgie du cuivre est signalée en Corse sur le site de Terrina, près d'Aléria. Des creusets, avec des restes de scories, ne laissent aucun doute sur l'existence ici d'une métallurgie indigène déjà éloquente.

Sur le continent les premiers objets métalliques bien datés paraissent être soit des importations en provenance de cultures orientales déjà plus avancées dans la maîtrise du travail du métal soit le fruit de premières tentatives locales.

L'or semble déjà connu dans des milieux encore néolithiques. On en tire des perles creuses en forme d'olive, des fils que l'on enroule, de petites plaques. Ces premiers bijoux en métal précieux sont découverts associés à des perles en roche verte ou callaïs, en schiste, en lignite, à des haches polies, à des poteries à fond rond dans des grottes (grotte IV de Las Claousos à Auriac, Aude) ou dans des dolmens (dolmen de Sauzet, Hérault). On trouvera des perles creuses dans certains grands tombeaux du Languedoc (dolmen de Saint-Eugène) ou dans les hypogées de la région d'Arles, attribuables au IIIe millénaire. Sans doute un peu plus récente est la tombe autrefois excavée à Pauilhac (Gers). Elle contenait une belle plaque losangique en or avec des nervures traitées « au repoussé », des perles olivaires en or, de grandes lames de silex, des pendeloques en défense de sanglier et une belle hache en jadéite à bords équarris et tranchant évasé. Ces derniers éléments conservent toutefois un cachet ancien, puisqu'ils sont courants dans certaines civilisations atlantiques ou pyrénéennes du néolithique moyen (tumulus de Carnac, civilisation catalane des « tombes en fosse »).

Pour ce qui est des premiers objets de cuivre qui circulèrent, il faut admettre qu'un certain nombre furent importés à partir de 2500 av. J.-C. environ. Précisément, certains groupes d'Italie du Nord ou d'Europe centrale étaient déjà suffisamment avancés dans la voie de la métallurgie pour proposer hors de leurs frontières quelques pièces en surnombre. Ainsi les gens de la civilisation de Remedello, qui fleurit en Italie du Nord à compter de 2500 av. J.-C., ont-ils troqué quelques pièces avec les autochtones provençaux. On a découvert dans un dolmen d'Orgon (Bouches-du-Rhône) un poignard triangulaire en cuivre avec une petite languette carrée qui est typiquement nord-italien; quelques alênes de ce même métal, aux extrémités affûtées, faisaient partie du même lot. Ces influences métallurgiques anciennes de l'Italie du Nord ne restèrent pas limitées à la Provence. Elles parvinrent jusqu'en Savoie. On a en effet découvert à Fontaine-le-Puits des tombes en fosse dans lesquelles figuraient des instruments de cuivre « remedelliens » : poignard, hache plate, pendeloque en cuivre.

On a également remarqué sur la poitrine d'une des statues-menhirs de Collorgues (Gard) la présence d'une pendeloque sculptée en forme de double spirale qui ressemble étonnamment aux productions de l'Europe centrale.

Un problème se pose par ailleurs pour une perle en cuivre à forte teneur d'antimoine mise au jour dans un horizon néolithique final à la station des Baigneurs à Charavines (Isère). Ce document est-il de confection locale? Dans ce cas, il indiquerait que l'on pratiquait déjà dans la région alpine une industrie embryonnaire dès 2400 av. J.-C. Si ce vestige est, au contraire, le fruit de quelque exportation, il reste à en préciser l'origine de même que le cheminement suivi.

Parmi les peuplades qui, avec les gens de Remedello, purent jouer un rôle certain dans l'apparition du travail du métal, on ne saurait passer sous silence les peuplades « à céramique cordée » ou « aux haches de bataille ». Signalons au passage qu'on désigne sous cette dernière expression des haches de pierre polie à profil dissymétrique avec une perforation centrale pour en permettre l'emmanchement. Nous reviendrons plus longuement sur les populations qui véhiculèrent de tels instruments. Remarquons toutefois sans plus tarder qu'elles occupèrent, dans le courant du IIIe millénaire, la plus grande partie de l'Europe orientale, centrale, voire occidentale. En France ces peuplades ne pénétrèrent que timidement dans l'Est du pays encore qu'un de leurs instruments favoris, les « haches de combat », précisément aient connu une extension plus grande (dans le Massif central ou jusqu'en Aquitaine, par exemple).

L'un des sites qui renferme parmi les éléments les plus représentatifs de cette culture reste la grotte de Gonvillars (Haute-Saône), dont il a déjà été question à propos du néolithique ancien et moyen. Le niveau chalcolithique de ce gisement a fourni des éléments céramiques typiques : petites bouteilles à fond plat dont le col, cylindrique, s'orne de lignes imprimées et de points incisés, urnes à fond plat. On a aussi fabriqué des flèches à pédoncule avec ou sans ailerons, des poignards et des scies à encoches en silex, des haches polies, des haches marteaux, une épingle en os à tige courbe et tête cylindrique. On trouve par ailleurs des vestiges appartenant au complexe cordé en Alsace (céramiques d'Achenheim et de Hochfelden). Quelques documents en cuivre sont connus (par exemple une perle de la station du Port à Annecy). De fait si les « Cordés » ont peu abandonné d'objets en cuivre, nous savons qu'ils pratiquaient à l'occasion une métallurgie débutante et, pour ce, nous les soupçonnons d'être intervenus dans la connaissance de ces techniques nouvelles en Occident. D'autre part, bien des auteurs pensent qu'ils ont pu jouer un rôle non négligeable dans l'introduction des langues indo-européennes. C'est pourquoi nous les retrouverons bientôt.

Les débuts du travail du cuivre dans le Midi de la France

L'apparition et le développement du travail des métaux semblent étroitement liés aux potentialités en gisements exploitables. Ainsi tout le sud-est du Massif central (des Cévennes jusqu'au Cabardès et au Tarn), zone de contact des massifs primaires et des terrains sédimentaires, est riche en minerais de cuivre. Ici la métallurgie s'amorça précocement, bien avant l'apparition des peuplades campaniformes, soit vers 2600-2500 av J.-C. Cette constatation ne va pas à l'encontre des résultats obtenus en Italie ou dans la péninsule Ibérique. Dans ces pays l'existence d'une métallurgie implantée dès le IIIe millénaire est nettement attestée. Tout se passe comme si à cette époque la généralisation des techniques métallurgiques était intervenue sur l'ensemble de la façade nord du bassin méditerranéen. Les récents résultats obtenus en Corse confirment ce processus.

La région des Causses semble être l'une des premières à avoir bénéficié de ces nouvelles inventions. Plusieurs centres d'intérêt sont discernables : la zone des Grands Causses paraît d'abord émerger (Aveyron, Lozère), puis la métallurgie diffuser vers l'ouest, en Quercy notamment. On trouve dans ce monde caussenard et notamment sur sa frange sud parmi les plus anciens objets de cuivre actuellement connus de l'hexagone. Ce sont des lames de poignards (grotte des Fées de Lunas, Hérault; grotte de Sargel, Aveyron; grotte du Pas de Julié, Trèves, Gard), de petites haches plates (grotte de la Médecine à

Verrières, Aveyron), enfin des perles en forme d'olive ou d'anneau. Ces documents ont été fabriqués entre 2600-2500 et 2200 av. J.-C.

Puis vers 2000 et jusque vers 1700 av. J.-C., la production s'accentue en même temps que les types se diversifient. Les poignards, tantôt courts, tantôt allongés, peuvent présenter une extrémité crantée pour être plus solidement fixée au manche; une perforation a pu, à l'occasion, stabiliser cet emmanchement (tumulus X de Freyssinel, Lozère). A la même époque sont divulguées des épingles à tête enroulée et tige arquée, dont l'une, trouvée à la grotte du Cujoul d'Armand à Penne, dans le Tarn, est longue de 26 cm. Parmi les parures on citera de curieuses pendeloques en languette munies d'une bélière (grotte du Four à Caylus, Tarn-et-Garonne).

Le Languedoc, qu'il s'agisse du Bas-Languedoc héraultais et gardois ou du Haut-Languedoc (Toulousain, Carcassés, zones pré-pyrénéennes) subit une évolution semblable. A partir de – 2500 environ, les premiers objets de cuivre se manifestent : haches plates (grotte de Maurous à La Vaquerie, Hérault), poignard à lame triangulaire (grotte de Labeil à Lauroux, Hérault), mais aussi quelques alênes et des épingles.

Aux environs de 2000 av. J.-C. la métallurgie du cuivre est en plein essor du Rhône jusqu'à la Garonne. Dans la partie du Languedoc, la civilisation de Fontbouisse est l'une des plus florissantes civilisations métallurgiques de notre âge du cuivre. Les données dont nous disposons permettent de penser que la fusion du minerai était réalisée dans des fours munis de soufflets dont on a retrouvé les tuyères (grotte de Peyroche II à Aurioles, Ardèche; grotte de Campefiel à Sainte-Anastasie, Gard). Sur un site des environs de Montpellier, à Saint-Mathieu-de-Tréviers, un atelier de métallurgie a livré des scories et des plaques de cuivre; un ciseau cassé faisait sans doute partie de l'outillage du forgeron; un lot d'épingles à section carrée représentait des objets finis ou en cours de fabrication.

Sur les gisements de la culture de Fontbouisse les poignards sont nombreux et de formes variées, depuis la petite dague losangique jusqu'au poignard allongé à courte soie (fig. 17, n°s 1, 2). On fabriquait aussi des haches, des ciseaux de forgeron ou de charpentier, des alênes affûtées aux deux extrémités (fig. 17, n°s 3 à 5, 20 à 24). Les perles enfin se rapportent à plusieurs variétés : en anneau, en tonnelet, en disque, en tube avec un renflement médian, enfin biconique avec quelquefois de multiples facettes (fig. 17, nos 6 à 19).

Dans la partie occidentale du Languedoc les outils les plus fréquemment rencontrés sont les haches. Le couloir Aude-Garonne et ses marges constituent l'une des plus importantes concentrations de haches de cuivre du chalcolithique français. Elle sont parfois groupées dans des cachettes associées à des ébauches ou à des lingots (dépôt de Centeilles à Siran, Hérault). Certaines haches présentent des dimensions respectables : celles découvertes à Saverdun (Ariège) atteignaient presque 20 cm. Dans cette région encore étaient confectionnés des poignards de formes variées, des alênes et des perles.

Fait curieux, à l'est du Rhône, les objets de cuivre apparaissent moins nombreux. Ce phénomène s'explique peut-être par la rareté, en Provence, des gisements métallifères. On trouve tout de même dans cette région quelques instruments comparables à ceux découverts en Languedoc (des poignards, des alênes et surtout des perles).

La métallurgie méridionale a aussi diffusé vers l'ouest. Dès 2400 av. J.-C., elle semble inspirer les communautés situées en Poitou, Limousin, Charentes. En effet de petites perles de cuivre apparaissent dès lors dans la civilisation d'Artenac, qui a supplanté dans ces régions les groupes néolithiques antérieurs et qui connaîtra bientôt une vaste extension, de l'Aquitaine jusqu'à l'ouest du Bassin parisien. Mais sur ces terres occidentales, la maîtrise des techniques de fonte et de coulage du cuivre fut sans doute liée à l'apparition d'étrangers venus peut-être de la péninsule Ibérique.

De fait si les civilisations indigènes se contentèrent d'alimenter une production locale ou régionale, d'autres groupes se constituèrent qui virent tout l'intérêt de divulguer sur une grande échelle les marchandises de métal. Les hommes aux gobelets « campaniformes » furent de ceux-ci.

Les hommes aux gobelets en cloche

Abordons sans plus tarder l'examen de ces peuplades à vases campaniformes et, avec elles, l'un des plus curieux phénomènes de la protohistoire européenne. Dès la fin du siècle dernier, les archéologues mirent au jour aux quatre coins de l'Europe, dans des habitats mais surtout dans des sépultures de l'âge du cuivre, des gobelets en forme de cloche renversée qu'ils baptisèrent « campaniformes » ou « caliciformes ». Ces récipients se caractérisaient par une ornementation souvent excessive mais toujours très particulière, qui les faisait distinguer facilement des céramiques des autres cultures contemporaines auxquelles on les trouvait cependant fréquemment mêlées.

D'autre part, un certain nombre d'objets étaient régulièrement associés aux vases campaniformes, signe qu'il existait bien un « complexe culturel » dominé par ces étonnants récipients. Ces vestiges pouvaient être par exemple des plaquettes perforées en pierre ou en os que l'on considère aujourd'hui comme ayant été des protège-poignets : en effet fixés par un lien sur le bras du guerrier au niveau du poignet, ils empêchaient la meurtrissure de la peau quand la corde de l'arc se détendait. Les Campaniformes étaient-ils donc des spécialistes du tir à l'arc ? C'est fort possible puisqu'on retrouve régulièrement associés aux gobelets de belles pointes de flèche, à pédoncule et ailerons réguliers. Mais pourquoi n'auraient-ils pas été aussi des métallurgistes et des marchands ambulants de pièces en cuivre ou en or ? Il n'est que de dresser l'inventaire des découvertes réalisées dans des contextes archéologiques dans lesquels figurent des vases caliciformes pour voir qu'on y rencontre aussi des objets de métal.

On y voit notamment une variété originale de poignard en cuivre, de forme triangulaire, avec une petite soie qui devait s'insérer dans une poignée de bois, d'os ou de corne. Ou encore des perles, des petites plaquettes ou des tortillons en or, éléments de collier ou parements assujettis à des armes ou à des vêtements. Autre trait propre aux porteurs de vases campaniformes, de curieux boutons d'os, de pierre ou d'ambre, portant une perforation en V, et qui paraissent être de ce fait des grains de colliers.

Quant aux vases eux-mêmes, plusieurs styles peuvent y être discernés. Le plus courant comporte une ornementation selon des bandes horizontales réservées ou décorées : ces dernières montrent des lignes obliques, tantôt à droite, tantôt à gauche, réalisées a l'aide de peignes à dents carrées très fines. Mais il existe aussi des récipients décorés par impression d'une ficelle dans la pâte fraîche et cerclant le vase par bandes ou sur toute sa surface externe. Enfin l'on rencontre aussi des vases décorés au peigne (chevrons, triangles, échelles, etc.) ou par incision ou estampage. En France par exemple si les styles à décor zoné et à la ficelle sont connus dans de nombreuses régions, on les rencontre avec plus d'insistance en Armorique, dans le Centre-Ouest, les Pyrénées, le Languedoc. Les styles à décor incisé et estampé ont une plus grande prédilection pour le Sud du pays (Provence, Languedoc, Pyrénées).

Qu'étaient donc ces populations à vases campaniformes? Les théories les plus diverses ont fleuri à leur sujet. On a parfois vu en eux des guerriers dominant militairement le pays, une sorte d'oligarchie si l'on peut dire. Pour d'autres auteurs, il s'agissait plutôt de colporteurs écoulant dans toute l'Europe des produits métalliques standardisés comme certains objets d'or ou leurs poignards en cuivre si particuliers. Leur art consommé de la technique céramique les a aussi fait comparer à nos tziganes actuels : ils ne vendaient sans doute pas des paniers d'osier mais bel et bien des céramiques extraordinaires, souvent d'un reflet rouge vif, à l'ornementation d'une finesse inouïe. Nul doute que leurs produits aient suscité bien des envies auprès des populations autochtones de la fin du néolithique. Alors potiers? forgerons? marchands ambulants? ou redoutables archers? Peut-être un peu tout à la fois.

Le caractère ethnique des Campaniformes fut également souligné par de nombreuses découvertes réalisées en Europe centrale. Dans ces régions on connaît en effet de nombreuses sépultures de ce groupe. Ce sont des tombes en fosse dans lesquelles on a reconnu, avec l'équipement habituel de ces peuplades, un type anthropologique original caractérisé par des sujets de grande taille, à tête ronde avec un occiput aplati. Il n'en fallait pas davantage pour concevoir un peuple, voire à la limite une « race » campaniforme bien démarquée des autres cultures. Mais un examen plus appronfondi montre que la question est plus complexe que cela. Quelques remarques propres au territoire français le montrent.

On soulignera d'abord que notre sol était appelé à jouer, de par sa position géographique, un rôle de premier plan dans les migrations des gens à campaniformes. Par la route atlantique comme par les axes continentaux (artère Rhône-Saône-Rhin) ou par la côte méditerranéenne, ces peuplades ont forcément largement circulé. La densité de leur répartition est pourtant très variable. Les plus importantes concentrations affectent l'Armorique, la zone comprise entre Loire et Garonne, l'axe du Rhône, la Provence, le Languedoc et la Catalogne. Le même phénomène s'observe au niveau européen où des régions ont constitué de véritables aires de prédilection pour les hommes aux gobelets : embouchure du Tage et Meseta dans la peninsule Ibérique, plaine du Pô, Sardaigne et Sicile en Italie, Rhône supérieur en Suisse, vallée du Rhin en Allemagne et aux Pays-Bas, Bohême-Moravie en Tchécoslovaquie, etc. D'autres régions sont demeurées réfractaires à la pénétration campaniforme : c'est par exemple le cas du Bassin parisien où la culture de Seine-Oise-Marne bouda ces populations et leurs marchandises.

D'autre part, les tombes spécifiques des campaniformes sont excessivement rares en France. Quelques-unes ont toutefois pu être étudiées ces dernières années comme les fosses de Wallers (Nord), de Champs-sur-Yonne (Yonne) ou encore le tumulus de Soyons (Ardèche). A Wallers il ne restait rien du sujet (ou des sujets) inhumé(s), les os ayant été détruits par l'acidité du sol ; mais le mobilier funéraire était des plus remarquables : deux gobelets campaniformes décorés au peigne, un brassard d'archer en schiste, un poignard de cuivre et quelques pointes de flèches (fig. 18, n°s 3 à 6). A Champs-sur-Yonne, une femme âgée, de petite taille, avait été enterrée en position semi-fléchie (fig. 18, n° 1). On avait disposé à proximité un beau vase campaniforme décoré (fig. 18, n° 2) et quelques silex. Enfin dans le tumulus de Soyons (Ardèche) on a dégagé le squelette d'un sujet en position repliée auprès duquel se trouvaient un poignard en cuivre, un gobelet caliciforme et une écuelle à fond ombiliqué, ces deux récipients fort bien ornés.

Mais la plupart du temps les gens à campaniformes et leurs vestiges sont découverts dans les tombes collectives locales, mégalithes ou grottes sépulcrales, signe d'une intégration plus ou moins poussée avec les communautés autochtones. Sur le plan anthropologique on chercherait d'ailleurs avec difficulté à retrouver en France le type physique « pur » décrit à partir des tombes d'Europe centrale. Enfin la fouille des habitats de l'âge du cuivre ne montre qu'assez rarement des villages appartenant en propre aux hommes du campaniforme. Le plus souvent par contre les vestiges des Campaniformes sont étroitement mêlés à ceux des cultures locales, signe qu'après un premier temps marqué par leur vaste diffusion, les hommes aux gobelets ont fréquemment composé avec les populations indigènes.

Comme on peut en juger après ces quelques lignes, la question des Campaniformes reste complexe et encore pleine d'énigme. Le problème de la genèse même de cette culture reste obscur et, tour à tour, l'embouchure du Tage, les Pays-Bas ou l'Europe centrale ont été considérés comme une terre d'origine possible. Quoi qu'il en soit, les Campaniformes, répandus du Portugal à la Hongrie, de l'Écosse à la Sicile, ont fait preuve d'un dynamisme exceptionnel. Les populations « cordées » exceptées, aucune civilisation du néolithique européen ne peut se prévaloir d'une telle capacité d'extension. Un phénomène politique se cache-t-il derrière ce grand ensemble? La chose est possible. Quant à l'aspect économique marqué par la divulgation de quelques produits stéréotypés à travers certains circuits commerciaux, il est indéniable. Peut-être même un statut social particulier propre aux peuplades campaniformes a-t-il quelquefois doublé ce volet économique. En définitive les Campaniformes ont peut-être constitué déjà une sorte de « marché commun », quatre millénaires avant le nôtre et de plus vaste étendue. Un important phénomène en conclusion qui s'est largement élevé au-dessus des civilisations néolithiques antérieures et qui, par là même, permet d'évoquer pour la première fois une certaine notion d'unité européenne.

Grottes sépulcrales et hypogées en Midi méditerranéen

Après avoir dépeint ces groupes nomades, essayons de dégager les traits les plus originaux de quelques civilisations régionales. Restons un temps encore en Midi méditerranéen. Ici, dans le courant du IIIe millénaire, une mosaïque de petites civilisations vit le jour. Ce cloisonnement culturel n'est-il pas la traduction d'une certaine endogamie? On imagine assez bien de petites unités à forte cohésion culturelle, perdant peu à peu de leur identité au fur et à mesure que l'on s'éloigne de leur aire d'épanouissement. Mais ces communautés ne demeurent pas cloisonnées pour autant et un certain nombre de traits communs peuvent les caractériser. Ainsi le IIIe millénaire voit-il un peu partout le développement des sépultures collectives : dolmens, grottes sépulcrales, hypogées.

Ces caveaux de famille indiquent la part tenue par le clan ou la famille au sein de communautés de caractère tribal. Bien que des chefs ou de petits potentats devaient à l'occasion prendre en main les destinées du village, il faut croire que la hiérarchie sociale ou politique devait être peu poussée. Nulle part on ne constate la présence de sépulture nettement individualisée, comportant quelque mobilier hors du commun, toutes choses signant la tombe de quelque personnage de rang supérieur. Au contraire la généralisation des ossuaires montre une composition sociale peu stratifiée, même si, comme semblent l'admettre quelques chercheurs actuels, certaines classes sociales ou classes d'âge aient pu se distinguer en se faisant inhumer dans quelque tombe bien déterminée.

A côté des très nombreux dolmens méridionaux dont il a déjà été question, d'autres sépultures collectives sont constituées par des cavités naturelles utilisées comme ossuaires. Il peut s'agir de vastes cavernes ou de petits boyaux, voire de toutes petites poches calcaires (« trous de renards »), sans parler des innombrables avens. Les corps des défunts, parés de bijoux, pourvus d'armes, accompagnés de poteries, se retrouvent en abondance dans ces caveaux naturels. Bien entendu, les connexions anatomiques sont rares, ces tombeaux ayant été soumis à une utilisation répétée avec réduction et bouleversement permanent des corps, à chaque réouverture de la sépulture. On a également évoqué, pour expliquer le grand désordre d'ossements régnant dans ces ossuaires, un décharnement *post-mortem* suivi d'une inhumation au second degré, symbolique et limité au choix de quelques parties du squelette. Sans éliminer complètement cette hypothèse, l'idée d'inhumations « normales » successives, remaniant de ce fait les sépultures antérieures, s'impose davantage.

Sans doute parmi le mobilier déposé sur les défunts ou à leurs côtés, les bijoux, les pendentifs, les colifichets tiennent-ils une place de choix. On a fabriqué des perles dans les matières les plus diverses : stéatite, calcaire, marbre, serpentine, calcite, aragonite, jayet, callaïs, os, coquillage, etc. Les formes peuvent être courantes : rondes, cylindriques, en olive, à pointe, globuleuses, etc., mais quelques éléments seront plus typiques de l'aire méridionale. Ainsi en va-t-il des perles à ailettes en calcaire, pendeloques à trois globules dont la suspension était assurée par une perforation de la boule supérieure. De même certains boutons de calcaire, sculptés « en chapeau chinois » montrent-ils une perforation en V : ces boutons « de Durfort », ainsi baptisés à partir d'un site sépulcral des Cévennes (la grotte des Morts à Durfort, Gard) sont connus dans tout le Languedoc-Roussillon et sur les Causses. Le goût pour percer en V certaines pendeloques ou boutons sera caractéristique de l'âge du cuivre du Midi de la France... ou d'ailleurs. Les populations à vases campaniformes fabriqueront ainsi des boutons hémisphériques ou en plaquettes ovalaires terminées par deux appendices. Certains boutons prismatiques perforés en V ont connu un grand succès dans les Pyrénées méditerranéennes et sur les Causses du Quercy. Dans une grotte sépulcrale, à Usson, à la limite de l'Aude et de l'Ariège, on en a découvert plus de 500!

Quand on ne pouvait construire de dolmens et quand les grottes naturelles manquaient, on n'hésitait pas à creuser des chambres funéraires dans certains bancs de roche tendre, à la manière des Égéens ou de divers peuples de Méditerranée occidentale. Ainsi naquirent les hypogées, ossuaires artificiels dus à la main de l'homme. Déjà les populations languedociennes de Ferrières, vers 2500 av. J.-C., en réalisèrent quelques-uns (comme par exemple celui de Tresques, Gard). Par la suite, dans ce même Languedoc oriental, des hypogées furent creusés à Saint-Jean-de-Védas (Puechredon), à Sabran, (La Clausonnette), à Aiguèze, etc. Mais la palme en la matière revient aux hypogées d'Arles qui se trouvent en fait près de Fontvielle (Bouches-du-Rhône) sur la montagne de Cordes. Ils sont au nombre de quatre : Bounias, Le Castellet, la Source et « l'Épée de Roland » (ou grotte des Fées), vaste monument atteignant 42 m de long, la chambre en mesurant à elle seule 25 ! Ces galeries ont été creusées dans le substratum à ciel ouvert, puis on les a recouvertes de grandes tables à la manière des dolmens. On y accédait par des escaliers. L'Épée de Roland comportait en plus, à hauteur de l'antichambre, deux petites logettes se faisant face.

D'autres hypogées sont connus, sur l'axe du Rhône, dans la Drôme et le Vaucluse. Dans certains d'entre eux, tel l'hypogée du Capitaine à Grillon (Vaucluse), on a même retrouvé les pics qui ont servi à creuser les tombes. Dans ce dernier, fouillé sur 100 m^2, long de 16 m et large de 7 m, on a mis en évidence les restes de plusieurs squelettes en position repliée, en décubitus latéral droit, la tête tournée vers l'ouest. Les parures étaient en nombre étonnant : plus de 27 000 perles en stéatite !, 335 perles à ailettes, 610 perles rondes en calcaire, 250 dentales, 840 perles rondes en coquillage, 60 pendeloques en forme de « griffe », en os, 42 pendeloques « à pointe », en os, 40 en calcaire, etc. Elles étaient associées à des flèches perçantes ou tranchantes et à des couteaux ayant souvent servi de faucilles.

Dans l'hypogée des Grottes à Roaix, deux étapes d'utilisation de la tombe ont été observées. Dans la couche profonde datée de 2150 ± 140 av. J.-C., les squelettes avaient été pour beaucoup déconnectés ; ils étaient accompagnés d'un poignard-faucille, de couteaux, de pointes de flèches et de nombreuses parures (2 312 perles en test de mollusque ou en calcaire, 185 perles en stéatite, quelques-unes en callaïs, en calcaire, ainsi qu'une perle en pâte de verre et une perle en cuivre). Des récipients à fond plat donnent une note originale à cet horizon. Dans la couche sépulcrale supérieure (2090 ± 140 av. J.-C.) on a retrouvé les squelettes complets d'environ trente-cinq individus, parfois empilés rapidement sur quatre ou cinq rangées (épidémie ? guerre ?), sans disposition préférentielle. Dans un niveau plus élevé plus de cinquante crânes étaient rassemblés contre la paroi du fond...

Dans ces cavités funéraires, grottes ou hypogées, des dieux tranquilles pouvaient veiller sur les disparus. Ainsi dans le Gard, des dalles sculptées ou gravées ont été disposées dans des hypogées comme à Collorgues, mais aussi dans des sépultures sub-mégalithiques comme sur le site de Bouisset à Ferrières-les-Verreries, Hérault (fig. 14, nº 4). On en connaît aussi quelques-unes trouvées dans des villages. Ces stèles ou ces statues sont en général moins brillantes que les statues-menhirs de l'Aveyron ou du Tarn. Les dieux mâles sont toujours pourvus d'un objet énigmatique sculpté tandis que les déesses sont reconnaissables à leurs seins et à un attribut en forme de crosse. On a récemment découvert à l'entrée d'une grotte sépulcrale ardéchoise, la grotte Meunier à Saint-Marcel, deux stèles dressées de part et d'autre de l'entrée : ces déesses, traitées différemment par l'artiste, protégeaient les défunts enterrés dans la cavité.

Les déesses de la forêt rouergate

D'autres divinités étaient plus particulièrement chargées de veiller sur les activités des vivants. Celles du Rouergue notamment. Si vers la fin du néolithique des statues ou des stèles anthropomorphes ont été gravées ou sculptées dans plusieurs régions de France en général et du Midi en particulier, la région aveyronnaise *sensus lato* fut alors un centre artistique hautement original. On y confectionna des statues ou des stèles de forte taille (on parle parfois de statues-menhirs) qui se répartirent en Rouergue, Ségala, Montagne Noire, monts de Lacaune, à la charnière des départements de l'Aveyron, du Tarn et de l'Hérault. Le qualificatif de « rouergat » doit donc être entendu dans un sens lâche. Ce groupe comporte une soixantaine de monuments. La plus petite statue atteint 0,80 m de hauteur; la plus haute, dans les montagnes de Lacaune, 4,50 m. Ces monuments ont été taillés essentiellement dans des roches primaires (granites, grès permiens, gneiss). Les traits du visage n'ont guère retenu l'attention des artistes. On a parfois représenté la face en sculptant en léger relief une zone triangulaire ou en délimitant à la gravure une surface dans la partie supérieure du monument. Deux creux symbolisent les yeux, ils encadrent le nez fréquemment allongé. Parfois quelques traits gravés sur les joues ont été interprétés comme des tatouages.

Les vêtements et les attributs ont fait, au contraire, l'objet de soins plus attentifs. Selon les monuments on peut y voir des colliers, une ceinture décorée quelquefois nantie d'une boucle, une forte cape dont les plis sont parfois soulignés dans le dos. Les bras sont souvent représentés. Quant à des sortes de bandes verticales à extrémités frangées, on les a interprétées tantôt comme le prolongement de ceintures, tantôt avec beaucoup plus de vraisemblance, comme des jambes stylisées. Dans cette dernière hypothèse, les jambes paraissent ramenées sur la partie inférieure du tronc, signe que les divinités sont censées être représentées assises, trônant (fig. 14, n°s 3, 5).

Ces statues pouvaient représenter des dieux ou des déesses. Les dieux possèdent, bien en vue, un « objet » énigmatique tenu par des mains schématisées; il est parfois fixé à un baudrier soutenu par l'épaule et qui peut traverser le dos en écharpe (fig. 14, n° 3). Cet « objet », de forme triangulaire pointue peut être ou non muni d'un anneau terminal. On a diversement interprété ce document : poignard, bouterolle, corne d'abondance, emblème hiérarchique ou religieux. Cette dernière proposition présente actuellement quelque préférence dans la mesure où l'on trouve des comparaisons avec des pendeloques en os ou en lignite dans certains sites du néolithique final et du chalcolithique languedocien et caussenard. D'autres attributs peuvent à l'occasion agrémenter les dieux : arc, flèche, hache.

Les déesses se reconnaissent à leurs seins, à leurs colliers, parfois enrichis d'une pendeloque comme sur la statue de Saint-Sernin en Aveyron (fig. 14, nº 5). La chevelure peut, dans le dos, descendre jusqu'à la ceinture. Quelques mèches pouvaient, à l'occasion, avoir été bouclées comme sur la statue de Mas Capelier 2 ou sur celle de Boutaran en Aveyron. Ainsi ces dieux et ces déesses nous révèlent-ils tout un aspect original concernant la coquetterie, la coiffure, le vêtement des hommes et des femmes du Haut-Languedoc et des Causses d'il y a 4 000 ans. Car l'homme ayant créé les dieux à son image, il va de soi que ces représentations divines traduisent sans difficulté certaines préoccupations des préhistoriques eux-mêmes.

Un dernier point curieux réside dans la localisation même de ses statues. Elles ont toujours été découvertes en dehors de tout contexte archéologique, loin de tout lieu d'habitat ou de sépulture. Des études paléobotaniques ont montré qu'elles avaient été dressées dans des forêts épaisses dominées par la chênaie mixte. L'homme n'avait pas encore entrepris la colonisation, le déboisement de cette région : il s'était contenté de peupler les terrains calcaires des Causses et leurs marges, aux terres plus faciles à cultiver. Dieux et déesses étaient donc honorés, dans un terrain réfractaire, loin des villages. Divinités imperturbables dressées au fin fond de bois sombres et semés d'embûches, elles assuraient la protection des petits groupes de chasseurs qui s'aventuraient en ces lieux hostiles pour y traquer le cerf ou le sanglier.

Villages et terroirs de Fontbouisse

Si les populations de la culture de Fontbouisse furent parmi les premières à pratiquer, sur le sol français, la métallurgie artisanale du cuivre, il ne faut point croire que c'était là leur unique préoccupation. Les gens de Fontbouisse, ainsi baptisés à partir d'un village de Villevieille dans le Gard, étaient essentiellement des paysans. Les restes de leurs villages ou de leurs hameaux, forts de 10 à 50 maisons environ, parsèment encore la garrigue languedocienne de l'Hérault jusqu'au Rhône. Sur les terrains calcaires, au nord de Montpellier en particulier, la densité des agglomérations est particulièrement élevée. Ces villages comportaient généralement des bâtiments ovalaires, de forme allongée, avec extrémités en abside, sans angle vif. Les maisons les plus longues atteignent 22 m de développement comme sur le site de Cambous à Viols-en-Laval dans l'Hérault, mais ces dimensions sont exceptionnelles. De fait l'on a aussi bâti des cabanes de plan circulaire ou rectangulaire. Les surfaces habitables peuvent de ce fait varier de 5 à 50 m^2, quelquefois plus.

La pierre sèche a présidé à la construction des murs. Ceux-ci, dont il subsiste souvent l'assise ou la partie inférieure, ont une largeur appropriée à la surface à abriter. Ils peuvent varier de 0,60 m jusqu'à 2 m. Des calages de poteaux ont servi à l'édification de pièces de soutènement de la charpente. Quant à la couverture de ces belles cabanes, elle devait être en branchages, peut-être localement complétée par des « lauzes », plaques de calcaire plus ou moins vastes pouvant masquer les secteurs du toit les plus exposés. La question d'une couverture totalement en pierre sèche peut être soutenue pour les cabanes circulaires de petit volume, ancêtres de nos capitelles. C'est ce qui semble ressortir de l'étude du site de Boussargues à Argelliers (Hérault), une sorte d'enclos polygonal dont le mur est flanqué de six « tours » (fig. 19).

Ces constructions énigmatiques en enclos étaient aussi l'apanage des gens de Fontbouisse. A Tréviers (Hérault) on a découvert un vaste enclos trapézoïdal, le Lébous, lui aussi agrémenté de place en place de petites cabanes circulaires. Quelle était la destination de ces bâtiments? Avaient-ils une fonction défensive ou s'agit-il déjà de « corrals », enclos à moutons ou à chèvres, utilisés lors de déplacements ou lors d'activités liées à l'élevage des ovicapridés? Si cette deuxième hypothèse se confirmait, elle signifierait que certaines techniques propres à l'élevage du mouton connues tout au long des temps historiques étaient solidement ancrées dans cette région quelque 2 000 ans avant le Christ. Pourtant ces enceintes semblent avoir eu aussi un rôle de protection évident : plusieurs maisons s'abritent manifestement derrière celle de Boussargues.

La densité des villages montpelliérains (de 20 à 25 villages pour 100 km^2) suggère dès lors une forte humanisation du paysage. Mais l'étude détaillée de l'implantation des villages montre que cette dernière n'avait rien d'anarchique et correspondait à une logique fondée sur une savante organisation de l'espace. Qu'elles aient été édifiées sur des hauteurs, sur des versants ou en plaine, ces agglomérations sont toujours en étroite relation avec un espace à plusieurs terroirs, chaque terroir (sommets, plateaux, bassins, plaines) supportant des activités « spatialisées » bien définies. Le choix de l'exposition du village peut refléter certaines préoccupations comme l'abri aux vents dominants, l'ensoleillement, la proximité d'une source. Pourtant il semble que ce sont des considérations d'ordre agricole qui l'ont le plus souvent emporté. Il fallait une zone cultivable à peu de distance de l'agglomération : ce furent le plus souvent de petits bassins argilo-marneux englobés dans les collines des garrigues, ce furent des plaines plus ou moins développées, ce furent encore des plateaux dont certaines étendues étaient fertiles. Ces paysages étaient aussi naturellement favorables à l'élevage des ovicapridés. Le village des gens de Fontbouisse contrôlait de ce fait plusieurs terroirs complémentaires juxtaposés. C'était donc déjà une unité de territoire et, semble-t-il, de production avec ses champs, ses parcours à moutons et, par endroits, son espace moins humanisé (forêt) dévolu aux activités traditionnelles d'appoint comme la chasse. En un mot, les « Fontbuxiens » semblent avoir parfaitement réussi leur intégration à un milieu particulier. Ici la révolution néolithique est bel et bien consommée.

Ouroux et la civilisation Saône-Rhône

Quittons à présent le Midi et remontons l'axe du Rhône.

Dans le secteur allant de la vallée de la Saône jusqu'aux lacs de la Suisse occidentale et de la porte de Bourgogne jusqu'à l'Isère, un ensemble de gisements de la deuxième moitié du IIIe millénaire (2500 à 1800 av. J.-C. environ) présentent un certain nombre de points communs. Ainsi les habitats ont-ils été très souvent construits au bord de l'eau, près de lacs ou de rivières.

L'outillage de pierre montre qu'on a privilégié la confection de grattoirs, racloirs, de têtes de flèches de formes variées mais où les exemplaires à encoches sont plus originaux. Les poignards en silex sont souvent remarquables surtout en ce qui concerne les exemplaires losangiques, foliacés ou avec long pédoncule;

certains montrent une technique de taille en sillons parallèles. Les ustensiles en os et en bois de cerf (lissoirs, pioches, marteaux, haches-marteaux, gaines de haches) sont abondants. On a aussi utilisé le bois pour fabriquer des récipients et des instruments. La poterie est par contre assez rudimentaire dans sa fabrication : on a parfois incorporé à la pâte beaucoup de dégraissant ; la cuisson n'en est pas toujours bonne ; les formes sont souvent cylindriques ou en tonneau avec des fonds convexes ou aplanis.

Un bon gisement de référence pour cet ensemble que les archéologues appellent « civilisation Saône-Rhône » est constitué par le site d'Ouroux, à une douzaine de kilomètres au sud-est de Chalon-sur-Saône, en aval du Pont-d'Ouroux. Il y a 4 000 ans un village préhistorique s'élevait sur la rive gauche de la rivière sur une longueur de 1 200 m, tandis que sa limite orientale n'a pu être repérée. C'est le cours d'eau lui-même qui a permis la découverte du gisement. En effet en grignotant peu à peu ses berges, il entraîne régulièrement la chute de paquets de terre contenant des vestiges anciens que l'on peut retrouver ensuite sur les plages ou dans la rivière. Aussi depuis un siècle les prospections ont-elles toujours été fructueuses sur ses rives.

Par contre entre 1960 et 1970 des recherches méthodiques ont apporté d'intéressantes précisions sur l'habitat lui-même. On a retrouvé ainsi les traces d'une construction en bois dont subsistait une partie des fondations : une tranchée dégagée sur 6 m de long, profonde de 90 cm, large de 50 cm, tournant à angle droit et se développant sur 3 m, large ici de 90 cm et profonde de 1,20 m ; quatre trous de poteaux se trouvaient à proximité. Ce fossé et ces trous étaient destinés à recevoir à la verticale des éléments de bois aujourd'hui disparus. Que représentent ces restes ? Sans doute des traces d'abri ou d'une maison rectangulaire. A peu de distance une fosse ovalaire de 12 m × 8 m environ avait été creusée jusqu'à 1,70 m de profondeur sans doute pour en extraire l'argile et le limon.

Des fosses à détritus ont aussi été étudiées. Les hommes d'Ouroux étaient surtout des éleveurs, la chasse ne jouant ici qu'un rôle accessoire. Les bœufs tenaient, semble-t-il, la part essentielle dans l'économie ; on devait les élever pour la viande, peut-être pour le lait et le fromage aussi. On a surtout abattu des bêtes jeunes. La découverte de nombreux métapodes de bovidés, brisés au milieu de la diaphyse de l'os, indiquent des cassures franches et systématiques. On en déduit que pour abattre les bœufs on les immobilisait en leur cassant les pattes : on les terminait ensuite au poignard ou en les assommant. Cet élevage devait s'accompagner d'une agriculture céréalière comme en témoigne la découverte de meules de grès. La pêche dans la Saône a pu jouer un certain rôle. Le commerce est démontré par l'utilisation du silex jaune du Grand-Pressigny en Indre-et-Loire, parvenu jusqu'ici. Les hommes d'Ouroux allaient aussi, à l'occasion, rechercher en Chalonnais et Mâconnais, à 20 km à l'ouest de leur habitat, le silex ou les roches dont ils avaient besoin pour confectionner leurs outils de tous les jours.

Les populations du Bassin parisien : la civilisation de Seine-Oise-Marne

Dans la plus grande partie du Bassin parisien et parfois au-delà comme en Armorique, dans le bassin de la Meuse ou une partie de la Belgique, ont vécu à la fin du néolithique et au chalcolithique, soit entre 2500 et 1800 av. J.-C., des populations bien particulières. On les regroupe depuis un demi-siècle sous l'expression de « civilisation de Seine-Oise-Marne » (ou S.O.M.) du nom des aires géographiques parmi les plus denses en découvertes se rapportant à cette civilisation. On connaît certes, par prospection, beaucoup de sites d'habitat appartenant à cet horizon. Pourtant des fouilles convenablement conduites sont rares : quelques fonds de cabanes ont été récemment explorés dans l'Oise à Houdancourt, ou à Grand-Éparville, à Montivilliers en Seine-Maritime.

Le seul pointage des sites connus montre une colonisation plus poussée des diverses variétés de sol, comparativement à ce qu'avaient tenté les civilisations antérieures. Il a existé, semble-t-il, une certaine prédilection pour les habitats de vallée, alors que le IVe millénaire avait fait au contraire une plus large part aux sites de hauteurs. L'élevage (bœuf, porc, mouton) jouait un rôle important de même que l'agriculture. Dans bien des secteurs favorables, la chasse et la pêche n'étaient pas dédaignées. Pourraient en porter témoignage la part dévolue de l'outillage en bois de cerf (lissoirs, haches-marteaux, manches, pics, pioches, houes, pendentifs) et le nombre élevé des armatures de flèches découvertes dans les tombes (fig. 20, n°s 10 à 12). On peut aussi penser que ces derniers éléments étaient quelquefois liés au caractère belliqueux de ces populations ou à la nécessité de se défendre entre voisins turbulents. En ce qui concerne la pêche on a découvert des hameçons et des vertèbres de poisson dans des sépultures de la région marnaise, à proximité des marais de Saint-Gond.

L'outillage de pierre comporte de nombreuses haches taillées en silex, des haches polies tirées du silex ou de roches vertes, des pics, des retouchoirs, des grattoirs, des couteaux. Il faut dire que pour ce qui est du silex, la matière première ne manquait pas dans la région parisienne. Mais on a parfois importé ce matériau : ainsi a-t-on quelquefois utilisé sur plusieurs sites le silex jaune du Grand-Pressigny en Indre-et-Loire pour confectionner de beaux poignards (fig. 20, nº 9). Les armatures de flèches pouvaient être tranchantes ou perçantes et, dans ce dernier cas, foliacées ou avec pédoncule (fig. 20, nºs 4 à 8). La poterie modelée par ces peuplades est étonnamment banale : la pâte en est grossière, les formes se limitent à des pots à fond plat, sans aucune ornementation (fig. 20, nºs 18, 19). Les nombreuses sépultures fouillées montrent par contre l'assez grande variété des parures utilisées : petites haches polies percées et suspendues comme pendentifs, pendeloques de schiste en croissant, plaques de nacre et d'os portant deux perforations, perles en coquillage, os, marbre, jayet, stéatite, schiste, ambre (fig. 20, nºs 13 à 17, 20). Il a aussi été découvert des perles en cuivre de forme ovale : c'étaient de simples feuilles de métal roulées sur elles-mêmes (hypogée de Courjeonnet, Marne) (fig. 20, nºs 21, 22).

L'essentiel de nos connaissances sur ces lointains paysans des terres parisiennes provient donc essentiellement des recherches conduites dans les sépultures de cette époque. Ces populations ont utilisé des tombes de modèles très variés : inhumations dans des fosses communes, dans des abris aménagés, coffres, dolmens mais surtout grottes artificielles et allées couvertes (fig. 20, nºs 1 à 3). Nous évoquerons plus loin la question des hypogées. Par contre nous rappellerons que les « allées couvertes » du Bassin parisien sont des monuments mégalithiques rectangulaires construits dans une tranchée; ils sont souvent allongés, de 4 m jusqu'à 15 et même 18 m comme par exemple l'allée des Vaux-Louvets à Vaudancourt dans l'Oise. Leurs parois sont en dalles robustes ou en pierres sèches (Ill. nºs 11 à 13). Les couvertures sont en dalles épaisses; elles ont quelquefois disparu au cours des temps historiques. Il n'est pas exclu que certains monuments aient été couverts en bois. La chambre est parfois précédée par un petit vestibule matérialisé par quelques pierres dressées parallèles disposées avant l'entrée proprement dite. L'entrée est soulignée par une séparation transversale : ce peut être parfois une dalle munie d'un « hublot » circulaire, ovale ou carré, permettant l'accès à la tombe comme sur les monuments du Blanc-Val à Presles, de Conflans-Sainte-Honorine, du Mississippi à Marly-le-Roi, de La Bellée à Boury, etc. Quelques piliers peuvent porter des représensations sculptées en liaison avec la croyance en des divinités funéraires. Dans l'allée couverte de La Bellée à Boury, un pilier de la paroi de droite représente une déesse matérialisée par deux colliers et deux seins bien galbés; dans l'antichambre on voit encore deux autres seins gravés sur un pilier, à gauche. Au Trou des Anglais, à Épone, une dalle présentait un visage d'où ressortent nez et sourcils; au-dessous on voit un collier surmontant deux seins rapprochés. On trouve aussi deux déesses reconnaissables à leurs colliers et à leur poitrine dans l'antichambre du monument dit « La Pierre-Turquaise », à Saint-Martin-du-Tertre (Val-d'Oise).

La sépulture mégalithique de La Chaussée-Tirancourt

L'un des meilleurs exemples de fouilles modernes appliquées à une sépulture mégalithique du Bassin parisien est, sans conteste, celui de La Chaussée-Tirancourt (Somme). Certes ce monument est en position géographique sensiblement décentrée par rapport au groupe classique des tombes de la civilisation « Seine-Oise-Marne ». Mais par plusieurs de ses caractères architecturaux comme par son mobilier funéraire il entre dans le même horizon culturel.

Le mégalithe est une allée « enterrée ». Pour le construire on a creusé une longue fosse terminée par une petite niche, puis on a disposé à l'intérieur de gros blocs verticaux qui ont ainsi délimité une vaste tombe de 11 m sur 3 m, profonde de 1,70 m (fig. 21, nº 1). On ne sait si la sépulture a été couverte à une époque de son utilisation bien que l'hypothèse d'une couverture en bois puisse être avancée. Une petite antichambre s'originalise par deux piliers dressés. A l'intérieur même de la sépulture, des sortes de murettes en dalles de grès ont pu constituer des séparations transversales. Ainsi en était-il lors des phases les plus anciennes d'utilisation du mégalithe : la chambre était alors divisée en trois parties d'inégale superficie. De même le monument montre qu'on n'a pas inhumé en son sein de manière anarchique : des découpages internes avaient lieu et des secteurs paraissaient réservés à telle classe d'âge plutôt qu'à telle autre : ainsi dans une case n'avait-on enterré que des enfants.

Il va de soi que le comblement progressif d'un tel caveau a pris du temps et, de fait, son histoire montre l'existence de plusieurs phases d'utilisation, d'abandon ou de réaménagement. On n'a pas dénombré moins de 350 sujets dans ce sépulcre. On a pu distinguer deux couches principales d'inhumations séparées par un remplissage dû à l'action de l'homme. Chacune de ces couches peut présenter des subdivisions dans l'espace ou dans le temps. L'une des observations les plus intéressantes concerne le rituel funéraire : un sujet était inhumé dans une case déterminée et l'on se contentait de le recouvrir d'un peu de limon. Mais lorsque l'on décidait de mettre un terme à l'utilisation d'une partie de la sépulture on répandait sur la couche funéraire un lit de chaux vive. Ce geste devait avoir une valeur rituelle : il pouvait symboliser la « fermeture » d'un secteur de la tombe. Sans doute avait-on procédé de la même façon dans certains hypogées de la Marne. Quand les hommes de La Chaussée-Tirancourt décidèrent de manière bien définitive cette fois de ne plus inhumer dans ce monument, plusieurs événements intervinrent : on brisa, à l'aide de feux violents, le sommet des piliers de pierre; on répandit une couche de cendres sur l'ensemble du monument; enfin on disposa un lit de petites dalles de grès sur toute son étendue. Ainsi la tombe fut-elle rituellement scellée à jamais.

Les hypogées de la Marne

Vers la fin du IIIe millénaire et jusque vers – 1800, les populations néolithiques du Bassin parisien n'inhumèrent pas leurs défunts que dans des sépultures mégalithiques. Plutôt que de construire des tombes en grosses dalles, ils préférèrent parfois creuser dans la roche tendre des sépultures plus ou moins spacieuses destinées à recevoir les morts de la communauté. L'est du Bassin parisien fut une terre de choix pour ce genre de tombe. La Marne en constituera le noyau principal : quelque

150 hypogées ont été découverts dans ce département, entre Épernay et les marais de Saint-Gond, pour l'essentiel.

Ces tombes étaient des chambres funéraires souterraines, de plan généralement rectangulaire et dont le plus grand côté ne dépassait pas 5 m. On y accédait par une tranchée en plan incliné dont la longueur variait de 4 à 9 m. Parfois la chambre était précédée d'une petite antichambre *(antecella)*. Il arrivait que la chambre elle-même soit subdivisée intérieurement en deux parties.

Ces tombes étaient parfois groupées en vastes nécropoles. On citera le cimetière de Razet à Coizard qui comportait 37 hypogées ou encore celui des Ronces à Villevenard où 22 caveaux ont été reconnus. D'autres nécropoles dépassent ou avoisinent la dizaine de monuments (les Houyottes à Courjeonnet, les Vignes-Basses toujours à Courjeonnet, Saran à Chouilly). Dans les hypogées de la Marne le nombre des défunts est variable : il peut aller de deux sujets à soixante-dix sujets environ, la plupart des monuments correctement étudiés ayant livré une vingtaine d'individus. On enterrait les gens en position allongée, fléchie et, quelquefois, assise, le dos contre la paroi de la sépulture.

Comme pour les allées couvertes, des divinités funéraires veillaient à l'occasion sur les morts. Elles ont été sculptées en bas-relief dans l'*antecella* de quelques hypogées, signe que quelques cérémonies funèbres devaient se dérouler sous les yeux du dieu ou de la déesse avant que le corps ne soit tiré dans le caveau proprement dit. Dans la grotte n° 24 de la nécropole de Razet, à Coizard, il y avait même deux déesses, l'une dans le couloir, l'autre dans l'antichambre. Leur visage est schématiquement représenté : sur l'une d'elles un T figure nez et sourcils. Ces déesses sont parées de colliers, l'un à deux rangs, l'autre à trois. Les seins de l'une sont bien marqués. Dans la même sépulture on a découvert des gravures de haches emmanchées ainsi qu'un objet en forme de pelle. Dans l'hypogée n° 2 de Courjeonnet (Marne) la divinité représentée était sans doute un dieu puisque son unique attribut consiste en une hache sculptée en relief.

De ces nombreuses tombes, fouillées anciennement, les renseignements qu'il est possible de tirer ne sont pas toujours abondants. Par bonheur une fouille récente peut à elle seule founir des données importantes en quantité comme en qualité. Il s'agit de la fouille de l'un des hypogées des Mournouards.

L'hypogée II des Mournouards

Parmi les nombreux hypogées de la Marne, la tombe nº 2 découverte au lieu-dit « Les Mournouards », au Mesnil-sur-Oger mérite en effet une mention particulière. Cela tient moins à son architecture ou à son mobilier qu'aux observations touchant aux rites funéraires qui y furent réalisées au moment de sa fouille en 1960. L'hypogée lui-même appartient en effet à un type classique bien que certains détails lui confèrent quelque originalité. Creusé de main d'homme dans la craie, il comportait un couloir d'accès puis une antegrotte de petites dimensions (1,75 m × 1,10 m) haute au maximum de moins de 1 m. Par une chatière au ras du sol, on accédait à la chambre funéraire, salle de 5 m de long sur 3 m de large, haute tout au plus de 1,15 m, « coupée », vers son tiers terminal, par deux avancées de la paroi qui la segmentaient ainsi en deux aires bien distinctes. Ce cloisonnement en deux chambres bien que déjà signalé dans cette région (par exemple à Saran) reste rare. Sur plusieurs endroits on a pu repérer les traces des coups de pics qui ont servi à creuser cette cavité funéraire. On a utilisé, pour ce faire, des outils en bois de cerf et des haches de silex.

Le matériel reste classique dans l'ambiance des mobiliers issus des sépultures « Seine-Oise-Marne » : une hache et une herminette polies en silex, cette dernière ayant conservé la gaine en bois de cerf dans laquelle elle était primitivement insérée; d'autres gaines de haches ou d'outils, des poinçons et lissoirs en os. Un outil fort rare était constitué par un os long poli, faisant fonction de manche, dans lequel avait été fixée une incisive de porc aiguisée. C'était là une sorte de burin double puisqu'une deuxième incisive pouvait être fixée à l'autre extrémité. Furent mises au jour 95 flèches à tranchant transversal et 38 couteaux constitués par des lames tranchantes de silex, sans aucune retouche.

Les défunts étaient parés de colliers de perles en calcaire ou en ambre (un unique exemplaire). Des pendeloques biforées en coquillage, des dentales, des dents de porc percées, des pendentifs en os, en bois de cerf ou en schiste complétaient les parures.

On avait inhumé dans ce tombeau une quarantaine d'adultes et une vingtaine d'enfants. En ne tenant pas compte de la mortalité infantile, élevée pour l'époque, l'âge moyen de la mort pour les individus n'atteignait pas 40 ans. Chez les femmes une pointe de décès se situe entre 15 et 25 ans; sans doute les femmes étaient-elles victimes de certains manques de soins au moment des maternités. On a d'ailleurs découvert dans l'hypogée le corps d'une femme enceinte, décédée peu avant l'accouchement. Les hommes décédaient pour beaucoup entre 25 et 45 ans. Au-delà, de 50 à 70 ans, hommes et femmes étaient représentés dans des proportions identiques. Une étude minutieuse de la disposition des documents a montré que les guerriers étaient enterrés avec leur arc et leur carquois, fort de 7 à 12 flèches, fixés à la ceinture ou disposés en bandoulière. Ces carquois devaient être en vannerie, renforcés par des enduits de résine.

Mais comment procédait-on au moment de l'inhumation? Les corps étaient introduits dans la tombe dans une sorte de sac résistant. Les bras étaient le plus souvent repliés sur la poitrine. Mais la tête n'était pas incluse dans le linceul : elle dépassait de ce dernier. On a parfois disposé le corps de manière à ce que la tête repose sur une banquette surélevée. La salle arrière du caveau a peut-être été saturée la première. En général on disposait le défunt dans la partie centrale de la chambre. Quand il fallait faire place nette pour un nouvel arrivant, on refoulait les restes du premier vers les parois. Il suffisait alors de tirer le squelette dans son linceul encore solide. Mais parfois l'enveloppe avait pourri et le déplacement des os avait lieu en vrac. Souvent la tête s'était détachée du corps : aussi les crânes ont-ils quelquefois été entassés dans des secteurs déterminés. Ces manipulations expliquent la dislocation d'un certain nombre de corps retrouvés groupés ou empilés le long des parois. Il faut dire que les cérémonies funèbres devaient se faire rapidement d'autant que nous ignorons s'il existait ou non un procédé d'aération des lieux! « La dalle [de fermeture] ôtée, nous dit A. Leroi-Gourhan, un homme ou deux devaient s'introduire en rampant dans l'hypogée, dégager l'emplacement nécessaire, tirer le corps par le boyau et le mettre en place. Moins d'une minute pouvait s'écouler entre l'entrée et la sortie. » On comprend que dans un tel milieu, les fossoyeurs aient été quelque peu pressés...

Les débuts de la guerre

La poussée démographique du IIIe millénaire, l'importance qu'avait alors pour la survie des communautés la possession des meilleures terres, le désir d'hégémonie qui pouvait s'exercer pour le contrôle de certains marchés commerciaux, des mines à silex ou des gîtes métallifères, expliquent sans doute, entre autres détails qui nous échappent, l'existence de raids guerriers. Car c'est alors que la guerre fait une apparition non déguisée parmi les communautés paysannes de l'Occident. Jusque-là la faible densité de population combinée aux possibilités de l'élevage et de l'agriculture, voire aux activités traditionnelles d'appoint (chasse, cueillette, pêche) avait toujours permis à l'homme de se tirer des périodes les plus difficiles. La montée démographique qui se fit alors jour contraignit sans doute les tribus à entreprendre la mise en culture de nouvelles terres. On était plus nombreux, il fallut produire davantage. Les heurts devinrent, de ce fait, inévitables. Il n'est pas rare d'enterrer dès lors dans le caveau familial quelque membre de la tribu mort au combat.

L'archéologue en retrouve les ossements percés de flèches, signe que les combats à l'arc devaient être fréquents. Ainsi dans l'hypogée de Roaix en Vaucluse, des os percés par des armatures ont été mis au jour. Dans l'hypogée du Capitaine, toujours en Vaucluse, des armatures de flèches tranchantes étaient fichées dans deux vertèbres lombaires. Il n'est d'ailleurs pas dit que toutes ces blessures aient été mortelles. Dans la grotte de la Lave, encore en Vaucluse, les plaies osseuses portent toutes des traces de cicatrisation. Ainsi en est-il d'un sacrum qui présente sur sa face postérieure une flèche brisée au ras de l'os.

Il faut croire que si les tirs de flèches étaient fréquents les antagonistes pouvaient aussi finir au corps à corps. Des couteaux ont été plantés dans le corps de plusieurs sujets. Ainsi dans les hypogées de la vallée du Petit-Morin (Marne) des lames de silex sont demeurées profondément fichées dans la colonne vertébrale de plusieurs individus.

Sans doute ces premières passes d'armes belliqueuses seront-elles lourdes de conséquences. Pour conserver leur bien, voire pour l'augmenter, les communautés savent désormais qu'elles doivent assurer leur propre défense contre quelque voisin trop envieux. Certes le paysan peut se faire guerrier à l'occasion.

Mais la sécurité du groupe sera mieux assurée si elle est confiée à un soldat de métier, à un spécialiste de la guerre. Ainsi ces premières escarmouches meurtrières du IIIe millénaire préfigurent-elles une nouvelle division sociale : bientôt va apparaître une classe de guerriers, de soudards et de condottieri, que la société nourrira pour assurer ses lendemains.

L'homme néolithique et la maladie

De quelles maladies souffraient les hommes du néolithique et de la protohistoire? La documentation anthropologique est la seule qui puisse nous renseigner. De ce fait seules les maladies ayant entraîné quelque modification de la matière osseuse pourront être décelées. Par ailleurs les vestiges dont nous disposons sont rares pour les Ve et IVe millénaires. Par contre ils deviennent abondants pour les périodes couvrant le IIIe et les débuts du IIe millénaire, c'est-à-dire à partir d'un néolithique évolué et jusqu'au bronze moyen.

Des restes de traumatismes ont été souvent relevés. Ainsi le crâne d'un sujet du dolmen des Peyraoutes (Alpes-Maritimes) présentait-il une fracture pariétale : elle paraît s'être consolidée et le sujet semble s'en être tiré. Des fractures mandibulaires ont aussi été notées : elles ont pu engendrer, sur un sujet provenant du même gisement, des troubles dans la façon de s'alimenter. Des fractures de membres sont connues mais, tout compte fait, peu fréquentes. De récentes études ont démontré l'existence de luxations; dans la nécropole de Loisy-en-Brie, par exemple, datée du néolithique final on a pu reconnaître trois luxations antéro-internes de l'épaule.

Les maladies infectieuses sont beaucoup plus difficiles à déceler dans la mesure où elles ne laissent aucune trace sur le squelette. Quelques cas ont toutefois été enregistrés (ostéites). Un exemple de tuberculose osseuse a été signalé sur un sujet des grottes de la vallée du Petit-Morin. Par contre plusieurs cas de lésions syphilitiques parfois signalés ne semblent pas confirmés par les travaux récents.

Les maladies dégénératives paraissent avoir été nombreuses. Elles atteignent surtout le rachis bien entendu. Les cas de vertèbres déformées sont fréquents tandis qu'en dehors de la colonne vertébrale, les restes d'arthroses paraissent rares.

On n'a jamais signalé de néoplasie maligne indiscutable parmi les vestiges préhistoriques reconnus. Mais on se heurte ici à la difficulté de déceler à partir de l'os l'existence de tumeurs dans les parties molles. Toutefois pour mieux savoir la place que certains cancers pouvaient tenir dans les maladies préhistoriques, il serait bon d'entreprendre des études radiologiques ou histologiques plus poussées, la recherche n'ayant guère été amorcée de ce côté. On connaît quelques cas de tumeurs bénignes sur le site déjà évoqué de Loisy-en-Brie.

Certaines maladies du sang comme la thalassémie, se traduisent par des affections osseuses. Un pariétal d'enfant d'un dolmen des Causses présentait une hypertrophie poreuse et un criblage vasculaire évocateur.

Un cas possible de maladie de Kahler – maladie dont mourut le président G. Pompidou – a été mis en évidence par M.-A. de Lumley sur un homme néolithique ancien (Ve millénaire) découvert dans l'abri du Castellar dans les Alpes-Maritimes. Sa matière osseuse montre localement des zones anormales d'amincissement, voire de nettes lacunes régulières (crâne, omoplate). Assez curieusement ces lacunes paraissent cicatrisées alors que la maladie de Kahler évolue dans le sens d'une colonisation progressive du squelette sans cicatrisation possible des parties disparues...

Il resterait à parler des maladies dentaires. On connaît bien sûr des anomalies de nombre, de position, de structure mais sans doute beaucoup moins que de nos jours. Les paradontoses avaient aussi une fréquence moindre. Le fait principal à noter est, à partir du néolithique, la montée statistique des caries par rapport aux taux peu élevés dans les époques précédentes; elles restent toutefois en dessous de nos proportions actuelles.

Qu'en était-il de la médecine au temps de la préhistoire récente? Bien que la prudence doive être de règle en ce domaine, quelques indices montrent que l'homme du néolithique et de la protohistoire n'a pas hésité à tenter diverses expériences pour réduire la souffrance.

La réduction des fractures devait sans doute s'opérer par « immobilisation en rectitude » selon J. Dastugue. Pour lutter contre les affections ostéoarticulaires et éviter toute ankylose, de véritables procédés d'autokinésithérapie ont été mis en œuvre comme en témoigne l'aspect de certains os.

Mais le point le plus important, le plus spectaculaire aussi, concerne la chirurgie crânienne préhistorique. Car on trépanait et parfois même on trépanait beaucoup (dans la région des Causses par exemple) à l'époque néolithique. On pensa longtemps que ces interventions n'avaient qu'un but rituel. En fait l'examen des crânes montre souvent une nette cicatrisation de l'orifice : l'opération avait réussi et le malade survivait. Dans quelques cas l'opération s'étant soldée par un échec, le patient décédait. Le chirurgien pouvait alors ouvrir sans ménagement un deuxième orifice *(post-mortem)* pour pratiquer un examen interne et tenter de comprendre ce qui s'était passé. De tels crânes, où à une opération manquée succède une nouvelle perforation, réalisée dans un besoin d'explication, ont été rencontrés parmi les défunts des hypogées de la vallée du Petit-Morin. J. Dastugue y voit un souci d'observation dont les buts ne peuvent être qu'expérimentaux. Nous sommes sans doute ici aux sources même de la chirurgie scientifique.

De nouvelles langues?

Le IIIe et les débuts du IIe millénaire ne furent-ils pas l'époque où de nouvelles langues apparurent sur notre sol? On doit, avec toute la prudence qui s'impose, évoquer ce problème.

Les vieux dialectes de l'Europe primitive qui puisent leurs origines dans les temps des chasseurs immémoriaux du paléolithique nous sont à peu près inconnus. De ces langues archaïques (pré-indo-européennes) certains éléments durent se maintenir dans le grec ou le latin, par exemple. Mais il est vraisemblable que, pour l'essentiel, ces idiomes furent supplantés vers les IIIe ou IIe millénaires par les parlers appartenant à la famille des langues dites « indo-européennes ». Rappelons à ce sujet que la plupart des langues actuelles de l'Europe ainsi que celles du Moyen-Orient et de l'Inde septentrionale sont indo-européennes. On entend par ce qualificatif qu'elles présentent dans leur expression et dans leur construction de telles ressemblances qu'elles paraissent à l'origine être dérivées d'un même tronc commun. Bien entendu le morcellement en dialectes selon les aires géographiques fut précoce même à l'intérieur de cette entité. Il devint d'autant plus accusé que la zone couverte par ces langues gagna en étendue.

Les linguistes mais aussi de nombreux archéologues estiment que le foyer d'origine des peuplades indo-européennes se situe, dans le courant du IIIe millénaire, dans la plaine méridionale de la Russie, entre le Danube et l'Oural. Par ailleurs l'extension de ces langues suppose que leurs vecteurs ne purent être que des cultures ayant fait preuve d'une force d'expansion peu commune. Or, les cultures néolithiques de l'Europe n'ont connu pour la plupart qu'un développement restreint. C'est pourquoi la civilisation chalcolithique dite des Kourganes, implantée au nord de la mer Noire et de la mer Caspienne, a pu jouer ce rôle de vecteur de ces nouvelles langues.

Il faut dire que ce peuple marque une rupture culturelle et sociale manifeste avec les civilisations précédentes. Les gens des Kourganes étaient essentiellement des pasteurs et, en ce sens, ils s'opposaient aux civilisations néolithiques de l'Europe du Sud-Est et du Centre, dont l'économie reposait avant tout sur l'agriculture. Leur connaissance de la métallurgie, le fait qu'ils aient eu à leur disposition le cheval domestique et le chariot, leur société hiérarchisée ont facilité sans nul doute leur suprématie. De plus la culture des Kourganes n'est pas un élément isolé ; elle possède des liens évidents avec une famille culturelle bien plus vaste et dont on retrouve des traces à peu près dans toute l'Europe : les civilisations des peuples aux « haches de combat » et aux poteries cordées dont nous avons déjà parlé à propos de l'introduction de la métallurgie en Occident.

Ces populations issues de la zone des steppes eurasiatiques finirent par occuper la plus grande partie de l'Europe. En Occident elles entrèrent à plusieurs reprises en contact avec un autre phénomène culturel à vaste répartition : les groupes à poterie campaniforme dont il a aussi déjà été question. Ces derniers se répartissent de la péninsule Ibérique et du Maroc jusqu'à la Scandinavie, de l'Angleterre jusqu'à la Tchécoslovaquie et la Pologne. Ces deux complexes signent manifestement, outre d'importantes migrations, une remise en question des structures sociales néolithiques.

C'est l'époque où les brassages humains s'accentuent, où la métallurgie se divulgue, où l'Europe est, pour la première fois, le siège d'importants bouleversements politiques et économiques. Si les « Cordés » ont peu affecté le territoire de la France (leurs traces ont été repérées, nous l'avons vu, sur quelques sites de l'Est de notre pays) il n'en va pas de même des Campaniformes : ces derniers ont pénétré plus ou moins dans tout l'hexagone mais avec des zones de prédilection marquées. Ont-ils contribué à implanter les nouvelles langues indo-européennes? C'est une théorie qui comporte une large part de vraisemblance. En effet pour retrouver dans l'histoire de l'Occident semblable mouvement d'expansion, il faudra attendre la fin de l'âge du bronze et l'avènement de la civilisation des « champs d'urnes », vers les XIe-Xe siècles av. J.-C., ou alors les invasions celtiques des Ve-IVe siècles. Mais nous savons que certains dialectes étaient déjà indo-européanisés à l'âge du bronze (le linéaire B de Mycènes par exemple est vers – 1500 déjà apparenté à ces nouvelles langues). Il n'est donc pas inconcevable d'admettre que les peuplades exceptionnellement dynamiques de l'âge du cuivre ont sans doute joué un rôle essentiel dans l'implantation de ce qui deviendra plus tard nos langues historiques.

FIG. 17. – TYPES D'OBJETS MÉTALLIQUES DE LA CULTURE DE FONTBOUISSE.

1, 2, 5, 23. Station de Fontbouisse, Villevieille (Gard). – 3, 8, 9, 10, 11, 13, 32. Grotte de la Rouquette, Saint-Hilaire-de-Brethmas (Gard). – 4. Grotte de Peyroche II, Auriolles (Ardèche). – 6, 21, 24. Grande grotte de Maccassargues, Montmirat (Gard). – 7. Village de Conquette, Saint-Martin-de-Londres (Hérault). – 12. Station des Crouzels, Fons-outre-Gardon (Gard). – 14, 15. Grotte d'En Quissé, Sainte-Anastasie (Gard). – 16. Station du Gravas, Saint-Mathieu-de-Tréviers (Hérault). – 17, 20. Grotte du Prével, Montclus (Gard). – 18. Grotte du Serre de Vignaud, Saint-Geniès-de-Malgoirès (Gard). – 19. Grotte Miguro, Corconne (Gard).

(D'après X. Gutherz, J.-L. Roudil, E. Sangmeister, C. Hugues, J. Arnal.)

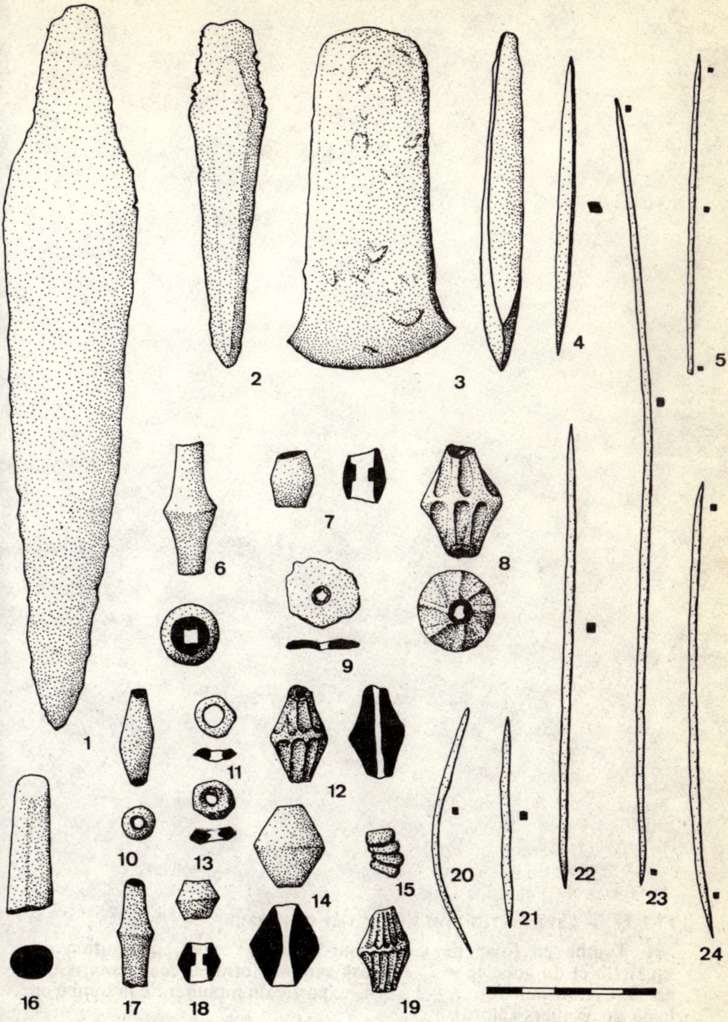
1
2
3
4
5
6
7
8
9
10
11
12
13
14
15
16
17
18
19
20
21
22
23
24

FIG. 18. – CIVILISATION DU VASE CAMPANIFORME.

1. Tombe en fosse de Champ-sur-Yonne (Yonne), disposition du squelette et du gobelet. – 2. Le vase campaniforme à décor international de Champ-sur-Yonne. – 3 à 6. Une partie du mobilier de la tombe en fosse de Wallers (Nord).
3. Poignard en cuivre. – 4. Pointe de flèche. – 5. Brassard d'archer. – 6. Gobelet.

(D'après F. Poplin, R. Felix, G. Hantute.)

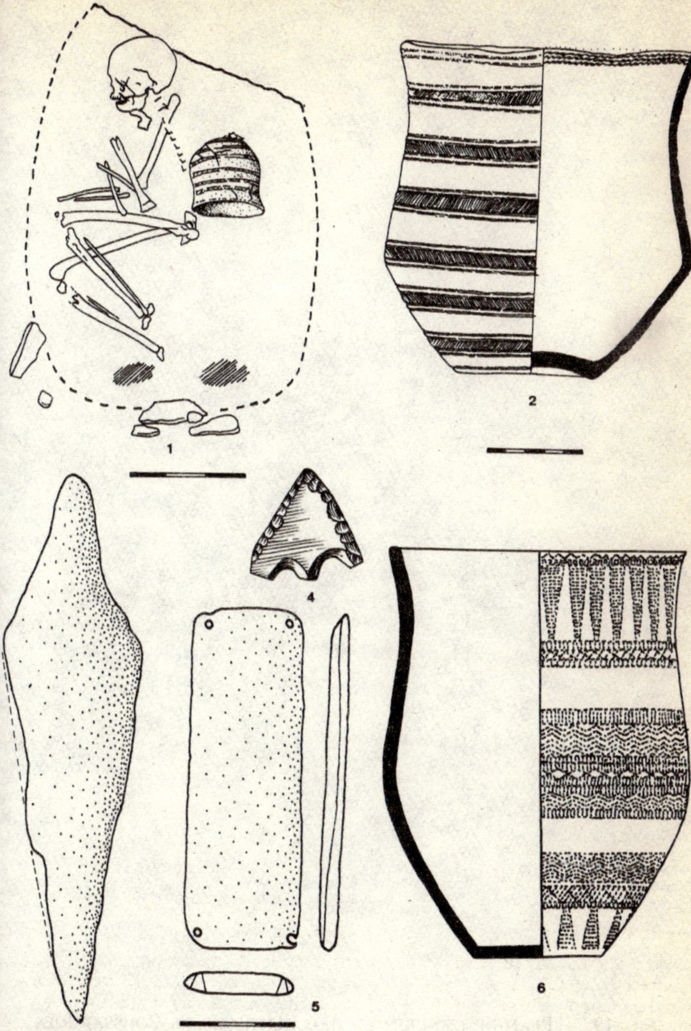
1
2
3
4
5
6

FIG. 19. – PLAN DE L'ENCEINTE CHALCOLITHIQUE DE BOUSSARGUES (ARGELIERS, HÉRAULT).

Assises de murs et de tours en pierre sèche.

(D'après A. Colomer, J. Coularou, X. Gutherz.)

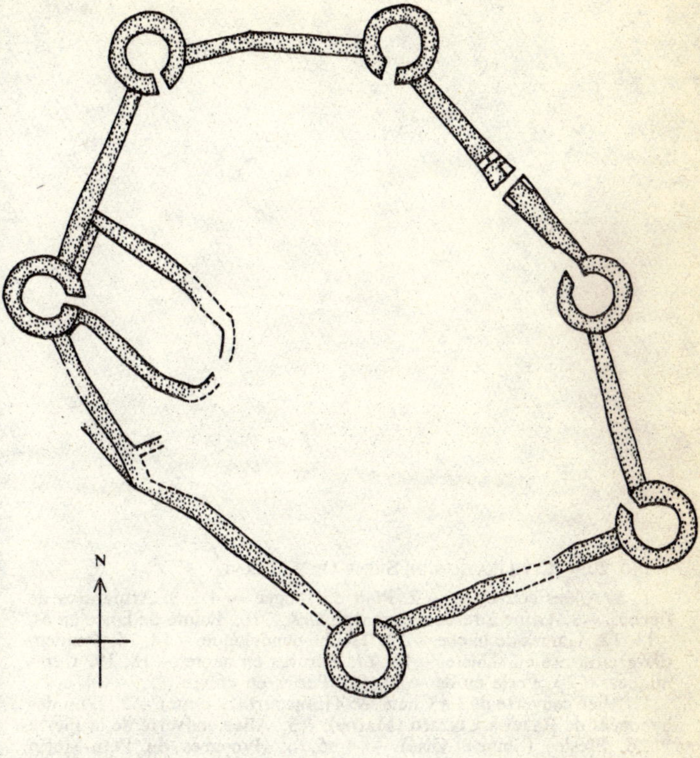
N

FIG. 20. – CIVILISATION DE SEINE-OISE-MARNE.

1, 3. Allées couvertes. – 2. Plan d'hypogée. – 4 à 8. Armatures de flèches. – 9. Lame à retouches marginales. – 10. Pointe de lance en os. – 11, 12. Gaines de hache. – 13. Hache-pendeloque. – 14, 15. Pendentifs arciformes en schiste. – 16, 17. Parures en nacre. – 18, 19. Céramiques. – 20. Perle en os. – 21, 22. Perles en cuivre.

1. Allée couverte de La Chaussée-Tirancourt (Somme). – 2. L'un des hypogées de Razet à Coizard (Marne). – 3. Allée couverte de la Pierre Plate, Presles (Seine-et-Oise). – 4, 5, 6. Hypogées du Petit-Morin (Marne). – 7. Hypogée de Congy (Marne). – 8. Hypogée de Montigny-Esbly, Lesches (Seine-et-Marne). – 9, 15. Hypogée des Ronces, Villevenard (Marne). – 10. Isle-les-Meldeuses (Seine-et-Marne). – 11, 12. Sépulture du Château de Méry (Seine-et-Oise). – 13, 19. Allée couverte de l'Abbaye du Val, Mériel (Seine-et-Oise). – 14. Allée couverte d'Argenteuil I (Seine-et-Oise). – 16. Sépulture de Barbonne-Fayel (Marne). – 17. Hypogée des Cornembaux, Congy (Marne). – 18. Allée couverte de Vauréal (Val-d'Oise). – 20, 21, 22. Hypogée de Courjeonnet (Marne).

(D'après C. Masset et G. Bailloud.)

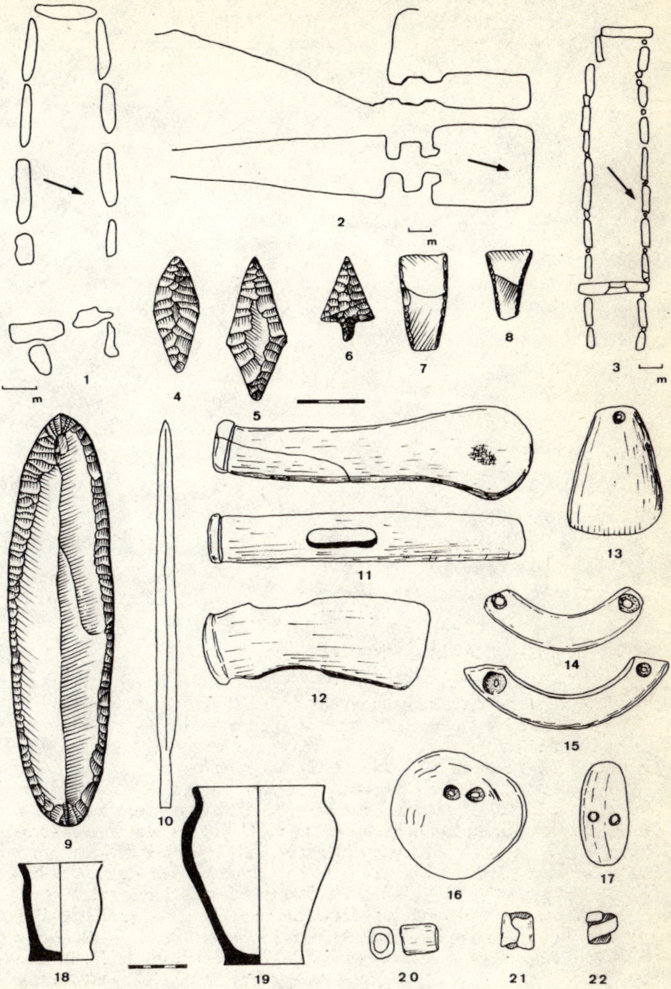
1
2
3
4
5
6
7
8
9
10
11
12
13
14
15
16
17
18
19
20
21
22
m
m
m

V

La vie quotidienne au IIe millénaire

La découverte du travail des métaux ne demeura pas une invention figée. Des recherches furent menées un peu partout pour tirer parti au maximum des possibilités de cette nouvelle technique. Ainsi, dès le début, on s'était rendu compte qu'un certain nombre d'impuretés contenues dans des minerais de têtes de filons permettaient d'augmenter la résistance du métal. C'est sans doute l'ajout de minerai d'étain (ou cassitérite) au cuivre en fusion qui permit la découverte d'un alliage, le bronze. Celui-ci s'avéra être plus solide que le cuivre et son succès fut rapide.

A partir de – 3500 environ le bronze va peu à peu détrôner le cuivre au Moyen-Orient. Au IIe millénaire, en Europe occidentale, le bronze est devenu le métal essentiel. On perfectionne dès lors les techniques de fonderie et le bronze sera de plus en plus utilisé, au point que vers la fin du IIe millénaire, la production d'objets de toutes sortes donne lieu à une industrie et à un commerce sans précédents. Cette situation se prolongera encore pendant quelques siècles au Ier millénaire av. J.-C. Puis, à partir du VIIe siècle, la métallurgie du fer suscitera le déclin du bel alliage.

Voici donc nos forgerons maîtrisant un nouveau métal, solide, efficace, qualitativement supérieur au cuivre. Encore faut-il pour le fabriquer disposer de minerai d'étain. Or les gisements d'étain sont rares. Les minerais stannifères se rencontrent en filons mais on peut aussi procéder à une exploitation alluvionnaire dans certains sables fluviatiles. De nouveaux courants commerciaux vont donc devoir se créer qui amèneront l'étain depuis les terres bien pourvues (par exemple le Nord-Ouest de l'Europe) vers les contrées qui en sont privées. On mesure dès lors les mutations économiques qui s'amorcent : nouvelles routes, moyens de transports sans cesse perfectionnés, personnes tirant profit d'une situation en plein renouvellement. La domination des terres riches en minerai, l'augmentation progressive d'une production qui va peu à peu éliminer l'outillage de pierre, l'exportation des produits finis, la conquête de nouveaux marchés commerciaux durent créer des hégémonies plus ou moins durables. Les grands centres de production ou les civilisations suffisamment riches pour importer en force armes, ustensiles ou bijoux, vont apparaître dès lors comme les aires les plus prospères de l'ancien monde.

Mais c'est peut-être sur le plan social que les conséquences de l'invention de la métallurgie méritent le plus d'être soulignées. Il va de soi que la confection quelque peu conséquente d'armes ou d'instruments de cuivre puis de bronze, par le jeu des connaissances qu'elle met en cause, ne peut plus être menée à bien dans le cadre strictement familial. Désormais cette fonction est dévolue à des spécialistes « à plein temps » : prospecteurs, mineurs, forgerons, marchands ambulants, etc. Une classe sociale naît donc, étroitement associée à la recherche du minerai, à la production d'instruments métalliques, tandis que tout naturellement de nouveaux circuits s'organisent pour l'écoulement des objets manufacturés. Cet artisanat, distinct des classes orientées vers les moyens de production alimentaires traditionnels, élevage et agriculture, est le témoignage d'un plus grand cloisonnement social. Avec les communautés de la protohistoire, plus hiérarchisées, les forgerons fournissent des armes à une autre classe sociale, les guerriers du pouvoir politique. La diversification de la société s'accélère.

C'est aux multiples aspects de cet âge du bronze débutant (bronze ancien : entre 1800 et 1500 av. J.-C. environ) puis affirmé (bronze moyen : entre 1500 et 1200 av. J.-C. environ) que nous allons à présent nous attacher.

Culte du héros et religion de la force

Au culte de la fécondité et de la terre nourricière, cher aux civilisations néolithiques, l'âge du bronze va juxtaposer de nouveaux concepts religieux. Les transformations qui s'opèrent au sein de la société sont désormais sous-tendues par des croyances faisant la part belle à l'esprit individualiste. Déjà les sociétés de la fin du néolithique chez lesquelles la vie communautaire semble tenir une grande place semblent avoir été perturbées par l'émergence de peuples nouveaux. En Europe centrale ou occidentale les groupes à poteries cordées et campaniformes avaient implanté, nous l'avons vu, le rite de la sépulture individuelle. Le phénomène s'accentue au bronze ancien. Les tumulus d'Armorique ou les tombes rhodaniennes n'abritent plus souvent qu'un seul sujet. Dans les premiers nommés la richesse du mobilier, l'investissement en énergie humaine et en matériaux nécessaires à la construction des tombes accréditent la thèse d'une société hiérarchisée dans laquelle le chef est l'objet d'un respect particulier. Ce chef est d'abord un guerrier. Progressivement, la baisse statistique d'armatures de flèches le démontre, l'arc perd de son prestige. Au contraire des armes moins anonymes, liées à un guerrier valeureux, apparaissent tels que le poignard ou l'épée. Des objets « cérémoniels » comme les hallebardes peuvent être expliqués de la même façon : elles seraient les attributs réservés à des personnes de haut rang. On retrouvera plus tard ce même concept dans les tombes destinées aux grands aristocrates hallstattiens, promenés sur des chars mortuaires de luxe et inhumés dans des sépultures au mobilier éblouissant.

Sans doute faut-il attribuer l'introduction, au cours de l'âge du bronze, de mythes nouveaux à l'expansion des peuples indo-européens. Il est permis de se demander si l'hypothèse d'une certaine unité de langues de ce complexe ne se doublait pas d'une unité des concepts, des rituels, voire des institutions. Alors apparaît effectivement en plusieurs points de l'Europe le culte du héros. La force physique et louée. Une aristocratie guerrière domine assez souvent les sociétés.

Mais le héros n'était pas forcément le chef victorieux. Il pouvait être aussi cet étrange personnage qui maniait le feu à sa guise, qui rendait les roches liquides avant de les transformer en glaives, haches, pointes de lances ou bijoux précieux. Sans doute inspirait-il à la fois crainte et respect. En ce sens le culte du feu, puissance divine, était-il étroitement associé à celui de ce héros qui en était l'artisan terrestre.

Le soleil enfin, force créatrice par excellence, sera également l'objet d'une vénération particulière. Des temples sont élevés en son honneur (comme vraisemblablement le fameux Stonehenge en Angleterre). On essaiera bientôt de s'approprier sa puissance à travers des pendeloques évocatrices. Des animaux bouillants d'énergie eux aussi, le taureau, le cheval, seront également affectionnés. Nous voici donc face à une société où le culte de la force et l'esprit de domination mènent le jeu.

Mythes et travaux sous l'ancien âge du bronze : le mont Bégo

Au mont Bégo, près de Saint-Dalmas-de-Tende dans les Alpes-Maritimes, entre 2 100 et 2 700 m d'altitude, les populations des débuts des âges des métaux ont gravé sur des schistes gris-vert, parfois patinés en rose, ou sur des grès durs, des scènes ou des symboles qui fournissent une documentation inégalée sur certains aspects de la vie à ces époques. On estime à 100 000 le nombre approximatif de ces représentations : c'est dire l'étonnante bibliothèque d'archives rupestres qui se trouve conservée là, en dépit des méfaits du temps et surtout des hommes (piétinements incessants, détérioration des motifs par des touristes sans vergogne, moulages intempestifs, sans parler des tentatives de découpage des gravures). La technique de gravure utilisée par les préhistoriques est le martelage de la roche à l'aide d'un instrument à pointe mousse en pierre ou en métal.

Des gravures finement incisées, d'époque romaine, médiévale ou moderne, sont également connues sur le site. Elles témoignent de la pérennité du passage des bergers et de leurs préoccupations spirituelles ou matérielles. Un temps considéré comme plus ancien, ce style linéaire (ou « pré-Merveilles ») s'est en fait révélé être plus récent et d'âge historique. Ces représentations s'apparentent d'ailleurs étroitement à celles gravées sur d'autres rochers du Midi de la France, de l'Hérault ou des Pyrénées-Orientales par exemple.

Les gravures préhistoriques, seules concernées ici, peuvent être ramenées à un certain nombre de représentations.

Les bovidés, toujours schématisés, constituent les figurations les plus nombreuses (60 % environ). Leur corps est représenté sous une forme géométrique (cercle, ovale, carré, rectangle, trapèze ou triangle) assortie de cornes et, accessoirement, d'autres appendices : pattes, queue, oreilles (fig. 20, n°s 5 à 9). On rencontre quelquefois des bovidés attelés par deux ou par quatre, liés par un joug. Ils peuvent alors tirer un araire représenté par un long manche de bois – figurant le timon – lui-même prolongé par un mancheron d'un côté, par un soc de l'autre. Un laboureur conduisant cet attelage peut éventuellement être figuré (fig. 21, nos 1 à 4). Quelquefois un réticulé, figuré à l'arrière des bovidés, est interprété comme une herse. Ces scènes sont intéressantes car elles démontrent que l'utilisation de l'araire était désormais largement pratiquée chez les populations agricoles de la Méditerranée occidentale aux débuts du IIe millénaire. La stylisation des bovidés, chez lesquels les cornes constituent l'élément essentiel, met en avant l'idée d'un culte du Taureau et des forces de vie, largement répandu depuis le néolithique dans tout le monde méditerranéen, mais auquel l'âge du bronze européen donne alors une nouvelle impulsion.

L'outillage de bronze est également bien représenté (15 % environ). Il comporte des armes ou des instruments de travail. Des pièces constituées d'une lame triangulaire disposée perpendiculairement à un long manche grâce à un système de rivets rappellent les hallebardes, armes caractéristiques du bronze ancien. On a émis aussi l'hypothèse qu'il pouvait s'agir, dans quelques cas, de faux en raison de la présence d'appendices, au centre et dans la partie terminale du manche (fig. 21, no 22). On connaît aussi une représentation de faucille. Quant aux poignards, ils sont fort abondants. Ils comportent une lame généralement triangulaire, large ou étroite le plus souvent, munie d'une poignée avec ou sans pommeau. Les pièces triangulaires courtes sans manche ou avec soie trapézoïdale sont sans doute les plus anciennes : elles ont des parallèles en métal dans diverses civilisations de l'âge du cuivre européen (fig. 21, no 10). Les lames allongées avec une soie en trapèze ou un manche muni d'un pommeau appartiennent aux débuts de l'âge du bronze. Enfin des éléments plus élaborés (lames ovales ou à bords sinueux) peuvent être rapportés au milieu du IIe millénaire (fig. 21, nos 11 à 13). On saisit ici tout l'intérêt de la classification des poignards : ce sont eux qui, en fin de compte, sont les meilleurs guides chronologiques pour dater les œuvres rupestres du Bégo.

Curieuses sont par ailleurs des figures géométriques qui atteignent jusqu'à 20 % des motifs de la vallée des Merveilles. Il s'agit de carrés, rectangles, ovales piquetés en totalité ou en partie tandis que d'autres sont compartimentés, au moyen de lignes parallèles ou croisées, en cases plus ou moins nombreuses (fig. 21, n°s 14 à 16). Comment interpréter ces figurations? On les a baptisées « enclos » ou « parcs à bestiaux » (certains bovidés sont parfois représentés à l'intérieur mais l'enclos et les bovidés sont-ils étroitement contemporains?). Mais certains réticulés emplis de points piquetés ne sont-ils pas des champs cultivés, les points figurant des céréales? Ou s'agit-il encore de la représentation d'un parcellaire, une sorte de cadastre? Les spécialistes s'interrogent.

A côté de ces représentations liées étroitement à la vie quotidienne, on trouve des motifs anthropomorphes dont l'essence est manifestement différente. Par leur rareté même, les représentations de ces personnages devaient être chargées d'une force symbolique ou religieuse particulière. Ainsi en va-t-il de petits bonshommes aux bras levés, en « orants » (fig. 21, n° 18), d'autres brandissant des hallebardes ou d'autres, enfin, conduisant des araires. Mais une place à part revient à quelques figures majestueuses : la tête du « Christ » par exemple (fig. 21, n° 17) ou la figuration du « sorcier », dont le visage est encadré de mains auprès desquelles on a placé des lames de poignards (fig. 21, n° 19). Ou encore le « chef de tribu », en position d'orant, pouces en l'air et qui porte un poignard planté dans le crâne (fig. 21, n° 21). N'oublions pas aussi ce sujet à tête circulaire et bras en zigzag terminés par des mains aux doigts écartés; la tête est enroulée dans un cercle dans lequel est fichée une sorte d'arme emmanchée, hache ou massue (fig. 21, n° 20). Un autre personnage, bras et jambes écartés, le buste entouré d'un cercle de points, semble effectuer un pas de danse peut-être initiatique. C'est du moins ainsi que la tradition populaire a de tout temps interprété cette dernière gravure, baptisée de longue date « la danseuse », bien qu'elle soit affublée d'un pénis bien marqué...

Que représente donc le Bégo? Selon toute vraisemblance, un grand lieu de culte en plein air. Une terre de pèlerinage. Bergers, paysans et guerriers des régions alpines et méditerranéennes ont dû fréquenter cette terre extraordinaire pour y abandonner, en un geste symbolique sous la forme d'archives gravées, des témoignages irremplaçables à la fois sur leur vie quotidienne et sur leurs concepts spirituels.

1

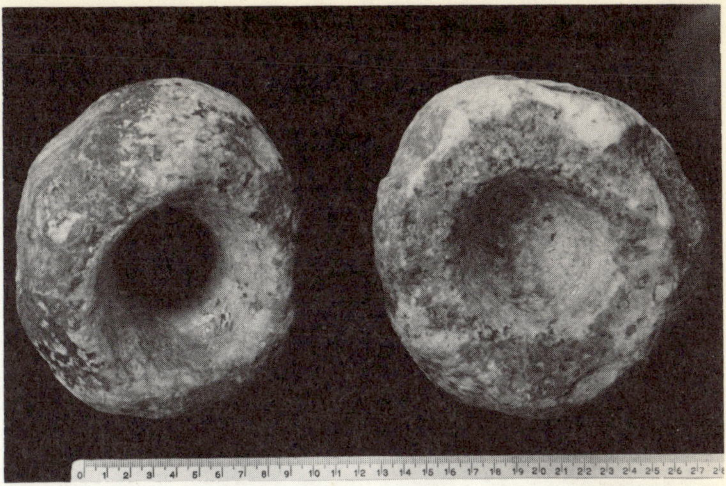

3

2

1 - Poids sphériques de calcite, l'un ayant coulissé le long d'un manche, l'autre en cours de perforation. Il s'agit vraisemblablement de poids de bâtons à fouir, utilisés dans une agriculture primitive. Néolithique ancien - V^{e} millénaire. Grotte de Gazel (Aude). *Cl. J. Guilaine.*

2 - Autel zoomorphe néolithique. Jonquières (Oise). *Cl. J.-C. Blanchet.*

3 - L'un des piliers gravés du dolmen de Gavrinis. (Morbihan). *Cl. P.-R. Giot.*

4 - Double tumulus de Barnenez, incluant 11 sépultures mégalithiques. Plouézoch (Finistère). *Cl. P.-R. Giot.*

5 - Vue aérienne des structures d'implantation de deux grandes fermes néolithiques. IVe millénaire. Cuiry-les-Chaudardes (Aisne). *Cl. M. Boureux.*

6

7

6 - Alignements de Carnac. (Morbihan). *Cl. J. L'Helgouach.*

7 - Abri de Font-Juvénal. Fouille en cours montrant une stratigraphie néolithique sur plusieurs mètres de puissance. Conques (Aude). *Cl. J. Guilaine.*

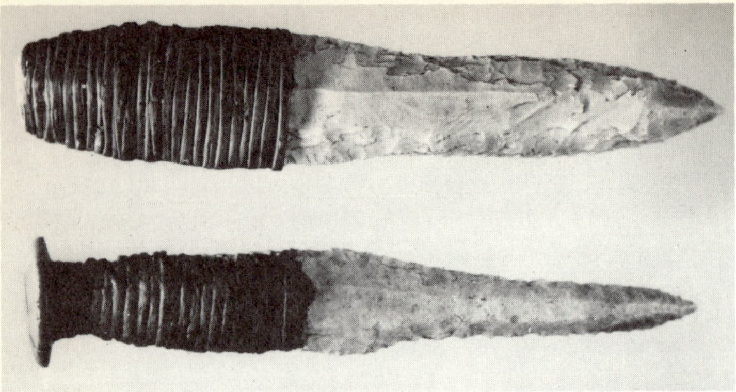

8

9

10

8 - Poignards en silex, emmanchés. Village des Baigneurs, Charavines (Isère). *Cl. A. Bocquet.*

9 - Céramique néolithique - IIIe millénaire. Village des Baigneurs, Charavines (Isère). *Cl. A. Bocquet.*

10 - Instruments en bois : cuillères à pot, peignes à tisser, aiguille à chas, épingle à tête décalée. - IIIe millénaire. - Village des Baigneurs, Charavines (Isère). *Cl. A. Bocquet.*

11 - Allée couverte de Bois Couturier, Guiry-en-Vexin. (Val-d'Oise). *Cl. J. Tarrête.*

12 - Allée couverte de la Cave-aux-Fées, Brueil-en-Vexin (Yvelines) *Cl. J. Tarrête.*

13 - Allée couverte de la Pierre-Turquaise, Saint-Martin-du-Tertre (Val-d'Oise). *Cl. J. Tarrête.*

11

12

13

14

14 - Epée du type en langue de carpe draguée dans le Trieux (Côtes-du-Nord). - Vers 800 av. J.-C. *Cl. J. Briard.*

15 - Coffret en bois avec poignard en bronze et fourreau d'écorce, pommeau en os, brassard d'archer en ambre et pointes de flèches en silex. Vers 1700 av. J.-C. Tumulus de Kernonen, Plouvorn (Finistère). *Cl. J. Briard.*

15

16 - Casque en bronze. Age du bronze final. Paris. *Cl. M.A.N.*

17 - Cuirasse de Saint-Germain-du-Plain (Saône-et-Loire). Age du bronze final. *Cl. M.A.N.*

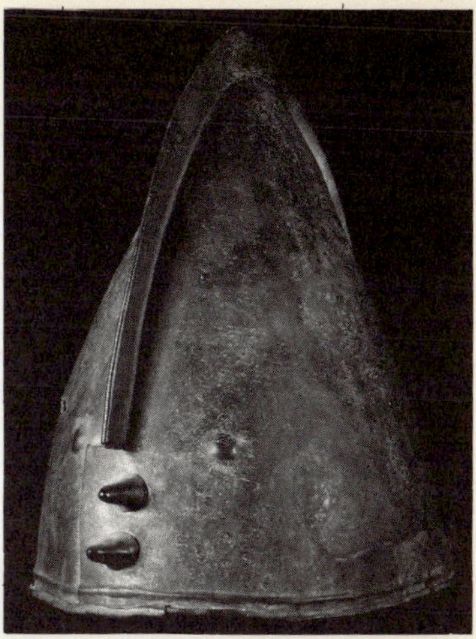

16

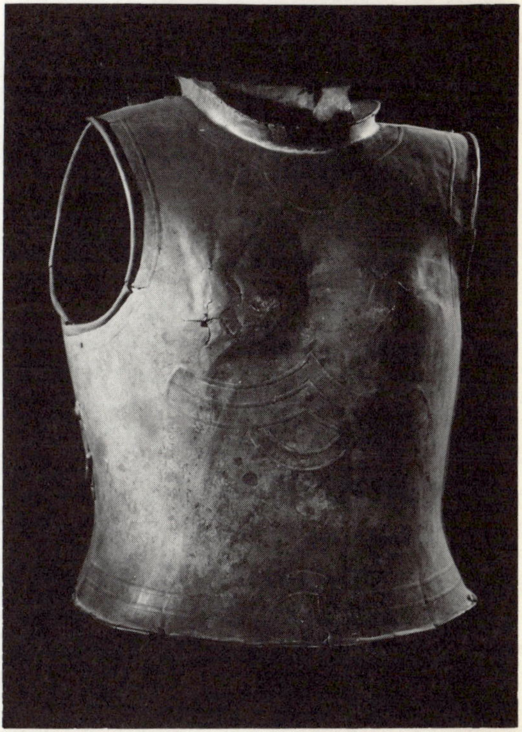

17

18 - Cratère en bronze de Vix (Côte-d'Or). Fin VIe - début Ve siècle avant J.-C.
Cl. Giraudon.

Les progrès de la déforestation

Bœufs attelés, araires, faux, faucilles, voilà qui en dit long sur la part faite aux activités agricoles. Les terres cultivées s'étendent (fig. 22). La forêt recule. Certains vestiges archéologiques en portent témoignage. Ainsi sur la frange chronologique qui recouvre la fin du IIIe millénaire et les débuts du IIe, c'est-à-dire entre le néolithique final et les premiers temps de l'âge du bronze, on ne peut manquer de constater l'importance que prend, dans certaines régions, un outillage de pierre de forte taille. Les préhistoriens parlent à son sujet de « macrolithisme », un nom bien barbare pour désigner en fait la confection d'outils résistants, de dimensions parfois respectables obtenus en taillant le silex : haches, ciseaux, pics, tranchets, racloirs. Certaines pièces du Bergeracois par exemple, dépassent 25 cm. Une telle industrie lourde paraît liée à des processus de déforestation. Dans le Bassin parisien nous avons vu que cet outillage apparaissait dès le IVe millénaire et pouvait se maintenir entre 2500 et 1800 av. J.-C. avec la civilisation de Seine-Oise-Marne. Dans les Alpes, des industries robustes caractérisent aussi plusieurs groupes du Vercors. En Bergeracois, des stations-ateliers montrent l'extraction et l'aménagement de pièces destinées au défrichement. En effet, sur les terres à boisement important, les progrès de l'agriculture étaient liés à l'obtention de nouvelles surfaces disponibles. Si la déforestation pouvait se réaliser par le feu, elle pouvait aussi être préparée par l'abattage des arbres à l'aide de grosses haches et d'un matériel solide approprié. Les nombreux sites des environs de Bergerac paraissent effectivement correspondre à ce type de colonisation qui pourrait signer une extension résolue de la conquête du sol jusque-là limitée en Périgord à des zones favorables.

Le sub-boréal (en gros : les âges du cuivre et du bronze) est aussi une époque de déforestation et de mise en culture en Gironde. Des pollens de céréales attestent la présence de champs cultivés près du site chalcolithique de la Fontaine de la Demoiselle (Dordogne). En Armorique également, la baisse du couvert forestier va en s'accentuant. Les graminées s'étendent, par exemple sur le site de Plouescat, au bronze moyen. En Roussillon, blé et orge étaient cultivés dans le bassin de Vingrau comme en témoignent les découvertes de blé et d'orge de la grotte des Châtaigniers datées des environs de – 1500. En Provence, un site du bronze moyen, la grotte Murée de Montpezat (Basses-Alpes) a livré des grains de blé et d'orge mais aussi des légumineuses (féveroles, jarosse, peut-être même une variété de pois).

Les tumulus d'Armorique

Examinons à présent les principales manifestations culturelles de cet âge du bronze débutant. Tournons d'abord nos regards vers l'ouest. Aux derniers soubresauts de la civilisation mégalithique armoricaine, vers 1800 av. J.-C., va succéder une civilisation bien différente. On n'en connaît guère les habitats, ni les sépultures du menu peuple. Par contre, l'essentiel de nos informations repose sur des sépultures aristocratiques dont les constructions souvent imposantes et les mobiliers de qualité sont les indices d'une stratification sociale marquée. Ces tombeaux sont principalement répartis le long des côtes de la Bretagne occidentale (Côtes-du-Nord, Finistère, Morbihan) mais ils peuvent mordre quelquefois vers l'intérieur des terres (Saint-Fiacre en Melrand, Morbihan; Plouyé, Finistère). L'influence de ce groupe est sensible jusqu'en Normandie puisque certaines tombes de cette région (Longues en Calvados, Loucé dans l'Orne) ont fourni des mobiliers étroitement apparentés à celui des sépultures bretonnes. Ces dernières totalisent une trentaine d'unités.

Les tertres qui recouvrent les caveaux sont souvent de forte taille : celui de Kernonen à Plouvorn (Finistère) atteignait 50 m de diamètre pour 6 m de hauteur! Le cubage de terre nécessaire à de telles constructions suppose une main-d'œuvre abondante et, vraisemblablement, de condition inférieure. Ces vastes tumulus recouvrent en général une tombe réservée à un personnage de haut rang. La chambre funéraire peut être en pierre, un peu dans la tradition mégalithique locale, ou en bois. Des cercueils de chêne ont parfois été utilisés.

Le nombre, la qualité et la nouveauté des pièces trouvées dans ces tombes ne cessent d'étonner. Il semble s'agir souvent de pièces d'apparat. Telles les belles pointes de flèches en silex de forme générale ogivale ou, plus rarement, triangulaire : la taille du silex confine ici à un art consommé (fig. 23, n°s 1, 2, 3, et Ill. n° 14). Les instruments de métal sont des haches à petits rebords, des poignards triangulaires (fig. 23, nº 6), des lames plates à languette, des épingles à tête en anneau ou cruciforme. Toutes ces pièces sont en bronze mais on connaît aussi des épingles en argent. Les métaux précieux apparaissent fréquemment. Les poignards pouvaient comporter des poignées en os ou en bois, agrémentées de clous d'or (parfois par milliers comme c'est le cas à Plouvorn). Une tombe de Saint-Adrien (Côtes-du-Nord) a livré les restes d'un gobelet en argent (fig. 23, nº 7). Une chaîne en or et un bracelet spiralé avec deux anneaux, en argent, proviennent du tumulus de Carnoët.

On connaît aussi des perles et des bijoux en ambre, certains très élaborés comme la pendeloque discoïde à perforation en V et la plaquette rectangulaire à deux perforations polaires de Plouvorn (Finistère) (fig. 23, nº 4). Une mention spéciale peut être accordée à un pendentif rectangulaire en résine recouverte d'une feuille d'or ornée de motifs en chevrons (tombe de Motta à Lannion, Côtes-du-Nord) (fig. 23, nº 8). Enfin, les débuts de l'âge du bronze en Armorique sont marqués par la circulation de parures exceptionnelles comme les lunules en or, sortes de plaques décorées en croissant (Bourbriac, Saint-Pôtan, Côtes-du-Nord). Il s'agit manifestement d'importations irlandaises...

L'impression qui se dégage de cette étonnante civilisation armoricaine est celle de contacts réguliers avec l'autre rive de la Manche. A la même époque, en Angleterre, la civilisation du Wessex édifie, elle aussi, ses tumulus. On y retrouvera des flèches semblables, les manches de poignards sertis de clous d'or, les perles d'ambre... La Manche était donc un trait d'union et la navigation devait y être active. Mais d'autres affinités existent avec l'Europe centrale ou méditerranéenne. En dépit de ces liens culturels ou commerciaux, la grande originalité des « petits princes d'Armorique », comme les a baptisés J. Briard, demeure. A travers elle, on peut avoir une bonne idée des bouleversements sociaux qui marquent l'arrivée des premières civilisations du bronze. Aux caveaux collectifs de l'époque mégalithique, se substituent désormais de belles tombes individuelles, aux dépouilles baignant dans le luxe, traduction d'une caste dominant commercialement le pays. Quant aux classes défavorisées, l'archéologue a beaucoup de difficultés à en retrouver les témoignages.

Mais le faste de ces roitelets armoricains n'eut qu'un temps.

Au bronze moyen, la multiplication des tertres va de pair avec l'appauvrissement des mobiliers. Les contacts avec l'extérieur s'amenuisent. C'est l'amorce de la récession et du déclin.

La civilisation du Rhône

Dans la zone continentale de l'Europe, le passage de l'âge du cuivre à l'âge du bronze entraîne la constitution de nouveaux foyers de civilisation. Le plus imposant de ces foyers se situe désormais en Europe centrale. Il s'agit de la civilisation d'Unétice centrée sur la Bohême-Moravie, avec extension à l'Autriche, la Hongrie, une partie de l'Allemagne, la Pologne méridionale. L'un des bastions occidentaux de cet ensemble est constitué par ce que les spécialistes appellent la « civilisation du Rhône ». C'est une sorte d'école métallurgique originale qui fleurit, à partir de 1800 et jusque vers 1400 av. J.-C., dans l'aire du Rhône supérieur (Vaud et Valais en Suisse, mais aussi dans le Jura et les Alpes françaises et le long de l'axe du Rhône). A partir de cette zone mère, les colporteurs rhodaniens allèrent proposer les productions de leurs forgerons en Bourgogne, en Languedoc-Roussillon, dans le Massif central, en Aquitaine même. C'est dire que l'influence de la civilisation du Rhône se fit sentir sur une large partie du territoire français.

Que fabriquaient donc ces métallurgistes? D'abord des poignards. Finis les petits poignards plats de l'époque du cuivre. Désormais, on fond des lames triangulaires que l'on décore d'incisions parallèles, triangles, croix, chevrons. On les fixe ensuite par rivetage à des poignées massives terminées par un pommeau en disque comme, par exemple, les poignards de Taburles dans les Hautes-Alpes (fig. 24, nº 11). Ces armes magnifiques, fabriquées à la fois par les gens du Rhône et par leurs contemporains d'Italie du Nord, furent exportées plus ou moins loin de leurs lieux de production.

Aux coins plats en cuivre on préfère désormais des haches de bronze plus élégantes : tantôt fines et allongées (type de Neyruz); tantôt courtes mais avec un tranchant étalé « en battoir » (type de Morges) (fig. 24, nº 9). Dans les deux cas, les bords légèrement relevés devaient permettre un meilleur emmanchement. On fabrique même de curieuses pièces à fût très fin terminées par une aire plate en forme d'ovale : on appelle ces instruments énigmatiques des haches-spatules (fig. 24, nº 10). On en a découvert une dans une sépulture de La Roche-de-Rame (Hautes-Alpes) avec un poignard à décor de cannelures et un diadème décoré.

Mais c'est peut-être dans le domaine de la parure en bronze que les Rhodaniens donnèrent le plus libre cours à leur imagination. Passons sur les perles en tôle de bronze, les perles en fil spiralé, les bracelets en fil tordu. Par contre, une plus grande originalité se note dans les épingles. Elles peuvent être à tête tréflée avec extrémité recourbée et tige décorée (bois de Parançot à Mesnay, Jura) (fig. 24, nº 5). On en connaît montrant sur la barrette transversale plusieurs cabochons caractéristiques (tumulus 7 des Moidons à Ivory, Jura). On retrouve aussi des épingles à boule terminale percée (fig. 24, nº 8); d'autres s'achèvent par une palette circulaire décorée (dolmen de Saint-Georges-de-Lévéjac, Lozère, dolmen de Saint-Jean-de-Losne, Côte-d'Or) (fig. 24, nº 6). Dans le Midi, on affectionna tout particulièrement des alênes losangiques à deux pointes (fig. 24, nº 7).

Si les Rhodaniens se plurent à modeler des petites chopes et des tasses à anses (fig. 24, nºs 2, 3, 4), leurs récipients les plus courants étaient de grandes jarres à fond plat parfois décorées de cordons lisses ou impressionnés (fig. 24, nº 1). Ce genre de récipient va se répandre sur tout le territoire touché par le commerce rhodanien (Causses, Sud-Ouest, Pyrénées et bien sûr Languedoc). Dans le Sud, il entrera en contact avec des poteries de tradition campaniforme ou avec des vases d'inspiration italique ou méditerranéenne comme sur le camp de Laure à Gignac (Bouches-du-Rhône), un éperon barré par un rempart de 140 m de long sur 2,40 m de large, doublé d'un chemin de ronde bastionné.

Les Rhodaniens s'enterraient dans des tombes sous tumulus (par exemple les tombes de la forêt de Moidons, Jura). C'étaient des sépultures individuelles, les tombes masculines comportant des armes, les tombes féminines des parures. Dans le Gard, on a découvert à Canteperdrix (Beaucaire) une tombe en coffre avec un sujet inhumé fléchi. De telles sépultures individuelles parviendront jusqu'en Gironde. Mais dans le Midi, comme dans d'autres régions, on ne se débarrassa pas facilement de l'habitude d'enterrer les gens dans les grottes sépulcrales, et la coutume des ossuaires subsista.

On n'oubliera pas enfin de mentionner le rôle commercial

désormais dévolu à l'axe du Rhône. Par cette artère naturelle se réalise un bien curieux négoce : de petits coquillages méditerranéens, les columbelles, furent exportés en masse vers l'Allemagne. Objets de parure mais aussi sans doute monnaies ou signes de distinction sociale, ces coquillages firent le succès des trafiquants de l'époque. Mais les modes passent et bientôt le commerce des columbelles déclina. La route du Rhône, elle, n'allait plus cesser d'être largement parcourue tout au long de la protohistoire et de l'histoire.

Le commerce de l'ambre

Parmi les matériaux destinés à la fabrication d'objets de luxe dont s'enorgueilliront roitelets locaux, dames ou personnages de haut rang, l'ambre et le verre tiendront une place à part. L'ambre fut en effet étonnamment recherché par les peuplades préhistoriques. Cette substance résineuse, dure, cassante, est une sorte de gomme végétale fossile. Par son origine même, en liaison avec des forêts éteintes, l'ambre se trouve incorporé dans des couches géologiques : l'érosion marine ou fluviale permet de le libérer. Ainsi en est-il sur les côtes de la mer Baltique où les flots dégagent des blocs d'ambre qui finissent par être rejetés sur les rivages. Le succès de cette matière rougeâtre ou rousse dont on tira les bijoux les plus variés, fut tel que des marchés d'exportation s'organisèrent très tôt.

Quelques bijoux d'ambre ont été signalés en France dans le néolithique final du Bassin parisien (hypogée 3 des Mournouards à Épernay, hypogées 6 et 7 de Saran à Chouilly) ou dans des horizons méridionaux de ce même IIIe millénaire (grotte Murée de Montpezat, Basses-Alpes). Mais c'est à partir du bronze ancien que les bijoux d'ambre deviennent abondants. Le bronze moyen sera une grande période pour la circulation de cette matière dont le succès ne tarira point toutefois au bronze final et à l'âge du fer.

D'où venait l'ambre utilisé? Certains auteurs ont pensé tout naturellement à une origine régionale et, pour le Midi par exemple, certains gîtes de la région de Pont-Saint-Esprit (Gard) ou de Rennes-les-Bains (Aude) ont été parfois évoqués. En fait, les analyses qui ont été réalisées sur divers documents de l'âge du bronze autant pour la zone atlantique (grotte des Duffaits, Charente) que pour un ensemble de sites du Sud du pays (grotte au Collier, Lastours, Aude; grotte du Hasard, Tharaux, Gard) indiquent une provenance balte. Il est vrai que la Baltique est réputée pour avoir été pendant plusieurs siècles le producteur européen essentiel. On a aussi évoqué quelquefois certains sites de la région de Bologne (Italie) qui auraient pu approvisionner les provinces de la Méditerranée occidentale. En admettant que l'ambre balte soit celui qui a fait l'objet de l'exportation la plus importante et la plus raisonnée, on ne peut manquer de s'interroger sur les routes suivies.

La route maritime par la mer du Nord, la Manche et l'Atlantique ne fait pas problème. Les routes, qui par l'axe Rhône-Rhin ou à travers les Alpes descendaient à la Méditerranée, ont pu jouer un rôle important dans l'approvisionnement des sites continentaux. Des auteurs anciens tels que Hérodote ont confirmé l'existence d'une voie qui amenait ces produits des Hyperboréens jusqu'à l'Adriatique. Mais l'on sait aussi qu'au plein âge du bronze l'ambre parvenait jusqu'en Grèce à travers l'Europe moyenne. Et la question se pose de savoir si les Mycéniens, grands importateurs et utilisateurs d'ambre n'ont pas, après finition d'objets de luxe, réexporté vers l'Europe de l'Ouest les bijoux flambant neufs. L'Égée ne serait donc quelquefois qu'un relais de fabrication. Le problème reste entier d'autant que l'existence d'ateliers indigènes demeure aussi une autre solution possible.

A côté des perles ou des pendeloques circulaires, quelques pièces d'ambre découvertes dans les sites de l'âge du bronze sont dignes d'intérêt. Ainsi en va-t-il de certaines plaquettes munies de perforations parallèles ou croisées. On les a baptisées « plaquettes de Kakovatos », du nom d'un site mycénien qui en a fourni de beaux exemplaires. La découverte de plusieurs de ces plaquettes au niveau du bassin du corps inhumé dans la tombe « omicron » du cercle B de Mycènes laisse à penser que ces pièces pouvaient être des éléments de pendentifs de ceinture. On évoque aussi à leur propos l'hypothèse d'écarteurs de colliers.

Plusieurs sites français ont fourni des bijoux de ce type. Pendant longtemps, on admit que les spécimens de l'Europe occidentale étaient dus à une exportation d'origine helladique. Mais des travaux récents ont montré que les exemplaires découverts dans des sites de la civilisation du Wessex en Grande-Bretagne étaient probablement plus anciens que ceux découverts à Mycènes. Il fallut donc réexaminer le problème et admettre que de tels pendentifs avaient pu voir le jour en des lieux indépendants les uns des autres ou que le sens des influences avait pu s'établir de l'ouest vers l'est. La solution des problèmes de propagation repose souvent sur les données chronologiques : lorsque ces dernières sont modifiées, les foyers d'origine s'inversent, les courants de propagation aussi; des théories s'écroulent, d'autres surgissent...

Ainsi les plaquettes d'ambre du Wessex et celle, en lignite mais de même style, du tumulus de Saint-Fiacre, en Bretagne, pourraient appartenir aux tout débuts du IIe millénaire. Dans le Midi, celle de la grotte au Collier chevaucherait le bronze ancien et le bronze moyen; celles de la grotte du Hasard appartiendraient au bronze moyen. Il en va de même des exemplaires découverts en Alsace, dans les tertres de la forêt de Haguenau : ils se rattachent à la civilisation des tumulus du bronze moyen récent. On peut en dire autant de ceux découverts dans la grotte des Duffaits (Charente).

La pacotille de verre

Autre matière de luxe donnant lieu à un commerce organisé : le verre qui fait son entrée dans le monde des parures sophistiquées.

Les problèmes de datation et d'origine que nous avons rencontrés à propos de l'ambre resurgissent, de manière à peu près identique, dès que l'on évoque les premiers bijoux de verre qui circulèrent dans notre pays vers le bronze ancien ou le bronze moyen. Les archéologues désignent sous le nom de perles en « verre » ou en « pâte de verre » ou en « faïence » (aucun rapport avec notre faïence actuelle!) ou en « fritte » ou en « laitier », des bijoux de formes peu variées : circulaires ou globulaires, bien que l'on connaisse aussi quelques perles en tube annelé (fig. 25, nos 1, 2). Ont également circulé des copies en pâte de verre des plaquettes d'ambre : tel est le cas d'un spécimen de la grotte de La Treille (Aude). Le verre est connu précocement en Égypte et en Mésopotamie. En Égypte en particulier, un centre de fabrication a fonctionné à Tell-el-Amarna sous les XVIIIe et XIXe dynasties. De même en Grèce, les Mycéniens ont produit des bijoux en pâte de verre.

Subjugués par l'épanouissement et bien souvent l'antériorité des civilisations est-méditerranéennes, les archéologues ont tout naturellement pensé que les bijoux en pâte de verre découverts en Europe occidentale étaient inévitablement le produit d'un commerce originaire de l'Égée ou de la vallée du Nil. On trouve en effet des perles de verre bleu ou vert en Italie du Sud (Sicile, Lipari), en Espagne méditerranéenne, en France, dans les îles Britanniques, en Scandinavie, en Europe centrale où elles sont d'ailleurs abondantes. En France, on en connaît beaucoup dans le Midi. Si certaines ne peuvent être prises en considération parce que d'âge tardif (les perles en verre seront encore en usage au bronze final et à l'âge du fer), un certain nombre d'entre elles appartiennent à la première moitié ou au milieu du IIe millénaire. Il en va de même de celles découvertes en Aquitaine (station du Truc de Bourdiou, dolmen de Cabut), dans le Centre (sépulture de Billy, Loir-et-Cher), en Alsace (nécropole de Haguenau) ou en Bretagne (perle biconique du tumulus de Run-ar-Justicou à Kerstrobel, Finistère; perle du dolmen de Parc-Guren à Crach, perle du tumulus de Mearzein à Pénestin, ces deux derniers sites dans le Morbihan).

Les tubes segmentés en pâte de verre sont également d'autant plus intéressants qu'ils sont rares. Sans doute n'en avait-ils que plus de valeur aux yeux de leurs contemporains. On en a découvert un dans la grotte de Font-Blanco à Robion (Vaucluse), un dans la grotte du Serre de Vignaud à Saint-Geniès-de-Malgoirès (Gard), un dans la grotte du Ruisseau près de Narbonne (Aude), un dans le dolmen de la Route-Vieille à Noailles (Corrèze), un enfin dans une tombe en coffre à Port-Melitte, dans l'île de Croix (Morbihan). En fait, la valeur chronologique des bijoux de verre n'est pas toujours aussi sûre qu'on l'a avancé. Il est possible que leur démarrage se situe dès l'âge du cuivre (le dolmen de Pierières à Villedubert, Aude, a fourni une perle dans un milieu apparemment campaniforme). Mais le bronze ancien-moyen constitue leur grande époque de circulation.

D'où venaient ces perles? L'hypothèse de l'origine est-méditerranéenne, un moment unique, est aujourd'hui bien malade. Des analyses récentes concernant la composition des perles ont montré que les bijoux d'Écosse, ceux du Wessex et ceux de la Méditerranée étaient bien différenciés. De plus, les pièces de l'Europe centrale et septentrionale paraissent, en l'état actuel de la recherche, antérieures à celles produites par

Mycènes. Il faut donc, comme pour les plaquettes d'ambre, envisager une création indépendante par les « barbares » européens des débuts de l'âge du bronze. Pour ce qui est des perles découvertes dans le Midi ou en Espagne, on peut admettre plus facilement des relations avec le commerce mycénien, mais rien n'interdit aussi de penser à des contacts avec l'Europe centrale, dès le bronze ancien, en liaison avec l'impact occidental de la civilisation d'Unétice, soit directement, soit par le relais de la civilisation du Rhône.

La princesse de Lastours

A l'importance des relations commerciales qu'ont pu susciter de tels matériaux, on se doute du rôle social qu'ils pouvaient jouer.

La grotte au Collier, située sous l'un des châteaux cathares de Lastours (Aude), présente à cet effet quelque intérêt dans la mesure où elle recelait une sépulture enrichie de diverses parures d'ambre, de verre ou de bronze. Le décès de la défunte remonte à la fin du bronze ancien ou au début du bronze moyen vers 1600 ou 1500 av. J.-C. Dans la deuxième salle d'une grotte difficilement accessible, dans une logette fort pénible à atteindre, avait été aménagée la sépulture d'une fillette de 7 à 8 ans, sans doute quelque princesse si l'on en juge d'après la qualité des bijoux déposés auprès d'elle : des perles en verre bleu, blanc ou vert, des perles en ambre, une plaquette d'espacement (de Kakovatos) en ambre et surtout une pendeloque circulaire en ambre portant un décor incisé (une face évoque la figure d'un œil gravé) (fig. 25, nº 3). Ce motif de l'œil est d'inspiration orientale alors que l'ambre dans lequel la pièce a été confectionnée proviendrait de la Baltique. Que faut-il penser de cette association?

L'ambre balte du Midi aurait-il alors transité par Mycènes et ses satellites et, dans ce cas, des artisans l'auraient-ils travaillé avant de l'exporter vers des marchés occidentaux? Ou bien s'agit-il seulement d'une pièce fabriquée dans la région mais dont les motifs auraient été appris au contact de trafiquants ou d'artistes méditerranéens?

A une époque où la navigation devait avoir fait de nets progrès comparativement aux époques antérieures, ceci n'aurait rien d'étonnant. Rappelons seulement que les Mycéniens fondèrent des comptoirs en Italie du Sud d'où ils purent entretenir vers l'ouest un commerce complémentaire mais qui, en fait, n'a guère été démontré. Mais on peut aussi évoquer un cheminement de pièces ou de techniques par l'Europe centrale. En effet, la fillette de la grotte de Lastours n'était pas parée que de grains d'ambre ou de verre. Des bijoux de bronze contribuaient aussi à l'embellir et ceux-ci possèdent des affinités centro-européennes manifestes. Ainsi de nombreuses perles tubulaires en tôle de bronze ou des perles formées de fils spiralés devaient constituer les éléments d'un ornement pectoral. Des corps de femmes dont les tenues étaient agrémentées de semblables ornements ont été découverts dans plusieurs sites de la civilisation d'Unétice, au bronze ancien (par exemple à Oroszvar, dans le Nord-Ouest de la Hongrie). Des appliques en tôle de bronze, parfois ornées sur leur pourtour de petites bossettes obtenues au repoussé ont aussi été trouvées avec la défunte de Lastours; elles pouvaient être cousues sur des vêtements. Un bracelet de bronze à plusieurs spires ornait également le poignet de la demoiselle. En imaginant quelque peu l'aspect miroitant ou rutilant du métal neuf, associé aux reflets chatoyants des bijoux d'ambre ou de verre, on peut rêver au charme que cette toute jeune personne pouvait exercer de son vivant...

Méditerranéens et Aquitains

La montée de classes sociales nouvelles, telles que les tumulus d'Armorique les suggèrent, est beaucoup moins perceptible dans le Midi. Elles ont dû, certes, exister et la princesse de Lastours en est un témoignage. Mais fort rares sont ici les tombeaux monumentaux destinés à de grands personnages.

En fait, les populations qui vivaient vers le milieu du IIe millénaire av. J.-C. dans la zone méditerranéenne de la France ne semblent guère s'être beaucoup démarquées, au plan des rites funéraires, de celles qui les avaient précédées un demi-millénaire ou un millénaire auparavant. En effet, au plein âge du bronze on enterre encore les défunts dans les grottes sépulcrales et on réutilise comme sépulcres les chambres mégalithiques. C'est dire qu'on obéit à une déjà longue tradition des sépultures collectives. A côté des défunts, on dépose toujours armes, outils, parures ou céramiques. Bien entendu, avec le progrès technique, les armes et les instruments peuvent désormais être en bronze (haches à rebord, pointes de flèche ou de lance). Il en va de même de certaines parures comme les bracelets qui sont d'abord ouverts avec des bouts effilés; ils auront tendance à devenir peu à peu massifs en même temps qu'ils seront rehaussés par une ornementation de fines gravures (Alban, Tarn). La céramique obéit, elle aussi, à de nouvelles modes. Les grosses jarres à fond plat subsistent (fig. 25, n°s 9, 10); elles voisinent avec des tasses à fond convexe ou ombiliqué portant parfois une anse munie d'un petit appendice rond, aigu ou en tranchant de hache *(ad ascia)* (fig. 25, n°s 5, 7). Ces sortes de poignées étaient déjà connues quelques siècles plus tôt en Italie du Nord, dans la civilisation dite « de la Polada », et on pense que leur généralisation en Provence et Languedoc est due à des influences transalpines.

Dans tout le Sud-Ouest du pays (Pyrénées, Aquitaine, Albigeois, Quercy) et même dans une bonne partie du Massif central (Cantal), étaient installées des populations qui appartenaient à un fonds culturel différent. Leur outillage métallique reste mal connu et, sauf dans l'aire des bronziers médocains, les dépôts comme celui d'Arnave en Ariège, sont rares (fig. 26, n°s 3, 11, 15). Bien des fois d'ailleurs, un outillage de fortune en pierre le remplaçait. A côté de quelques flèches en métal ou en pierre, on fabriquait assez souvent des armatures à pédoncule et ailerons en os (Corbières, Ariège, Quercy). Dans ces régions, les habitats sont encore des grottes, presque toujours. Les sépultures sont plus variées. Elles peuvent être des cavités comme en Ariège, des tertres comme en Pont-Long, ou encore des caissons comme celui du Puyo d'Espy dans les Hautes-Pyrénées. Un curieux monument composé de plusieurs coffres juxtaposés avait été dressé, dès la fin du IIIe millénaire, au lieu-dit « La Halliade » à Bartrès (Hautes-Pyrénées). Il sera alors réutilisé en force par les peuplades de cette époque. La poterie de ces Aquitains comporte des jarres, des écuelles, des coupes, des tasses. On monte souvent ces récipients sur une couronne de pieds d'où le nom de « polypodes » souvent donné à ces céramiques, quelle que soit leur forme (fig. 25, n°s 11, 12). La poterie décorée est rare et rend, de ce fait, plus originaux les groupes qui l'affectionnent. Dans les Pyrénées occidentales on aime bien des bandes de lignes, de chevrons ou de guirlandes disposées à l'horizontale ou verticalement (tumulus de Sauvagnon). En Quercy les poteries, souvent polypodes, sont surchargées de motifs en chevrons droits ou couchés, de lignes brisées, d'incisions en épis (fig. 25, nº 11). En Haute-Auvergne on retrouve des céramiques ornées de lignes verticales ou obliques, parfois liées à des sillons poinçonnés.

Si le métal ne donne pas lieu, dans ces régions du Sud, à de fortes séries, il n'en produit pas moins à l'occasion quelques belles pièces. Citons à cet effet les longues épées de bronze qui apparaissent pour la première fois dans le Midi en Haute-Loire (Le Cheylounet à Saint-Vidal) ou dans l'Aude (Jugnes, près de La Nouvelle) (fig. 26, nº 1).

Les dépôts de l'âge du bronze

A partir de l'âge du bronze, une nouvelle source d'informations pour l'archéologue réside désormais dans la découverte de cachettes d'objets de bronze le plus souvent hétéroclites : armes, outils de la vie quotidienne, parures, etc. Ces groupements d'objets peuvent être enfouis dans un grand vase, un coffret de bois ou à même le sol dans un simple trou. On parle de « dépôts » ou de « cachettes de fondeurs » pour désigner ces amas de pièces métalliques. A quoi correspondaient-ils au juste? Sont-ils le fruit de récupérateurs de vieux métaux qui les destinaient à la refonte? Il est possible d'imaginer ainsi des nomades spécialisés dans la récupération d'objets usagés ou non. La présence fréquente de pièces cassées parmi le matériel des dépôts permet d'envisager quelquefois une telle hypothèse. Mais beaucoup de cachettes ne comportent que des pièces intactes. Évoquer aussi, de ce fait, des colporteurs ambulants allant de communauté en communauté proposer des objets originaux, flambant neufs, aux peuplades autochtones comporte une large part de vraisemblance. En fait, les deux formules ont dû exister. Quant à expliquer l'enfouissement même de ces instruments, on peut tenter de l'attribuer à plusieurs causes.

L'insécurité dont ces « étrangers » devaient souffrir pouvait les contraindre à enterrer provisoirement leur fortune; chassés de la contrée ou ayant perdu la vie, leur trésor n'aurait pas été récupéré. Des forgerons locaux, craignant pour leur avoir métallique, ont très bien pu réagir de la même façon et mettre leur richesse à l'abri des regards indiscrets. Rien n'interdit aussi de penser à des enfouissements rituels à proximité de quelque lieu sacré : source, fontaine, rivière. Les nombreux objets dragués dans les cours d'eau, qu'ils aient été ou non groupés en dépôt, peuvent aussi être expliqués par de multiples attitudes : nécessité de se débarrasser d'une cargaison devenue gênante, naufrage, bataille navale, offrande à la divinité du fleuve au passage d'un gué par exemple, etc.

Il faut aussi considérer certains objets de bronze, armes ou parures en particulier, comme nantis, en plus de leur destination fonctionnelle élémentaire, d'un certain pouvoir social : le guerrier dont le bras était armé d'une épée redoutable bénéficiait sans doute d'une haute considération; celui ou celle qui rutilait de bijoux ne pouvait avoir qu'une position sociale élevée. Cet état d'esprit conférait à l'objet une valeur à la fois morale et marchande. A une époque où la monnaie n'existait pas, la pièce, coulée, martelée, ciselée, gravée par le forgeron, cet homme exceptionnel mi-artisan mi-sorcier, avait souvent valeur de symbole. Pour l'acquérir, il fallait donc posséder quelque pouvoir social ou être à même de l'échanger contre d'autres biens. Ainsi sur les axes commerciaux de l'âge du bronze, les pièces métalliques devaient-elles être convoitées comme le furent plus tard les bourses des voyageurs. Ceci explique qu'un dépôt d'objets en bronze doive aussi être considéré un peu comme certains trésors de monnaies d'époque historique, enfouis lors de périodes troublées.

L'information que l'archéologue peut tirer de l'étude de tels lots est grande. Ces derniers nous renseignent d'abord sur la forme et les modes des pièces métalliques en usage à une époque donnée. Mais, à partir de là, il est possible d'établir, à l'aide de cartes de répartition, une « géographie » des diverses variétés d'objets. Cette démarche met en évidence des concentrations, des raréfactions, des vides. On en conclut que, dans telle région, ont prospéré des ateliers métallurgiques orientés vers la production de tel genre d'objet. On peut mesurer à partir de là quels marchés géographiques ont été touchés et, par là même, l'impact des circuits de l'époque : zones de fabrication, aires couvertes par les « représentants de commerce » de ce temps, régions où des trocs s'amorçaient entre des communautés métallurgiques différentes, etc.

Sur le seul territoire de la future France, deux grandes zones métallurgiques se détachent dès le début de l'âge du bronze : une zone atlantique marquée par la fabrication de pièces originaires de la Gironde jusqu'aux pays de la Manche; une province continentale où, tour à tour, des foyers de fabrication s'allumeront en Alsace, Jura, monde alpin, etc. Ces deux grandes aires de production traverseront peu ou prou tout l'âge du bronze : seules pourront changer la localisation des centres et, bien entendu, les variétés de pièces produites. Toutefois, les zones intermédiaires (Bassin parisien, Massif central, Midi méditerranéen) ne furent jamais étroitement confinées au rôle de zones marchés achetant à l'Est comme à l'Ouest les produits qui leur étaient nécessaires. Elles aussi connurent des ateliers qui, s'ils n'eurent pas l'impact de leurs congénères armoricains ou alpins par exemple, n'en furent pas moins quelque peu originaux.

Enfin, n'oublions jamais qu'à une époque où les frontières politiques n'existaient guère, la perméabilité commerciale était largement favorisée. C'est pourquoi il n'est pas rare de trouver, parmi le matériel métallique de l'âge du bronze découvert en France, des pièces dont l'origine ne saurait être cherchée à l'intérieur de l'hexagone. L'Italie, l'Europe germanique, la péninsule Ibérique, les îles Britanniques, l'Europe du Nord, sans parler de terres plus lointaines, ont pu alimenter le négoce des pièces de métal qui se déroulait alors entre les Alpes et l'Atlantique.

Les écoles métallurgiques de l'Ouest

Jetons d'abord un coup d'œil sur les forges qui s'allument près des rivages de l'océan à partir de 1500 av. J.-C.

La tradition des tombes sous tumulus brillamment inaugurée en Bretagne quelques siècles auparavant se poursuit un temps au moyen âge du bronze. Les tombes sont plus nombreuses, gagnent même largement les zones « continentales » de l'Armorique. Mais les mobiliers ont perdu de leur éclat : finies les parures exceptionnelles ou les flèches de silex merveilleusement taillés; les pièces de métal aussi deviennent rares. Par contre, la poterie est abondante, à base de cruches portant de une à quatre anses, fréquemment décorées de chevrons, de triangles ou de lignes parallèles (fig. 23, nº 11). Cette évolution vers des sépultures nombreuses mais moins riches pourrait signer une démocratisation plus accusée du tissu social. Mais les tombes tumulaires ne constituent plus désormais l'élément le plus original des civilisations atlantiques. Non, ce qui caractérise à présent les communautés de l'Ouest, c'est la naissance d'écoles métallurgiques orientées vers la production en série d'instruments de bronze. Outre que ces productions mettent un terme à peu près définitif aux outils traditionnels en pierre, elles inondent rapidement le marché régional et amorcent souvent avec succès une colonisation commerciale de terres plus lointaines : Bassin parisien, Centre du pays, sinon des territoires encore plus éloignés. Mieux, ces écoles deviennent à l'occasion concurrentes, chacune se spécialisant dans une ou plusieurs variétés d'outils bien typés.

C'est ainsi que la plaine de Médoc acquiert vers – 1500 une forte originalité. Quelques métallurgistes installés dans la région de Pauillac se mettent à fabriquer une variété de hache allongée avec des bords très relevés et un tranchant droit (fig. 26, nº 5). Le succès de cet instrument est rapide : on l'exporte jusqu'en Aunis, Saintonge, Angoumois, Libournais, Périgord. Dans un deuxième temps, on fabrique des haches plus courtes, au tranchant plus incurvé en même temps qu'on en décore certaines de cannelures. Les exportations ou les influences de ces ateliers atteignent alors des territoires plus larges : Massif central, Tarn, Toulousain.

A la même époque, les ateliers bretons fabriquent des productions diversifiées : haches à bords, haches à talon (la partie terminale où s'assure la fixation est déprimée et se termine par une butée, vers le milieu de la pièce), pointes de lance dont la douille porte parfois une décoration géométrique incisée, poignards (fig. 26, nºs 10, 14). Mais une mention particulière doit être accordée aux épées : celles découvertes à Saint-Brandan (Côtes-du-Nord) mesurent près de 70 cm; la lame présente une décoration de filets parallèles; elle est fixée par huit rivets à la poignée (fig. 26, nº 6). On fabrique aussi de longues lames décorées de moulures en relief qui paraissent être des objets cultuels comme celles de Plougrescant dans les Côtes-du-Nord. Certaines dagues bretonnes sont ainsi exportées jusqu'aux Pays-Bas. Vers la fin du moyen âge du bronze, l'Armorique se spécialise dans la production de haches à talon décorées d'une nervure longitudinale : non seulement on en pourvoit le marché local mais on exporte largement ces instruments vers l'est ou, plus accessoirement, vers le Midi.

Semblable évolution se retrouve en Normandie. Des ateliers établis dans la basse vallée de la Seine se mettent à produire d'abord des haches à rebords avec tranchant étalé (dépôt de Muids, Eure); c'est ensuite la mode des haches à talon nanties d'une lame trapézoïdale, fréquemment décorée d'un trident nervuré. Ici encore, au-delà du territoire normand, ces pièces sont divulguées dans une bonne partie du Bassin parisien, de la Somme à l'Yonne et à la Loire.

Cette étonnante production de haches à talon suscite aussi des émules entre Loire et Garonne. Ici, le type caractéristique comporte une lame trapézoïdale, un tranchant droit, des côtés rectilignes; un décor de nervure peut exister. L'aire de prédilection de cette variété n'est pas le littoral mais les terres de l'intérieur; ces haches sont en effet plus nombreuses sur la bordure occidentale du Massif central qui paraît être leur territoire naturel.

La civilisation des tumulus du bronze moyen en France : Haguenau

Déjà, nous l'avons vu, les peuples aux céramiques cordées et campaniformes puis les civilisations du bronze ancien (bassin du Rhône, Bretagne) avaient pris l'habitude d'inhumer leurs morts dans des sépultures individuelles recouvertes d'un tertre. Le processus n'était donc pas nouveau. Il va pourtant prendre une extension considérable vers le milieu de l'âge du bronze, soit vers 1500 av. J.-C. En ce domaine c'est encore l'Europe centrale qui apparaît comme l'un des moteurs essentiels dans l'évolution générale des civilisations européennes. En Allemagne du Sud et de l'Est, en Autriche, en Hongrie occidentale, en Tchécoslovaquie, en Pologne, c'est-à-dire en gros sur l'aire couverte pendant les siècles précédents par la civilisation d'Unétice, se développe à présent la « civilisation des tumulus » du bronze moyen (1500-1200 av. J.-C.). Bientôt la zone rhénane est touchée par ce mouvement culturel et les populations de la civilisation des tumulus s'implantent en Alsace pour gagner ensuite diverses régions de la Gaule (Bassin parisien, Centre-Ouest).

Le meilleur site français de référence pour l'étude de ces peuplades reste celui de la forêt de Haguenau, en Basse-Alsace. Ce site fut une importante nécropole tout au long de l'âge du bronze et de l'âge du fer sur plus d'un millénaire. Mais l'intérêt des tombes du moyen âge du bronze réside dans leur richesse et leur étroite parenté avec les sépultures germaniques. Au point de vue économique la chasse semble occuper alors une place importante aux côtés de l'élevage. Celui-ci, source de prospérité, fait la part belle aux suidés. Les troupeaux de porcs font la richesse du pays. Et l'on dispose même des crânes ou des restes de porcs dans les sépultures, comme viatique. Dans les tumulus de Haguenau, les défunts sont inhumés en position contractée. On prendra ensuite l'habitude d'incinérer les femmes et les enfants. Enfin, au bronze final, le rite de l'incinération sera généralisé.

C'est à travers les mobiliers issus des sépultures que nous pouvons nous faire une idée de l'outillage quotidien des gens de Hagueneau. Leurs haches de métal étaient lourdes, de la variété « à talon » (fig. 26, n° 9). Peut-être en avaient-ils appris la fabrication à partir de modèles provenant d'Allemagne du Nord. Des colporteurs alsaciens allèrent ensuite les proposer aux populations plus méridionales, le long de la Saône, dans le Jura et même le Massif central. Leurs poignards, qui se terminent par une languette en trapèze portant des rivets, n'ont plus l'élégance des dagues rhodaniennes pourtant antérieures de quelques décennies. Vers la fin de la période des couteaux apparaissent.

Les parures sont souvent d'une élégance recherchée telles les épingles de bronze à tête plate, à tige renflée et perforée, ou encore les bracelets à décor incisé. Mais les éléments les plus originaux restent sans conteste les jambières (fig. 27, n° 12). Les plus perfectionnés de ces ornements comportent des bandes de bronze entourant le mollet terminées par deux grosses spirales de sens contraire : étaient-ce des protège-tibias pour les guerriers de Haguenau ou, plus simplement, de luxueuses parures pour les belles Alsaciennes d'il y a plus de 3 000 ans? A côté de ces divers éléments de bronze, les tombes de Haguenau contiennent des bijoux d'ambre comme par exemple des plaquettes à perforations parallèles ou croisées (fig. 27, nos 17 à 20). N'oublions pas que l'axe du Rhin était sans doute l'une des routes menant à la Baltique où l'on recueillait alors cette matière première. Enfin la poterie n'est pas le moindre élément original de ces tribus : elles ont modelé des cruches et des genres de cafetières, des tasses avec ou sans anse, des pichets, des coupelles (fig. 27, nos 7, 8). Ces récipients portent un décor souvent surchargé, tendant au baroque, de lignes ou de bandes. On y voit des incisions en lignes horizontales, en bandes rayées ou croisillonnées, des motifs estampés, enfin et surtout des secteurs traités en décor « excisé » ainsi appelé parce que l'arrachage d'une partie de la pâte du vase donne aux zones mitoyennes une impression de faux relief. On a obtenu, par ce dernier procédé, des triangles ou des motifs en chevrons tout à fait originaux (fig. 27, nos 2, 5). Cette technique décorative, courante dans la civilisation des tumulus, a fini par se répandre dans plusieurs régions de France : Bassin parisien (sites des Roches à Videlles, Essonne; de Marion-des-Roches près de Montigny-sur-Loing dans la forêt de Fontainebleau; de Marolles-sur-Seine, Seine-et-Marne), Midi méditerranéen (site de Saint-Vérédème, Gard), zone atlantique même (Vilhonneur, Les Duffaits, en Charente). Elle persistera au début du bronze final.

Les gens des tumulus à l'Ouest : les Duffaits

Précisément, l'extension jusqu'à l'Atlantique de certaines civilisations essentiellement continentales est un signe de l'interpénétration des cultures vers le milieu de l'âge du bronze. Le temps où les civilisations fleurissaient sur un territoire jalousement protégé s'est désormais estompé. Le commerce sur une grande échelle des objets de bronze ou d'ambre, par exemple, favorise des « migrations culturelles » auxquelles les tribus campaniformes nous avaient déjà habitués, un demi-millénaire plus tôt. Rien d'étonnant de ce fait de rencontrer dans les Charentes, bien loin de leur berceau, des communautés encore fortement imprégnées d'affinités germaniques. Les récentes découvertes réalisées dans la grotte des Duffaits à La Rochette sont à cet effet particulièrement éloquentes.

Lors de l'exploration des galeries inférieures de cette cavité, on reconnut l'existence d'une véritable nécropole avec un minimum de trente-quatre cadavres, population dont la moitié n'avait pas atteint l'âge adulte. Le mobilier associé à ces défunts comprenait de nombreux vases : cruches, tasses à anse, écuelles carénées à anse, jarres biconiques à col en entonnoir, jarres à panse renflée ou cylindrique pour l'essentiel. Incisions, cannelures, estampages constituaient les techniques du décor avec, bien entendu, l'excision, si caractéristique de la culture des tumulus (fig. 27, nos 10, 11). Des bracelets ouverts, en bronze, portant de fines incisions gravées, paraient les squelettes ainsi que des perles en spire de bronze, quelques aiguilles et des épingles.

Dans le domaine des parures on fera une mention spéciale au matériel d'ambre. Trois cent trente objets en cette matière ont été recueillis : pendentifs à une ou deux perforations, perles de diverses variétés, perles d'espacement à perforations parallèles nombreuses, perle associant perforation simple et perforation en V, etc. (fig. 27, nos 13 à 16). Sans doute certaines démarcations sociales ou hiérarchiques étaient-elles traduites par la richesse du mobilier affecté à tel ou tel défunt; un sujet avait été gratifié à lui seul d'un bracelet de bronze, d'une perle en verre bleu et de près de 190 perles en ambre, soit 60 % des perles fournies par le gisement!

Bien entendu les peuplades des Duffaits n'étaient pas coupées des communautés autochtones : une hache à talon, en bronze, d'un type tout à fait régional, figure parmi le mobilier recueilli. Mais il n'en demeure pas moins que cette tribu, bien implantée en Angoumois entre 1500 et 1000 ans av. J.-C., possédait dans son ensemble des parentés centro-européennes évidentes.

Le temps des orfèvres

Dès le IIIe millénaire, les orpailleurs ont lavé les rivières pour recueillir des paillettes du précieux métal. Des pépites d'or natif furent aussi utilisées pour la confection de bijoux ou d'objets de luxe ayant, au-delà de l'aspect décoratif, une fonction symbolique probable. Ainsi dès la fin du néolithique on a confectionné des perles olivaires, massives ou creuses, ainsi que de petits anneaux, des fils spiralés, peut-être des diadèmes losangiques. Bien entendu, vers 2000 av. J.-C., les hommes aux gobelets campaniformes, propagateurs impénitents des nouvelles techniques métallurgiques, avaient largement divulgué certains objets d'or : appliques diverses, tubes, fils enroulés, rondelles, bandeaux. A l'âge du bronze ancien l'or ne cesse de jouer un rôle soutenu dans la fabrication de certains objets d'apparat. Et d'abord les fameuses lunules, ces magnifiques croissants constitués d'une plaque d'or finement décorée et dont les extrémités s'agrafaient pour refermer la pièce. Portait-on les lunules sur la tête, comme un diadème ou sur la poitrine à la manière d'un collier? Cette deuxième hypothèse paraît plus plausible. Quelques-unes de ces pièces remarquables ont été découvertes en Normandie ou en Bretagne (Kerivoa à Bourbriac, Côtes-du-Nord). Citons aussi, parmi les pièces de haute qualité, les bandeaux cylindriques découverts dans le dolmen de Rondossec à Plouharnel dans le Morbihan, ou dans une tombe de Saint-Père-en-Retz en Loire-Atlantique et qui pouvaient se fixer au cou ou remplir les fonctions de bracelets. On a aussi fabriqué en or des diadèmes, des épingles (comme celle de Ladoix-Serrigny en Côte-d'Or), des torques. Une authentique vaisselle d'apparat vit même le jour comme en témoignent la cuiller et le vase découverts à Ploumilliau (Côtes-du-Nord) (fig. 23, nos 9, 10).

Mais voici qu'au bronze moyen, puis au bronze final, les bijoux d'or gagnent en poids et en volume. Aux pièces en feuilles martelées succèdent désormais des objets massifs et épais. Vers 1500-1000 av. J.-C., les îles Britanniques furent de grands pourvoyeurs d'objets d'or. L'Irlande, en particulier, fut alors un véritable Eldorado. Les bijoux britanniques traversèrent la Manche, grâce à de dynamiques colporteurs et envahirent le marché continental. Des torques à corps hélicoïdal et à crochets furent exportés dans le bassin de la Seine, en Normandie, en Bretagne, en Poitou et jusqu'en Languedoc. La métallurgie locale de l'or, en dépit de la concurrence britannique, se maintint aussi et donna des pièces originales : petites boucles d'oreille à bouts effilés (dépôt de Lanrivoaré, Finistère), torques et bracelets (dépôt du Hinguet au Vieux-Bourg-Quintin, Côtes-du-Nord).

On connaît aussi quelques lingots en or. Mais les pièces les plus remarquables de cette période sont encore en feuille d'or. Sans doute ne s'agit-il pas, en raison de leur rareté même, de documents d'origine locale mais d'importations centro-européennes. La pièce la plus célèbre est le fameux cône d'Avanton (Vienne) dont la destination exacte est inconnue. On a tour à tour pris ce vestige pour un carquois, pour un vase, pour un revêtement de bétyle, de bois ou de pierre, pour une tiare, etc. C'est une curieuse pièce conique réalisée dans une feuille d'or ornée de lignes, de points, de cercles concentriques. La base est brisée. L'on s'accorde à présent à y voir un objet cultuel, peut-être déposé dans quelque lieu sacré.

A la fin de l'âge du bronze, l'or tient encore une place de choix parmi les pièces d'apparat. A Rongère (Varennes-sur-Allier) on a mis au jour, parmi divers objets, un vase en or à décor de bossettes et de mamelons dont on a souligné les parentés germaniques ou scandinaves. Un autre récipient, en feuille d'or, a été découvert à Villeneuve-Saint-Vistre (Marne). Comme on peut en juger, le fabuleux métal fut donc étroitement associé à l'éclat des belles productions métallurgiques d'Occident.

Torre et castelli de l'île de Corse

Dès le IIIe millénaire l'apparition en Corse d'une métallurgie précoce sonne peu à peu le glas de l'industrie de la pierre. L'obsidienne en particulier, cette pierre vitreuse sombre qui, à compter des débuts du néolithique, faisait l'objet d'importations régulières depuis la Sardaigne, fut insensiblement délaissée au cours du IIe millénaire. Au plein âge du bronze l'aspect culturel de la Corse va s'inscrire dans une ambiance générale méditerranéenne caractérisée par des monuments en gros appareil (appareil « cyclopéen »). C'est alors l'époque, en Argolide, des puissantes citadelles mycéniennes construites en blocs stupéfiants (Mycènes, Tyrinthe). Dans le bassin occidental, les îles engendrent elles aussi des civilisations aux monuments robustes, construits en grosses pierres appareillées. Ainsi en est-il des *nouraghes* de Sardaigne, tours tronconiques surmontant un monument à gradins. De même les Baléares voient-elles s'épanouir des monuments « cyclopéens » originaux comme les *navetas,* constructions rectangulaires à façade rectiligne et à abside arrondie ou encore les *talayots,* énigmatiques tours circulaires parfois flanquées de *taulas,* vastes dalles calcaires régularisées posées sur un solide pilier.

La Corse n'échappe pas à ce phénomène et connaît, elle aussi, des monuments à la fois imposants et qui lui sont propres. Encore faut-il s'empresser de préciser que ces monuments originaux sont concentrés en Corse méridionale en liaison peut-être avec une économie plus sédentaire. Le Nord, présentant des conditions écologiques différentes, devait être à cette même époque le siège de communautés nomades, sans doute axées sur l'élevage et dont les témoignages architecturaux sont pour l'instant inconnus. Le Sud était peut-être déjà dominé par de petits féodaux tirant parti au maximum des ressources du pays.

Ici, comme en plusieurs régions de la Méditerranée occidentale, le goût pour la grande architecture avait déjà débuté dans le courant du IIIe millénaire. Les datations du site de Tappa, près de Porto-Vecchio, situent ses origines aux environs de 2000 av. J.-C. Mais c'est au cours de l'âge du bronze que les monuments connaissent leur âge d'or et répondent à un certain nombre de caractères précis. On les édifie sur des buttes et on les retranche derrière une enceinte de blocs (fig. 28, nº 1). Souvent d'ailleurs de gros blocs déjà en place ont été utilisés au mieux dans l'agencement des bâtisses. Ces camps fortifiés *(castelli)* sont donc des sites de hauteur dont la partie la plus élevée est généralement occupée par un édifice circulaire, à chambre voûtée en encorbellement (fig. 28, nº 2). Ces sortes de donjons ont été baptisés *« torre »* et ont servi à désigner la civilisation corse de cette époque (le « torréen »). En fait la *torre* n'est que l'édifice le plus noble et probablement le plus ancien d'un ensemble fortifié plus ou moins vaste. Ces tours n'étaient peut-être au départ que des monuments cultuels mais elles ne purent échapper à des destinations les plus diverses (habitats, tours de guet ou de défense, etc.). Il semble même que, parmi ces *castelli*, les complexes défensifs les plus remarquables soient tardifs et ne puissent dater que du bronze final voire du premier âge du fer (Cucuruzzu). Il y a eu souvent à ces époques tardives réaménagements et agrandissements des premières bâtisses, parfois même création de nouveaux centres dans des zones reculées (Altagène). Au début du Ier millénaire le nombre élevé de ces camps (par exemple dans l'Alta Rocca) semble indiquer des communautés actives et peut-être nombreuses.

On a beaucoup parlé d'influences mycéniennes à propos de l'architecture torréenne de la grande époque (bronze moyen). On ne perdra pas de vue pourtant que la voûte à encorbellement était déjà connue au IVe millénaire sur les rivages atlantiques et qu'en Méditerranée occidentale, elle était bel et bien commune au IIIe millénaire comme l'attestent par exemple les grandes tombes d'Andalousie (la Cueva del Romeral à Antequera). Il faut donc rester prudent en ce qui concerne ces problèmes de filiation ou de diffusion.

Un autre aspect spectaculaire de l'âge des métaux en Corse réside dans sa statuaire : plus de 70 statues-menhirs sont connues à ce jour, quelquefois associées d'ailleurs aux monuments à grande architecture. En fait on se trouve ici en présence d'une longue tradition dont les statues-menhirs de l'âge du bronze ne constituent qu'un maillon. Déjà, au IIIe millénaire, on avait pris l'habitude de dresser des menhirs groupés, isolés ou encore associés à quelques dolmens. Certaines de ces pierres levées s'originalisèrent bientôt par le dégagement d'une sorte de tête qui conféra au monument un aspect anthropomorphe. Au stade suivant apparurent des caractères plus élaborés : la « tête » des statues-menhirs prit figure humaine; le nez, les yeux, la bouche furent désormais sculptés, de manière parfois remarquable (statues VI et IX de Filitosa).

Certaines statues seront bientôt représentées armées : on se trouve en présence de guerriers casqués, peut-être même cuirassés, portant sur leur poitrine ou sur le côté des épées et des poignards (fig. 28, n° 12). Ces dagues sculptées, qui présentent souvent des cornes caractéristiques au niveau de la garde, paraissent influencées par les armes mycéniennes (fig. 28, n°s 8, 10, 11). On pourrait donc admettre qu'à l'âge du bronze la Corse eut des contacts manifestes avec les civilisations est-méditerranéennes, peut-être avec les trafiquants mycéniens qui sillonnèrent la Méditerranée orientale de la côte de Syro-Palestine jusqu'en Sicile, et peut-être au-delà. Mais en est-on bien sûr? En effet on a aussi pensé qu'il pouvait s'agir d'armes en fer, donc nettement plus récentes. Quoi qu'il en soit de la datation des statues-menhirs, on peut estimer que les sculpteurs corses avaient pris l'habitude d'immortaliser dans la pierre leurs héros, leurs chefs, voire des personnages de moindre rang. C'est là une expression culturelle originale.

La construction des *castelli* en est une autre car il paraît certain que ces bâtisses ne doivent pas être attribuées à des envahisseurs – comme on l'a parfois avancé – mais bel et bien aux indigènes désireux d'assurer leur sécurité face aux pillards que la mer amenait plus ou moins régulièrement sur les côtes de l'île. Pensons aussi aux possibles guerres intestines pour trouver une explication à l'édification de ces forteresses. En fait le caractère spécifiquement insulaire et autochtone des âges du bronze et du fer en Corse est bien traduit par les mobiliers mis au jour dans les sites de cette époque. Déjà au bronze ancien les coupes à pied de Castellucio et de Murtedu s'apparentent aux céramiques d'autres groupes insulaires voisins (Sardaigne, Sicile); les petites tasses à anses relevées de Settiva sont d'ambiance italique (îles Éoliennes, Italie du Nord). A la pleine époque torréenne, à côté de quelques influences sardes, on retrouve des tasses avec ou sans anse, des plats, des coupes ou des écuelles de faible hauteur, des jattes à deux anses c'est-à-dire un répertoire céramique local et somme toute peu original (fig. 28, nos 3 à 7).

Parallèlement des indices d'une métallurgie indigène du IIe millénaire sont attestés grâce à la découverte de moules de fondeur (Capula, Alo Bisucce).

A cet effet on regrettera qu'il ne nous soit parvenu aucune des épées qui purent alors circuler en Corse. Notre seule information repose sur les sculptures qui les figurent. Ceci est d'autant plus dommage que ces armes sont les seuls éléments mobiliers dont l'origine pourrait être lointaine. Ces rapières exceptées, la plupart des vestiges matériels soulignent déjà, pour la Corse, une originalité bien ancrée. Originalité qui se maintiendra encore longtemps jusqu'à ce qu'au Ier millénaire, les cultures classiques (punique, étrusque, grecque) contribuent à amorcer à partir du littoral une certaine évolution des peuplades insulaires.

Sites de l'âge du bronze en France
(2000-1800 - 700 av. J.-C.)

FIG. 21. – AGE DU BRONZE ANCIEN. GRAVURES RUPESTRES DU MONT BEGO (SAINT-DALMAS-DE-TENDE, ALPES-MARITIMES).

1 à 4. Attelages de bovidés tirant un araire, guidé par un cultivateur. – 5 à 9. « Corniformes ». – 10 à 13. Poignards. – 14, 15, 16. Réticulés. – 17, 18, 19, 20, 21. Personnages symboliques. – 22. Hallebarde.

(D'après J. Abelanet, H. de Lumley, M.-I. Fonvielle.)

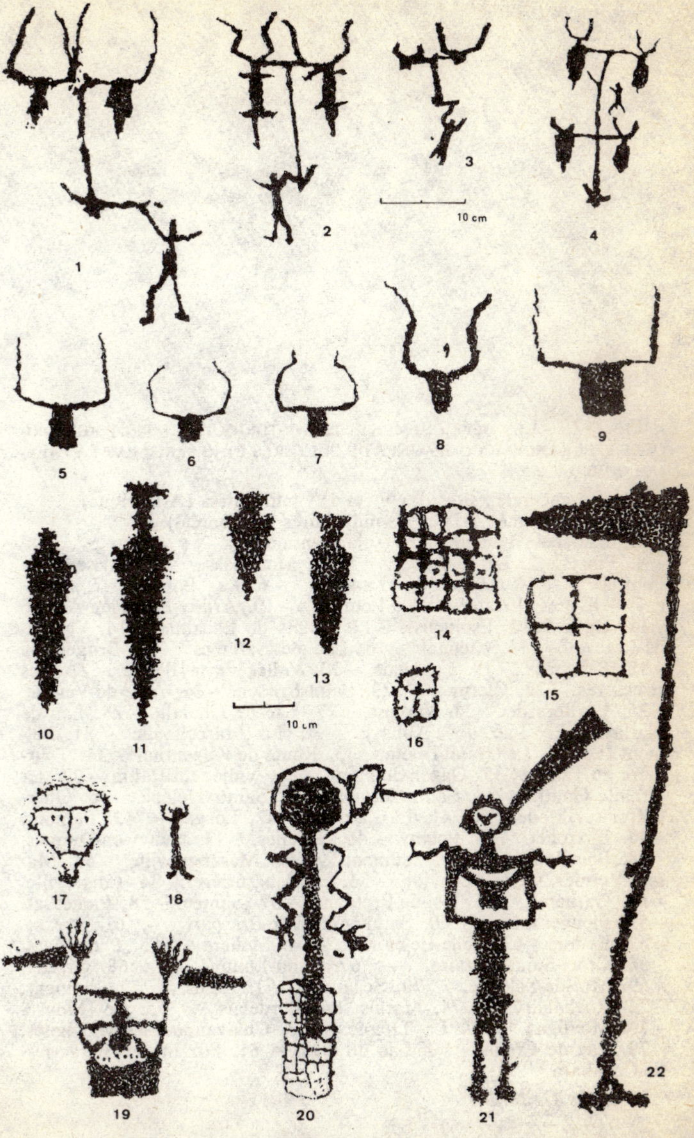
1
2
3
10 cm
4
5
6
7
8
9
10
11
12
13
10 cm
14
15
16
17
18
19
20
21
22

FIG. 22. – LES DÉFRICHEMENTS PRÉHISTORIQUES ET PROTOHISTORIQUES EN FRANCE ACCOMPAGNÉS DE CULTURES ET REPÉRÉS PAR LA PALYNOLOGIE.

Chiffre encerclé : sites des Ve et IVe millénaires (Atlantique).
Chiffre souligné : IIIe et IIe millénaires (sub-boréal).
Chiffre seul : Ier millénaire (sub-atlantique).

1. Pinet. – 2. Le Bousquet. – 3. La Moulinasse. – 4. Ruisseau du Fournas. – 5. Ruisseau de Laurenti. – 6. La Borde. – 7. Nohèdes. – 8. Les Estables. – 9. Lourdes. – 10. Arudy-Peyragou-Augas. – 11. Ogeu. – 12. Espinouse. – 13. Monts de Lacaune. – 14. Vezens-de-Lezevou. – 15. Aigoual. – 16. Lac de Salhiens. – 17. Brugeroux. – 18. Beleymas. – 19. Lanquais. – 20. Vallée de la Beune. – 21. Les Esclauzes. – 22. Clermont. – 23. Saint-Brisson. – 24. Alpe-de-Venosc. – 25. La Bérarde. – 26. Vercors. – 27. Lac de Chalain. – 28. Lac de Narlay. – 29. Lac de l'Abbaye. – 30. La Maréchaude. – 31. Belmont II. – 32. Le Grand Étang. – 33. Route de Kligenthal. – 34. Tourbière du Tanet. – 35. Gazon-de-Faing. – 36. Vallée du Rahin. – 37. La Grande Goutte. – 38. Saint-Goron I. – 39. Sainte-Hélène. – 40. Oberhoffen-sur-Moder. – 41. La Bar. – 42. Long. – 43. Pernant. – 44. L'Archet. – 45. Poigny. – 46. Videlles. – 47. Neuvy-en-Dumois. – 48. Bois-de-Léon. – 49. Saumont I. – 50. Mésangueville. – 51. Marais Vernier. – 52. Appeville. – 53. La Sangsurière. – 54. Lingreville. – 55. Gathemo. – 56. Dol-de-Bretagne. – 57. Santec. – 58. Plouescat. – 59. Plougernau. – 60. Saint-Michel-de-Braspart. – 61. Spézet. – 62. Redon. – 63. Belle-Ile-en-Mer. – 64. Melleray. – 65. Petit-Mars. – 66. Croix-Saint-Nazaire. – 67. Saint-Lumine. – 68. Gizeux. – 69. Mur-de-Sologne. – 70. Sceaux. – 71. Rians. – 72. Prémery. – 73. Rochandry. – 74. Marais du Bordelais. – 75. Le Moura. – 76. Mouligna. – 77. La Trémie. – 78. Châteauneuf-les-Martigues. – 79. Lac de Creno. – 80. Lac de Nino. – 81. Pozzine-des-Bergeries-de-Cavallara.

(D'après G. Jalut.)

La vie quotidienne au IIᵉ millénaire

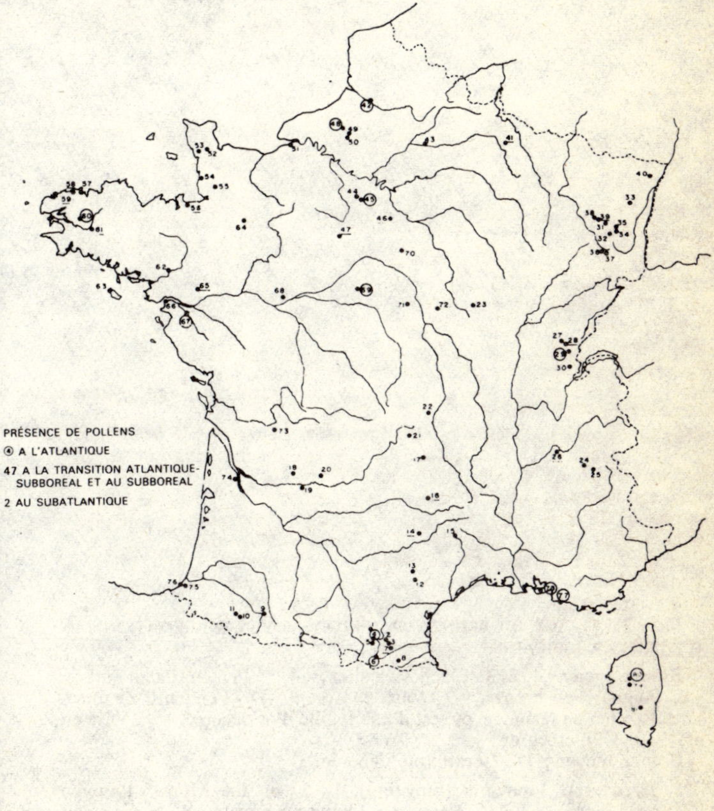

FIG. 23. – AGE DU BRONZE ANCIEN ET MOYEN. CIVILISATION DES TUMULUS ARMORICAINS.

Bronze ancien : 1, 2, 3. Flèches en silex. – 4, 5. Pendentifs en ambre. – 6. Poignard en bronze. – 7. Vase en argent. – 8. Pendentif ou brassard d'archer en résine recouvert d'une feuille d'or décorée. – 9. Vase en or. – 10. Cuiller en or.

Bronze moyen : 11. Céramique décorée.

1. Keruzoret, Plouvorn (Finistère). – 2, 8. La Motta, Lannion (Côtes-du-Nord). – 3, 4, 5. Kernonen, Plouvorn (Finistère). – 6. Carnoët, Quimperlé (Finistère). – 7. Saint-Adrien (Côtes-du-Nord). – 9, 10. Ploumilliau (Côtes-du-Nord). – 11. Kérouaré, Guimiliau (Finistère).

(D'après J. Briard.)

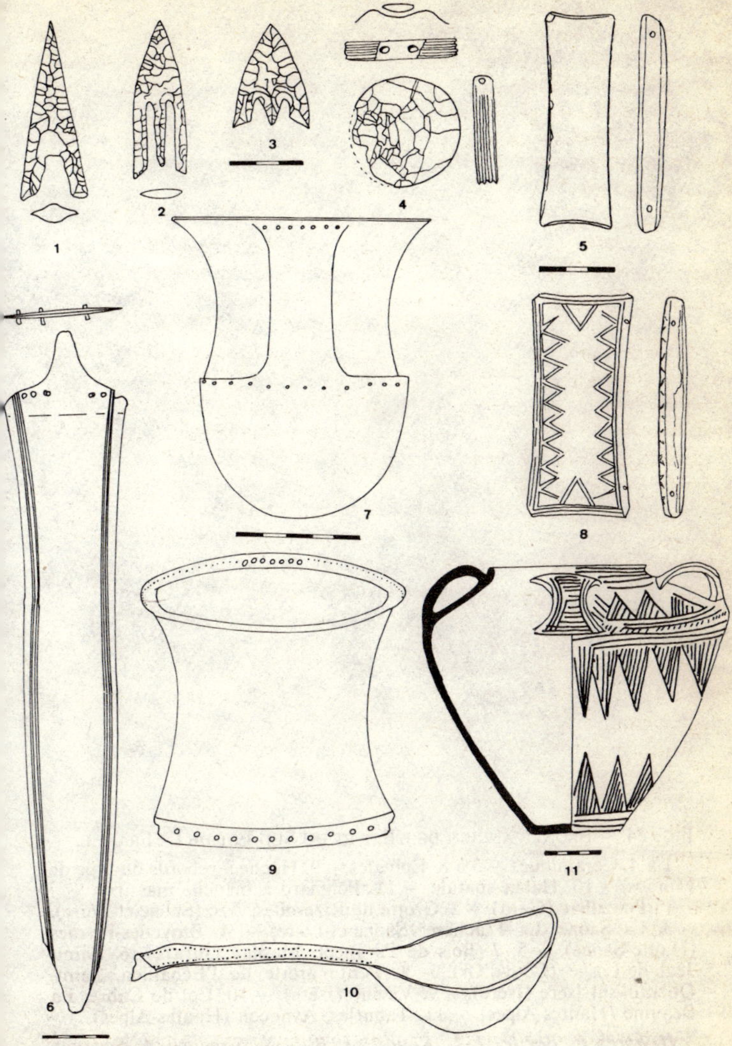

1 2 3 4 5 6 7 8 9 10 11

FIG. 24. – BRONZE ANCIEN DE L'EST ET DU SUD-EST DE LA FRANCE.

1 à 4. Céramiques. – 5 à 8. Épingles. – 9. Hache à rebords du type de Morges. – 10. Hache-spatule. – 11. Poignard à manche massif.

1. Pouzilhac (Gard). – 2. Grotte de Rizerolles, Azé (Saône-et-Loire). – 3. La Saône, La Truchère (Saône-et-Loire). – 4. Broye-les-Pesmes (Haute-Saône). – 5, 7. Bois de Parançot, Mesnay (Jura). – 6. Saint-Jean-de-Losne (Côte-d'Or). – 8. Petite grotte de l'Échaillon, Saint-Quentin-sur-Isère (Isère). – 9. Vienne (Isère). – 10. Col de Cabre, La Beaume (Hautes-Alpes). – 11. Taburles, Avançon (Hautes-Alpes).

(D'après F. Bazile, J.-L. Roudil, J. Bill, N. Sandars, A. Bocquet, J.-C. Courtois.)

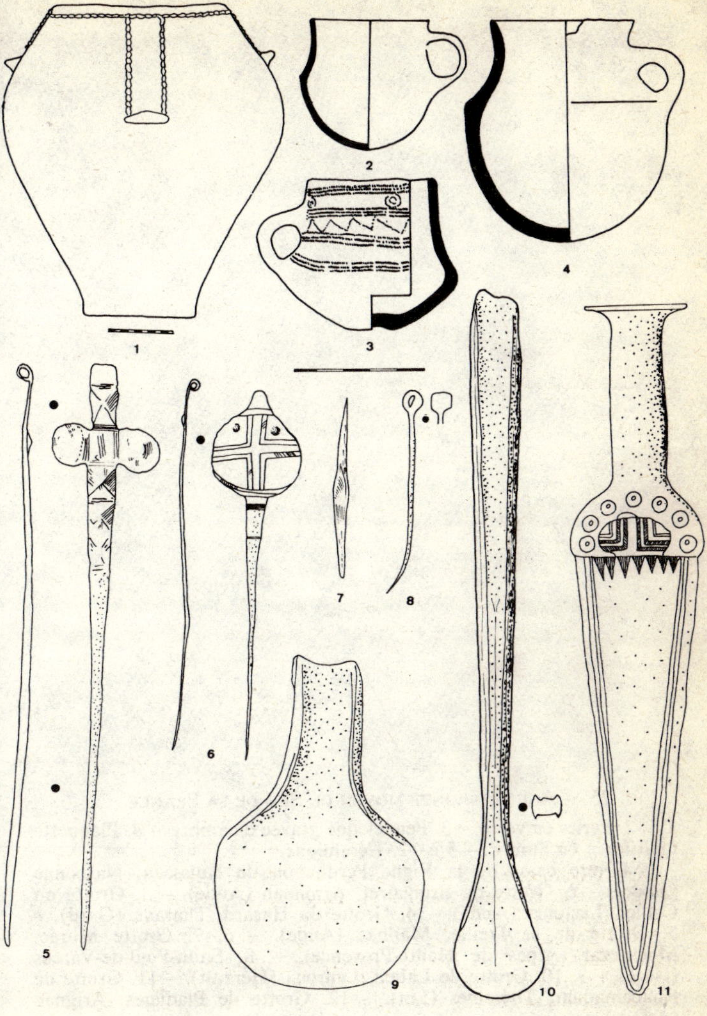
1
2
3
4
5
6
7
8
9
10
11

FIG. 25. – AGE DU BRONZE MOYEN DU SUD DE LA FRANCE.

1, 2. Perles en verre. – 3. Pendeloque gravée en ambre. – 4. Plaquette multiforée en ambre. – 5 à 12. Céramique.

1. Grotte basse de la Vigne Perdue ou du Ruisseau, Narbonne (Aude). – 2. Grotte de Bringairet, Armissan (Aude). – 3. Grotte au Collier, Lastours (Aude). – 4. Grotte du Hasard, Tharaux (Gard). – 5. Grotte de la Treille, Mailhac (Aude). – 6, 7. Grotte Murée, Montpezat (Alpes de Haute-Provence). – 8. Saint-Paul-de-Varces (Isère). – 9. 10. Grotte de Labeil, Lauroux (Hérault). – 11. Grotte de Roucamadour, Thémines (Lot). – 12. Grotte de Pladières, Arignac (Ariège).

(D'après J. Guilaine, J.-L. Roudil, J. Courtin, A. Bocquet, J. Arnal.)

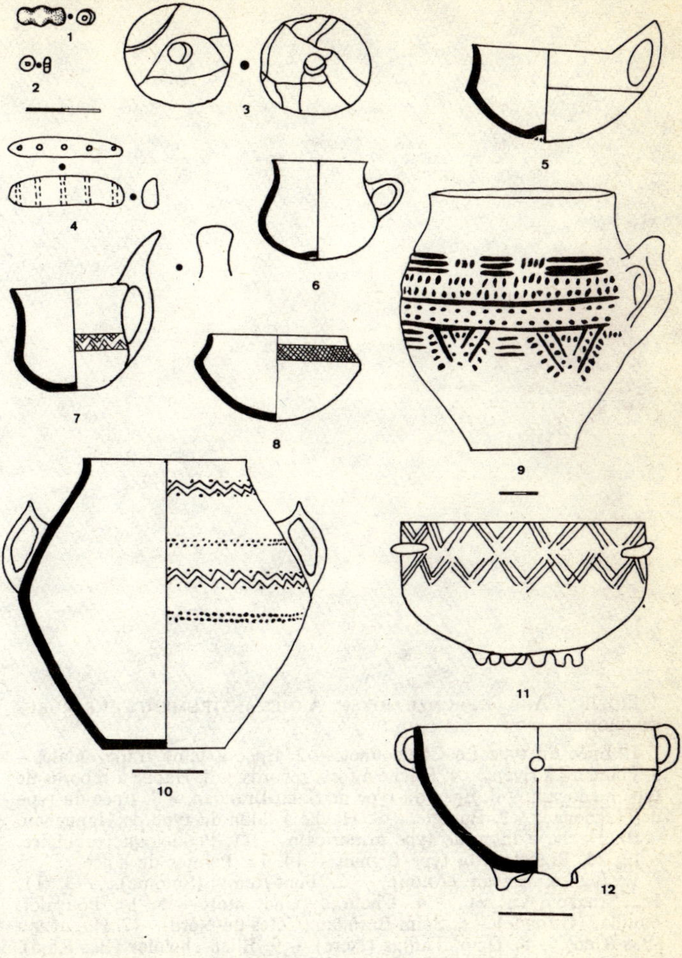
1
2
3
4
5
6
7
8
9
10
11
12

FIG 26. – AGE DE BRONZE MOYEN. ARMES, INSTRUMENTS ET PARURES EN BRONZE.

1. Épée du type Le Cheylounet. – 2. Épée à lame trapézoïdale. – 3. Poignard à rivets. – 4. Hache à forts rebords. – 5. Hache à rebords de type médocain. – 6. Épée du type de Saint-Brandan. – 7. Épée du type de Haguenau. – 8. Épingle. – 9. Hache à talon du type de Haguenau. – 10. Hache à talon de type armoricain. – 11. Pendeloque tubulaire. – 12, 13. Bracelets du type Bignan. – 14, 15. Pointes de lance.

1. Jugnes, Sigean (Aude). – 2. Pont-Remy (Somme). – 3, 11, 15. Arnave (Ariège). – 4. Chebrac (Charente). – 5. Le Pouyalet, Pauillac (Gironde). – 6. Saint-Brandan (Côtes-du-Nord). – 7. Haguenau (Bas-Rhin). – 8. Tizin, Tullins (Isère). – 9. Blienschwiller (Bas-Rhin). – 10. Kergoat, Scaër (Finistère). – 12, 13. La Barre, Cossé-le-Vivien (Mayenne). – 14. Le Clion-sur-Mer, Bel Essart (Loire-Atlantique).

(D'après J. Guilaine, J. Gaucher, J.-P. Mohen, J. Gomez, G. Gachina, J. Briard, A. Bocquet, J. L'Helgouach, M. Tessier.)

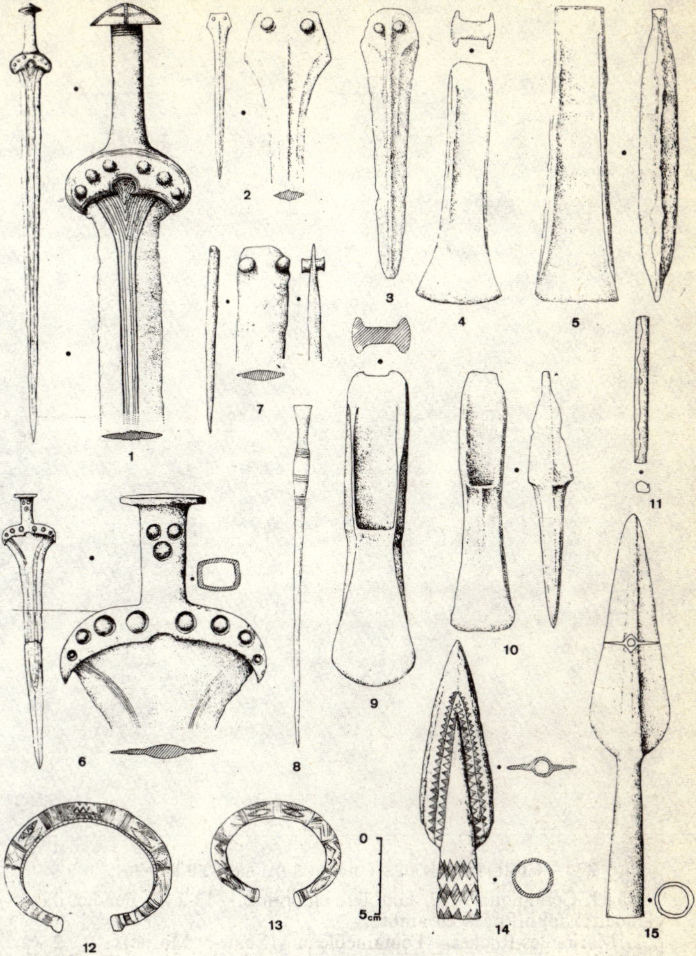
1
2
3
4
5
6
7
8
9
10
11
12
13
14
15
0
5cm

FIG. 27. – CIVILISATION DES TUMULUS DU BRONZE MOYEN.

1 à 11. Céramique. – 12. Jambière en bronze. – 13 à 20. Pendentifs et plaquettes multiforées en ambre.

1. Marion-les-Roches, Fontainebleau (Seine-et-Marne). – 2 à 6. Videlles, Les Roches (Essonne). – 7, 8, 12. Haguenau (Bas-Rhin). – 9 à 11, 13 à 16. Grotte des Duffaits (Charente). – 17, 20. Oberfeld (Bas-Rhin). – 18. Oberstritten (Bas-Rhin). – 19. Dachschübel-Birklach (Bas-Rhin).

(D'après G. Bailloud, C. Schaeffer, J. Gomez.)

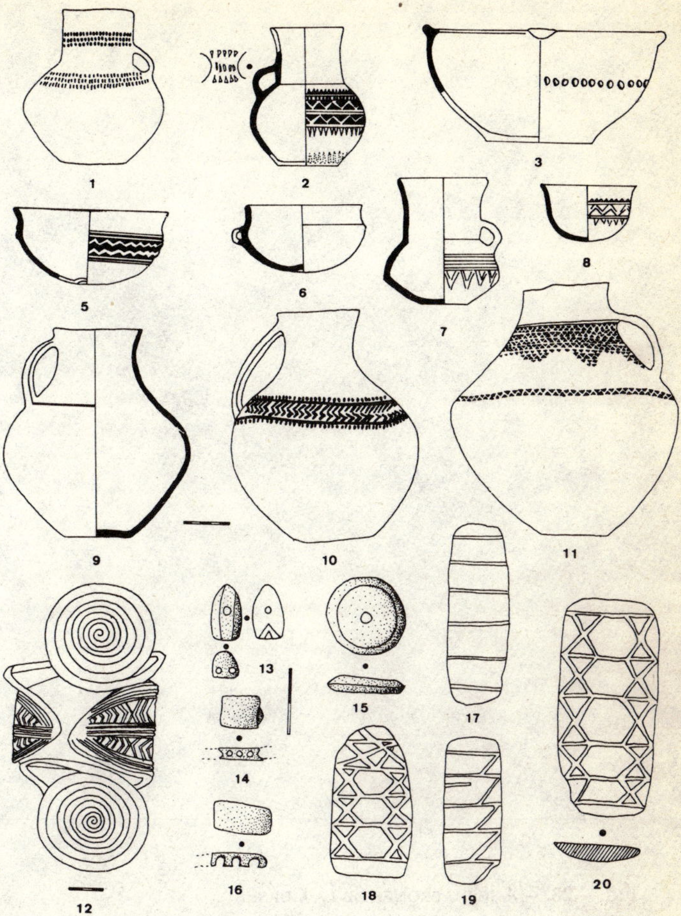
1
2
3
5
6
7
8
9
10
11
12
13
14
15
16
17
18
19
20

FIG. – 28. – AGE DU BRONZE DE LA CORSE.

1. Éperon barré et fortifié de Filitosa (Sollacaro). – 2. Reconstitution graphique en perspective éclatée d'un monument torréen : Tappa. – 3 à 7. Styles céramiques du torréen. – 8 à 11. Poignards et épées figurés en bas-relief sur les statues-menhirs corses. – 12. Statue-menhir de Filitosa V (hauteur : 2,95 m).

(D'après R. Grosjean.)

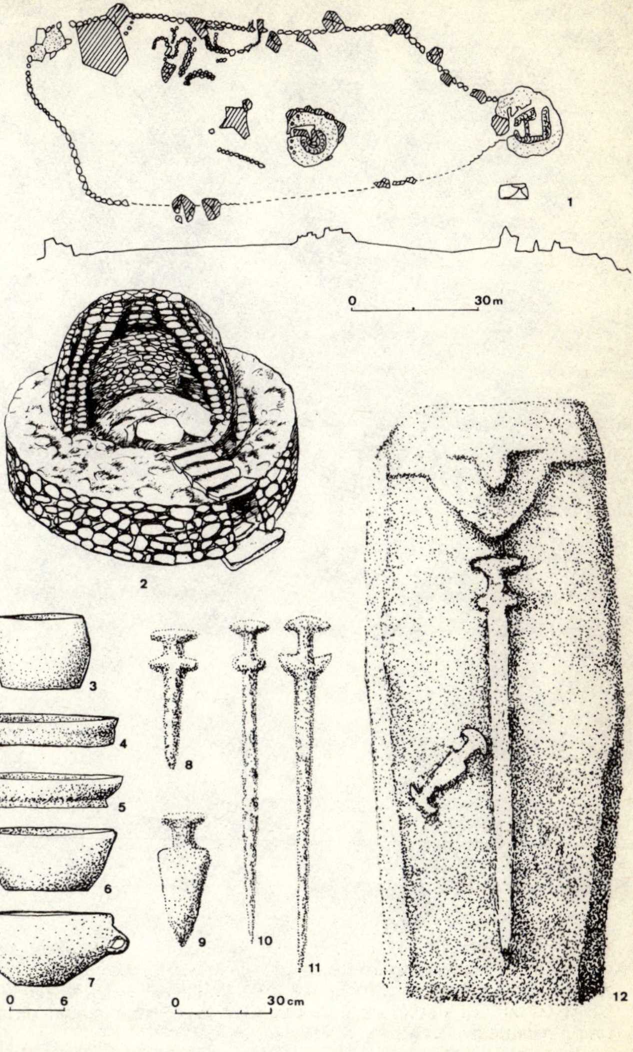
1
0
30m
2
3
4
5
6
7
0
6
8
9
10
11
0
30cm
12

VI

Le bel âge du bronze

On désigne sous cette dénomination le stade ultime de l'âge du bronze, encore appelé âge du bronze final. C'est une longue période d'un demi-millénaire, de 1200 à 700 av. J.-C. environ, et qui peut même dans certaines contrées se prolonger encore quelques décennies supplémentaires. Dans les régions où l'apparition du fer sera précoce, la métallurgie du bronze n'en sera pas pour autant ruinée. Elle survivra, parfois même comme vivifiée par la concurrence sérieuse du nouveau métal. Ainsi s'explique en partie que les stades ultimes de ce bel âge du bronze, parfois contemporains de l'écoulement des tout premiers objets de fer, soient ceux qui aient donné les pièces les plus belles, les plus diversifiées et techniquement les plus élaborées.

Le bronze final est donc l'époque de la plus grande production des instruments de bronze. Ces derniers sont souvent fabriqués en quantité industrielle et largement distribués. Les archéologues peuvent alors, à partir de cartes de répartition de certains objets, déterminer des provinces culturelles bien marquées avec des zones de création et des aires de diffusion des produits commerciaux. Les régions continentale (essentiellement le monde alpin et ses marges) et atlantique se partagent une bonne partie de la production et inspirent à tour de rôle des ateliers ou des cultures géographiquement intermédiaires.

Cette époque est non seulement marquée par la fabrication intensive d'objets de bronze mais aussi par un phénomène culturel d'une importance capitale : la constitution de la civilisation des champs d'urnes. Précisons sans plus tarder qu'en Europe centrale la civilisation des tumulus du bronze moyen fait place désormais à une nouvelle culture expansionniste. Cette dernière s'étendra entre autres aux trois quarts environ du territoire français, établissant peu à peu un rite funéraire nouveau et jusqu'alors peu développé : l'incinération. Le phénomène « champs d'urnes » revêt une telle importance dans la préhistoire européenne, un peu comme à l'âge du cuivre les civilisations à céramiques cordées et campaniformes ou comme au deuxième âge du fer, le phénomène celtique, qu'il mérite que nous y insistions tout particulièrement.

La civilisation des champs d'urnes

Que s'est-il donc passé du Rhin aux Pyrénées vers 1200 ou 1100 av. J.-C.? Un phénomène à n'en pas douter très important et qui va marquer pour de longs siècles la physionomie culturelle de notre pays. Alors apparaissent des peuplades nouvelles, fort dynamiques et qui vont amorcer une profonde mutation des civilisations en place. Ce phénomène n'est pas lié à la Gaule. Cette époque est en effet marquée dans presque toute l'Europe par des invasions ou par l'apparition de peuples qui contribuent un peu partout à l'émergence de nouvelles structures culturelles. En Grèce, Mycènes qui fut la tête de la plus importante civilisation européenne de l'âge du bronze est détruite, et les Doriens, qui maîtrisent désormais la métallurgie du fer, prennent pied en Péloponnèse. En Europe centrale les civilisations du bronze moyen disparaissent devant une culture dont la force d'expansion peu commune s'étendra jusqu'à la péninsule Ibérique. Cette civilisation porte le nom de « civilisation des champs d'urnes ».

Pourquoi une telle expression? Parce que après la mort le défunt, au lieu d'être inhumé, était brûlé sur un bûcher, parfois avec ses armes ou ses bijoux; ses restes étaient soigneusement recueillis dans une urne funéraire et cette dernière était disposée dans une fosse creusée dans le sol. De sorte que les cimetières de cette époque se présentent comme de vastes concentrations d'urnes emplies de cendres.

Ce phénomène est digne d'attention. Si l'on remonte le cours des temps préhistoriques, on s'aperçoit que l'homme n'avait guère connu jusqu'alors, comme rite funéraire, que l'inhumation. Certes il pouvait çà et là brûler ses morts à l'occasion, mais ce rite n'avait jamais été que mode locale et passagère. Voici à présent qu'il est généralisé sur de vastes territoires. Sauf dans certaines parties de l'Ouest de la France, région qui marquera une certaine résistance à l'introduction des peuples incinérateurs, l'influence des champs d'urnes (on désigne ici l'ensemble de cette civilisation à travers ses caractères funéraires) a intéressé à peu près tout notre pays. Un savant allemand W. Kimmig n'hésite pas, à propos de ce phénomène, à parler de véritable fait historique.

Il ne faut pourtant pas s'imaginer que la constitution de cette civilisation a présenté un aspect homogène dans l'espace ou dans le temps. Dans l'espace, selon la région où ils se sont installés, les nouveaux venus pouvaient se métisser au contact de modes locales, qu'ils adoptaient partiellement, ou finissaient par se démarquer de certains groupes voisins par leur équipement. Par ailleurs dans le temps, chaque groupe régional ou local a été fréquemment relayé, à chaque siècle environ, sinon moins, par de nouveaux arrivants ou par un certain changement culturel. Aussi peut-on avoir une idée de la diversité des faciès qui se sont succédé à cette époque sur notre territoire. Comme néanmoins la plupart de ces divers groupes étaient influencés par un même grand foyer créateur et que, d'autre part, des contacts commerciaux et culturels les ont interpénétrés, un même fonds commun imprègne ces populations : styles céramiques particuliers, armes et outils inspirés de prototypes souvent originaires de l'Europe moyenne, progression rapide du rite de l'incinération, etc.

On considère généralement qu'il est possible d'établir en France un ordre de succession des diverses « vagues » d'apparition des champs d'urnes, chaque vague présentant des caractères particuliers. Mais, en fait, y eut-il réellement invasion? Les aspects novateurs qui apparaissent un peu partout ne sont-ils pas seulement le reflet d'un phénomène d'acculturation favorisé par les déplacements de marchands ambulants ou de groupuscules dynamiques? On discutera sans doute encore longtemps de ce problème. Quoi qu'on puisse en penser, on estime que cinq phases sont actuellement perceptibles dans l'évolution chronologique de la culture des champs d'urnes. Elles recouvrent tout l'âge du bronze final, soit un bon demi-millénaire, entre 1200 et 700 av. J.-C. A l'occasion même, en Languedoc et dans les Pyrénées méditerranéennes par exemple, le fonds champs d'urnes perdurera même en plein âge du fer et sera encore vivace au VIe siècle av. J.-C. Comment s'articule donc cette évolution?

Les principaux temps du bronze final

Vers 1200 av. J.-C., quelques nouveaux venus apparaissent dans l'Est de la France. Ils n'ont pas forcément adopté le rite de l'incinération et quelquefois les défunts ont été purement et simplement inhumés, comme à l'âge du bronze moyen. Mais leur équipement céramique est empreint de nouveautés : on affectionne à présent des poteries à pâte noire et brillante, ornées de bossettes ou de cannelures (fig. 29, nos 1 à 5); on fabrique des épées droites et longues comme les rapières de Rixheim dans le Haut-Rhin. Des sites marquent la progression de ces peuplades : Courtavant dans l'Aube, Courchapon dans le Doubs. C'est la phase ancienne de la civilisation des champs d'urnes, limitée à l'Est et au Centre-Est du pays.

Vers – 1100/– 1000 environ on assiste à une emprise affermie de ces « étrangers ». En même temps une diversification géographique s'opère et des groupes régionaux apparaissent : en Alsace de nouveaux cimetières à incinération remplacent ceux apparus précédemment, en Bourgogne et dans l'Yonne on voit se constituer le faciès dit de Champbertrand, en Champagne une première manifestation de ces peuplades est attestée à Aulnay-aux-Planches, sur la Saône commence à se constituer le groupe de Sassenay, etc. C'est la phase moyenne. Les styles céramiques ont changé (fig. 29, nos 6 à 8), l'outillage de métal aussi.

A partir de – 900 se développe l'étape récente, la plus classique, celle qui a donné les vestiges les plus abondants. Elle correspond parallèlement à la phase ultime de l'âge du bronze (fig. 29, nos 9 à 11). L'essentiel du territoire est touché, les zones atlantiques exceptées. Toutefois on s'aperçoit que, même dans ces aires occidentales longtemps considérées comme réfractaires à la colonisation des « champs d'urnes » l'impact de cette culture est peu discutable. On a récemment découvert un site de cet horizon dans le Maine-et-Loire à Saint-Hilaire-Saint-Florent. Quant aux forgerons atlantiques, ils s'inspirent souvent plus ou moins, dans leurs productions, d'objets originaires des provinces de l'Est.

Quand vers – 700/– 650 l'âge du fer se met insensiblement en place dans l'hexagone, la culture des champs d'urnes est à tel point implantée qu'elle va souvent constituer la souche même des nouvelles civilisations. Il semble en effet que bien des groupes du premier âge du fer soient l'émanation directe des civilisations en place à la période antérieure. Le rite de l'incinération allié à la sépulture en fosse se maintiendra en bien des endroits, en Languedoc par exemple où il survivra jusqu'aux premiers temps de l'hellénisation. Passons donc sans tarder en revue les caractères essentiels de cette belle phase de notre protohistoire.

Les sépultures

Évoquons d'abord le monde des morts, celui-là même qui sert à désigner la civilisation qui nous occupe.

Partout où son implantation fut nette, l'apparition de la civilisation des champs d'urnes entraîna le remplacement du rite de l'inhumation par celui de l'incinération. Mais il ne faut pas croire que cette mutation fut rapide et générale. En certains lieux les deux coutumes se maintinrent, un temps, juxtaposées. En d'autres secteurs, si la céramique et certains aspects matériels de la civilisation des champs d'urnes s'implantèrent rapidement, les coutumes funéraires restèrent ce qu'elles avaient toujours été tout au long de l'âge du bronze, c'est-à-dire que l'on continua d'inhumer les morts dans des fosses ou dans des ossuaires en grottes, sans connaître les véritables nécropoles d'urnes funéraires. Ce fut par exemple le cas dans la région des Causses. Mais en général le rite de l'incinération parvint à éliminer les modes d'ensevelissements traditionnels. Les exemples ne manquent pas qui montrent ce changement progressif d'un système à l'autre.

En Bourgogne par exemple, vers – 1200, les tombes étaient des coffres enterrés construits en blocs épais, en dalles ou en pierres sèches. Les sujets étaient inhumés en position allongée. Dans la nécropole de la Colombine à Champlay (Yonne) une femme de haut rang fut découverte parée de bijoux : bracelets, bagues, colliers, boucles d'oreilles, jambières en bronze, bracelets en ambre, parements métalliques ou en verre d'une robe, pendentif ou diadème (?) composé d'une grande canine courbe de sanglier enrobée dans une monture de bronze à prolongements en spirale; des vases accessoires, placés près de la tête et aux pieds de la défunte, complétaient le mobilier funéraire.

Vers – 1100 l'incinération apparaît et vient concurrencer la coutume des inhumations de sorte que dans plusieurs cimetières, selon les cas, on inhume les défunts ou on les brûle. Aussi les archéologues découvrent-ils tantôt des inhumations tantôt des incinérations contemporaines. Ainsi dans la nécropole I des Gours-aux-Lions à Marolles-sur-Seine (Seine-et-Marne) les corps des sujets inhumés étaient couchés dans des fosses circulaires ou allongées; le corps avait été parfois disposé le dos contre la paroi. La plupart de ces tombes avaient d'ailleurs été pillées peu après le décès : on avait, semble-t-il, fait main basse sur les objets de bronze les plus précieux. Mais peut-être aussi ces réouvertures de sépulcres présentaient-elles un aspect rituel qui s'accompagnait du prélèvement du crâne et de certains objets. En effet les crânes semblent avoir été systématiquement enlevés : peut-être les ré-enterrait-on ensuite en quelque autre lieu...

A côté de ces sépultures à inhumation, on connaît dans ce même cimetière des tombes à incinération : on brûlait le corps, on récupérait dans une urne une partie des cendres produites, on disposait ce vase dans une cavité arrondie soit à peine plus grande que la dimension du récipient soit beaucoup plus spacieuse. Un vase couvercle fermait l'urne cinéraire. D'autres récipients pouvaient être disposés à côté ou au-dessus de l'urne, selon les dimensions de la fosse. Les vases découverts dans cette nécropole des Gours-aux-Lions étaient soit des urnes à pâte grossière soit des récipients plus petits et plus fins, souvent ornés de cannelures et de mamelons en relief.

Le mobilier métallique retrouvé comportait des rasoirs, des épingles, des pincettes, des bracelets, des perles en tube, des boutons c'est-à-dire avant tout des objets de parure. Il s'y ajoutait des perles en ambre et en or. Quelques pièces plus utilitaires comme des poignards ont été découvertes. Enfin des offrandes de bœuf, de porc ou de mouton constituaient un viatique pour l'au-delà. On á peut-être sacrifié des chiens lors de la cérémonie funèbre. A Marolles-sur-Seine, une deuxième nécropole, située à 100 m de celle que nous venons d'évoquer, avait été en activité à une époque un peu plus récente.

Aux environs de 1000 av. J.-C. l'incinération se généralise et souvent même le mobilier métallique qui accompagne le défunt est totalement brûlé avec ce dernier. C'est l'époque des nombreuses nécropoles des vallées de l'Yonne, de la Loire (Pougues, Dompierre) ou de la Saône (Granges, Saint-Bernard, Sassenay).

Enfin vers 800 av. J.-C. les tombes en fosse se maintiennent mais d'autres modes apparaissent. On voit par exemple se développer sur les plateaux bourguignons la construction de tertres funéraires. Ils recouvrent une incinération ou, parfois, une inhumation, ce rite apparaissant à nouveau après quelques siècles d'absence.

De vastes enclos circulaires ou quadrangulaires peuvent être associés aux nécropoles de l'époque des champs d'urnes. On en connaît beaucoup dans toute la moitié Nord de la France où on a pu les repérer grâce à la photographie aérienne. Leur périmètre est en effet souligné par les restes d'un fossé aujourd'hui comblé mais bien visible par suite de la différence de végétation due à une terre plus riche en débris organiques. En Champagne certains ont pu être méthodiquement fouillés. Dans la région des marais de Saint-Gond, les enclos circulaires, au nombre d'une cinquantaine, avaient un diamètre variant de 8 à 25 m. Le seul site d'Aulnay-aux-Planches en comportait dix-huit !

On a souvent mis au jour, au centre de l'aire circonscrite, une sépulture à incinération et, dans des cas plus tardifs, à inhumation. Les fossés avaient une profondeur variant de 1,20 à 2 m. Ils ont été progressivement comblés après leur creusement et recèlent dans leur remplissage du mobilier archéologique, des tessons de céramique fréquemment. Sans doute ces fossés constituaient-ils très souvent la périphérie d'un tertre tumulaire en terre rapportée qui n'existe plus aujourd'hui, ruiné de longue date par la mise en culture. D'autres auteurs estiment que certains de ces fossés avaient été creusés pour délimiter une aire rituelle à l'intérieur de laquelle se déroulaient certaines cérémonies. Comme on le voit il n'est pas toujours facile de préciser la destination exacte de ces curieux monuments.

Les villages et les activités rurales

On assiste, en cette fin de l'âge du bronze, à une nette diversification des habitats. Cette période voit d'abord le maintien, dans certaines zones, des habitats traditionnels. Les grottes et les abris sous roche sont par exemple largement occupés en terrain calcaire au début du bronze final. Les vestiges de cette époque abondent en effet dans les cavités du Jura, des Alpes, des Causses, du Languedoc. De nombreux documents proviennent même souvent de grottes situées à des altitudes élevées (Chartreuse, Vercors), indice d'une colonisation en marche des hautes terres.

On note parallèlement un fort développement des villages de plaine ou de vallée. A Cannes-Écluses (Seine-et-Marne) on a pu repérer, avant sa destruction définitive, une agglomération de cette époque. Le diamètre de la plus petite cabane était de 2,5 m. La plus grande atteignait 12,5 m × 5 m. L'une de ces cases, circulaire, de 5 m de diamètre, était constituée de gros pieux de bois enfoncés dans la glaise (fig. 30, nº 1). Deux de ces pieux étaient de véritables troncs d'arbre dépassant 0,50 m de diamètre. Un foyer était aménagé à l'intérieur de cette cabane tout près de la paroi ouest.

Dans le Marais de la Limagne, on a pu mettre en évidence l'existence à cette période d'une importante occupation due à une colonisation de la vallée de l'Allier par des groupes d'origine alpine. L'humidité croissante de l'âge du fer contribuera à disperser ces populations qui iront ensuite s'établir sur des zones d'altitude plus marquée.

L'un des meilleurs exemples de villages de vallée demeure celui étudié à Dampierre-sur-le-Doubs. Il fut occupé à deux périodes successives. Il se dressait en bordure de la rivière et une palissade le séparait de la nécropole. Des cabanes qui le composaient, on a pu dresser le plan précis à partir des trous de poteaux qui en délimitaient le pourtour (fig. 30, nºs 2 à 6). Il s'agissait fréquemment de maisons quadrangulaires, en carré (5 m × 5 m) ou en rectangle (7 m x 5 m) par exemple. Mais l'on a aussi construit une cabane à extrémité en abside et même une case circulaire avec un petit couloir d'accès. Trois maisons présentaient des vestiges de planchers. Le plan général de cette localité aux maisons dispersées de manière désordonnée ne semble pas montrer un grand souci d'urbanisme.

Le bronze final est également la grande époque d'occupation des rives de la Saône et des bords de lacs. Nous les évoquerons plus loin. Cette époque voit enfin la création sinon la réoccupation de sites de hauteur dont quelques-uns présentent des aspects spectaculaires. Celui de Bierre à Merri dans l'Orne, vaste de quatre hectares, était entouré par trois enceintes dont l'une haute de 6 m environ! Le type d'habitat en éperon barré a été de même signalé en diverses régions.

Les récentes fouilles entreprises au camp Allaric sur la commune de Aslonnes dans la Vienne, en plein seuil du Poitou, ont fait connaître un site d'éperon de deux hectares protégé par un rempart en arc de cercle de 250 m, édifié à la fin de l'âge du bronze. A l'intérieur se dressaient des habitations sans doute quadrangulaires, nanties au sud d'un foyer en argile cuite lissée. Les cabanes comportaient des poteaux fixés dans le roc entaillé à cet effet ou calés par des pierres. Les murs étaient en clayonnage. Ce site, qui fut occupé sans interruption du bronze final jusqu'aux débuts de La Tène, permet de juger de l'évolution des cultures du Centre-Ouest pendant plusieurs siècles.

En dehors de la métallurgie, toujours active à cette époque, et de l'artisanat qui répondait aux besoins journaliers (poterie, outils du quotidien), à quelles activités s'adonnait-on dans ces communautés? A l'agriculture bien entendu. La culture des céréales ne cesse alors de s'étendre. On notera à cet effet la part grandissante tenue par l'orge tout au long des âges des métaux. Ces remarques sont inspirées par les quelques déterminations dont on dispose à ce jour; ces dernières demeurent toutefois trop rares et s'opposent de ce fait à toute généralisation. En Languedoc, à la grotte de Cazals (Aude), l'orge occupe une place écrasante à côté des blés (amidonnier et engrain), dans un niveau daté de 1300 av. J.-C. Dans le même site une couche plus ancienne, datée de la fin du IIIe millénaire avait donné une proportion différente : les blés (essentiellement *triticum aestivo compactum* mais aussi l'amidonnier et l'engrain très abondants) dominaient alors que l'orge était réduite à un rôle mineur.

Ce bouleversement est-il lié à une modification climatique qui aurait favorisé l'orge au détriment du blé? Ou l'homme fut-il le seul facteur de cette transformation? On ne sait. On notera toutefois que l'orge domine ou se trouve carrément seule dans un certain nombre de sites, par exemple dans la grotte du Gaougnas à Cabrespine (Aude), gisement du bronze final évolué, ou sur un site de l'âge du fer détruit à proximité du lycée technique de Montpellier.

Dans les stations palustres de cette époque on a retrouvé, en plus des céréales, des restes de fèves, de pommes, de glands, de noisettes. A Maisod (Jura) on a reconnu du blé tendre, du blé amidonnier, de l'orge, de l'avoine.

Parallèlement les défrichements s'accentuent. On en a repéré beaucoup, grâce aux études palynologiques, en divers points du territoire français (fig. 22). En Savoie, dans la vallée de

Valloire, vers 1100 av. J.-C., la déforestation est nette. Dans les Pyrénées méditerranéennes, à la tourbière de Nohèdes, dans le bassin de la Têt, vers 1070 av. J.-C., des défrichements sont manifestement liés à des cultures comme l'atteste la présence de pollens de céréales.

Du côté du cheptel, les espèces élevées pour leur viande ne varient guère : ovicapridés, suidés, bovidés. Toutefois l'ascension numérique du porc mérite d'être notée. A la grotte du Gaougnas (Aude) le porc devient désormais l'espèce dominante (38% de la faune) tandis que le mouton, qui constitua longtemps l'essentiel des troupeaux, régresse très nettement. Dans le Jura, sur les sites de Dampierre-sur-le-Doubs et de Gonvillars, les suidés sont également abondants. Le goût pour la charcuterie, qui fera quelques siècles plus tard la renommée de la Gaule, semble dès lors s'affirmer. Le cheval, animal de trait et bientôt de selle, semble bénéficier de ce fait d'un statut à part bien qu'on l'ait, à l'occasion, consommé.

Puisque nous en sommes à la nourriture journalière, signalons que l'exploitation du sel est désormais devenue courante sur les rivages atlantiques. Cette fabrication artisanale a même gagné les gîtes terrestres. Ainsi les couches salifères de Salies-de-Béarn étaient-elles déjà exploitées au XIIIe siècle av. J.-C.

Les techniques agricoles

Quelques documents nous renseignent, très partiellement d'ailleurs, sur ce qu'étaient les techniques agricoles de l'âge du bronze. On sait, grâce aux gravures du mont Bégo, que l'araire était déjà utilisé aux débuts du IIe millénaire. Son emploi se trouve confirmé au bronze final par certaines figurations gravées sur céramique. Ainsi un tesson du site de Lansargues, près de Montpellier, comporte une scène de labour : deux équidés (ânes? mulets? chevaux?) tirent un araire sur lequel il est possible de distinguer timon, mancheron, soc, coutre, etc.

A partir du bronze moyen, vers 1500 av. J.-C. environ, les céréales ne sont plus fauchées au couteau de silex. Alors apparaissent les premières faucilles de bronze. Ce sont généralement des pièces courtes et incurvées. La partie interne, concave, est aiguisée et tranchante. La partie externe est souvent renforcée en dos.

Ces faucilles devaient être insérées dans un manche de bois.

Certaines comportaient vers leur zone d'emmanchement un bouton en relief, d'où leur nom de « faucilles à bouton ». Cette variété d'instruments est surtout répartie dans la zone Centre-Est de notre pays : Jura, Alpes du Nord, axe Rhône-Saône. On en conclut que dans cette région devaient se trouver des ateliers spécialisés dans leur production. De fait des faucilles de ce type ont également été retrouvées dans d'autres provinces (Bassin parisien, Ouest, Aquitaine, Midi) mais elles y sont bien plus rares.

D'autres faucilles sont baptisées « faucilles à languette » : elles se terminent en effet, dans la partie de leur fixation, par une soie qui en permettait l'emmanchement (fig. 31, n° 19). Celles-ci datent généralement de la fin de l'âge du bronze, époque à laquelle subsiste aussi le type à bouton précédemment décrit.

Une variété plus évoluée est constituée par les faucilles « à douille ». L'emmanchement s'opérait ici plus aisément par introduction d'un manche dans une douille qui prolongeait la lame ou qui lui était perpendiculaire. La cachette de Plainseau à Amiens (Somme) en a livré un exemplaire : la douille comportait en plus une petite bélière latérale destinée sans doute à affermir, par l'adjonction de liens, le système d'emmanchement (fig. 32, n° 28). Ces faucilles à douille de l'âge du bronze préfigurent celles en fer, des temps postérieurs.

Et la faux? Son origine est plus difficile à saisir. Rappelons que l'on a parfois interprété comme étant des faux certaines hallebardes, lames triangulaires munies d'un manche perpendiculaire. Nous avons vu que certaines scènes du mont Bégo avaient pu donner corps à cette hypothèse : on y voit des personnages brandissant de longs manches terminés par une lame coupante perpendiculaire. En fait beaucoup d'auteurs considèrent plutôt les hallebardes comme des objets cérémoniels. Il faut donc rester prudent dans l'interprétation des pseudo-moissonneurs du Bégo. Et ceci d'autant plus que ces figurations rupestres datent de l'âge du bronze ancien (1800-1500 av. J.-C. environ). Après, on ne retrouve plus ce type d'instrument tout au long du bronze moyen et du bronze final. Et si l'on connaît, plus tard, des faux à l'âge du fer, aucune découverte de ce genre d'outils n'a été faite en France à ce jour.

La tenue du guerrier

Pasteurs et paysans du IIe millénaire évoquent une vie champêtre sans grand problème. On ne perdra toutefois pas de vue que, depuis le IIIe millénaire, la guerre constitue un peu partout un phénomène endémique. C'est pourquoi le guerrier est devenu un personnage désormais classique dans la société occidentale.

Quelques documents, encore rares, permettent précisément d'esquisser la tenue du guerrier en cette fin de l'âge du bronze. Ne nous arrêtons pas sur les nombreux types d'épées ou de lances qui circulaient alors : nous les évoquerons plus loin. Mais comment étaient vêtus les hommes au combat? Des casques pouvaient protéger leur tête. Un remarquable exemplaire provient de Chalon-sur-Saône. De forme conique, il est dominé par une crête; à la base une couronne de bossettes a été réalisée grâce à un système de rivetage. Un casque à crête provient aussi des dragages de la Seine, à Paris. Il présente deux bossettes estampées tandis que des rivets assurent la jonction des deux tôles qui composent la pièce (Ill. nº 16). D'autres casques de ce type sont connus à Auxerre (Côte-d'Or), Blainville (Meurthe-et-Moselle), Montmacq (Oise). Le casque découvert à Mantes-la-Jolie a été fabriqué à partir d'une unique tôle de bronze; il est décoré de trois lignes incisées.

Des cuirasses assuraient la protection de la poitrine du guerrier. Un remarquable exemplaire est constitué par la cuirasse de Saint-Germain-du-Plain en Saône-et-Loire, conservée au musée des Antiquités nationales. Les épaules, la taille et le buste sont soulignés par des nervures (Ill. nº 17). Des étoiles sont incisées sur les pectoraux. La cuirasse de Fillinges en Savoie est tout aussi remarquable.

Les cnémides enfin protégeaient les jambes des valeureux combattants. Un fragment de l'une d'elles a été découvert dans le dépôt de Cannes-Écluse (Seine-et-Marne) (fig. 31, nº 5). Il porte un décor au repoussé disposé en double ligne à la périphérie de la pièce tandis que des motifs en volutes ont pris place sur la partie centrale. On s'interroge sur l'origine de ces documents : relations avec le monde danubien? Relations directes avec Mycènes? Possibilités enfin d'imitations locales? La cnémide de Cannes-Écluse était associée à des haches à ailerons médians, des faucilles et des pointes de lance qui évoquent les débuts du bronze final, entre 1200 et 1000 av. J.-C. environ. Elle a des parallèles plus ou moins contemporains en Italie, en Europe centrale, en Grèce et à Chypre.

Les guerriers s'abritaient encore derrière des boucliers dont on a retrouvé des fragments ici ou là. Casques, cuirasses, jambières, boucliers... Les combattants de cette fin de l'âge du bronze ne devaient-ils pas ressembler quelque peu aux soldats grecs de la même époque? On songe en particulier aux fantassins représentés sur le fameux « cratère aux guerriers » de Mycènes...

Le cheval, une nouvelle énergie

Dans les sites du bronze final, le cheval domestique semble désormais jouer un rôle déterminant. C'est pourquoi son histoire, complexe, mérite d'être contée.

Le cheval avait largement peuplé nos régions au cours des temps paléolithiques. Le réchauffement climatique survenu après – 10000 ne l'avait pas fait disparaître. Mais la poussée de la végétation consécutive aux conditions plus humides des temps nouveaux avait sans doute, par suite de la modification des états naturels, assez sensiblement amoindri ses possibilités d'adaptation. On le voit donc régresser statistiquement parmi les restes d'animaux chassés entre 10000 et 3000 av. J.-C. Il ne disparaît pas pour autant et, de temps en temps, des chevaux ou de petits équidés étaient abattus et consommés par les derniers grands chasseurs voire par les premiers agriculteurs. Il n'est pas surprenant ainsi que certains chevaux aient encore figuré parmi la faune du gisement de Roucadour (Lot) dans une couche datée des environs de 4000 av. J.-C. Ce cheval de Roucadour, petit et robuste, paraît être le descendant des chevaux quaternaires d'Europe occidentale.

On peut même retrouver des traces de chevaux chassés jusque vers – 3000 ou – 2500. Sans doute à cette époque l'espèce sauvage s'était-elle considérablement raréfiée, par suite de l'extension des cultures. Il ne devait en subsister que des sortes d'isolats. Les temps étaient venus pour que l'homme essaie de faire de cet animal fougueux l'un de ses plus dévoués collaborateurs. On remarquera que l'homme avait déjà domestiqué de longue date le chien, le mouton, la chèvre, le bœuf et le porc lorsqu'il entreprit la domestication du cheval. Peut-être la plus noble conquête de l'homme fut-elle aussi plus difficile à réaliser?

On considère que la domestication du cheval a pu être menée à bien vers 4000 ou 3000 av. J.-C. en Asie centrale et que cet animal fut introduit en Europe à l'état domestique dans le courant de l'âge du bronze. Nous avons vu en effet qu'un certain branle-bas de populations avait caractérisé au IIIe millénaire l'Europe centro-orientale puis l'Europe de l'Ouest. La reprise du pastoralisme, la constitution de peuplades belliqueuses (les peuples aux « haches de bataille » et aux poteries dites « cordées »), la constitution de groupes marchands et mobiles (les peuples « à vases campaniformes ») avaient entraîné l'introduction en Europe de l'Ouest de techniques nouvelles. Peu avant le cheval était précisément apparu dans certaines sépultures de l'Europe du Sud-Est appartenant à la civilisation des Kourganes sous un statut domestique, sans que les étapes de sa domestication soient très claires.

Certains auteurs estiment d'ailleurs que la domestication du cheval a pu se réaliser sensiblement à même époque en plusieurs points de l'Europe. Pour ceux-ci la péninsule Ibérique peut aussi prétendre avoir été un centre de domestication des équidés, le cheval vers le IIIe millénaire, l'âne plus tardivement. Que ces premiers chevaux, devenus désormais les fidèles compagnons de l'homme, aient été introduits en Europe occidentale depuis l'Est ou depuis le Sud-Ouest, il reste à savoir quand s'est produit exactement ce phénomène. Là aussi il est difficile de se prononcer.

Dans certains sites du Midi de la France, datés des environs de 2000 av. J.-C., le cheval est présent : site de la Balance en Avignon (Vaucluse), cabane de Saint-Côme-et-Maruéjols (Gard), site de Roquevaquière (Aude), etc. De même dans l'allée couverte d'Argenteuil (Val-d'Oise) a-t-on découvert, parmi un mobilier de l'âge du cuivre, un collier réalisé à partir d'une trentaine de dents de cet animal. S'agit-il encore de l'espèce sauvage ou, déjà, du cheval domestique? Les deux hypothèses sont possibles mais, dans le contexte européen de l'apparition du cheval domestique à partir de – 3000, la deuxième solution n'est pas invraisemblable.

A quoi servait ce cheval? Dans un premier temps à l'alimentation en viande. L'archéologie démontre que ce n'est que progressivement que le cheval devient un animal de trait, puis un animal de selle.

A partir de l'âge du bronze, le caractère domestique du

cheval ne fait plus de doute. Il apparaît assez souvent dans les faunes, par exemple au bronze moyen (grotte de Milhès à Clermont-sur-Lauquet, Aude) puis au bronze final (grotte du Gaougnas à Cabrespine, site du Baous de la Salle à Bize, Aude). Des informations complémentaires nous sont fournies par l'augmentation des pièces de harnachement parmi les cachettes de l'âge du bronze. Ainsi en est-il dans de nombreux dépôts d'Armorique, comme celui de la Prairie de Mauves à Nantes et ceux du Centre-Ouest comme Challans, Amboise, Venat, etc. On trouve aussi des mors de chevaux en os, dès les débuts du bronze final (grotte de Villemaury, Aude), puis au bronze final évolué (Carsac, Aude).

Le cheval est donc devenu, aux environs de 1200 à 1000 av. J.-C. un animal de trait. Il suffit pour s'en convaincre de regarder les figurations schématiques de chevaux qui ornent les poteries de la fin de l'âge du bronze. Les équidés sont utilisés en agriculture, pour tirer les araires par exemple ou pour traîner des chariots ou des chars processionnels, funéraires, peut-être même des chars de guerre. Il est intéressant de constater que sur toutes les représentations connues le cheval n'est jamais monté. L'ère des cavaliers ne s'amorcera qu'avec les débuts de l'âge du fer, au VIIe siècle av. J.-C.

Attelages et chars

Parler du cheval comme animal de trait équivaut à poser le problème des attelages et des chars. Par bonheur des figurations sur céramique nous fournissent des informations sur les chars ou les chariots de l'époque. Dans cette lecture une urne mise au jour dans le tumulus de Sublaines, en Indre-et-Loire, nous apporte d'intéressantes précisions. La céramique qui porte ce décor est, en elle-même, un document remarquable. C'est une urne funéraire, haute de 22 cm, large au maximum de 26 cm avec un bord évasé, une panse prononcée montée sur un pied rétréci. Un effet de coloration a été obtenu par l'emploi d'engobes bruns ou rouges disposés en bandes horizontales alternées. Une bande brune en particulier a été enrichie d'un étonnant décor : de minces lamelles composées essentiellement d'étain, avec un peu de plomb et de cuivre, ont été surajoutées et disposées en motifs divers, losanges, triangles, damiers, méandres symétriques, etc. Mais l'attention est tout de suite attirée par une représentation schématique de char. Ce dernier se présentait comme une caisse rectangulaire reliée aux essieux par un système de fixation triangulaire. Les roues sont à quatre rayons. L'attelage était possible par un timon terminé par un joug; on fixait à ce dernier deux chevaux à hauteur de l'encolure (fig. 33, nº 1).

Une autre représentation de char incisée sur céramique a été découverte à Lansargues (Hérault). La forme du char est pentagonale. Ce véhicule est tiré par un couple de chevaux stylisés tandis qu'un cheval de secours suit cet attelage (fig. 33, nº 4). Un char plus simple est figuré sur un tesson de Moras-en-Valloire (Drôme). Il semble s'agir d'un véhicule simple à deux roues, proche des chars de course de l'Antiquité (fig. 33, nº 2). D'autres précisions nous ont été fournies par la stèle de Sextantio à Castelnau-le-Lez (Hérault) : elle représente les roues (deux grandes et une petite) d'un char qui comportait probablement trois roues, deux à l'arrière, une à l'avant.

On retire donc l'impression que la traction des chars protohistoriques se faisait par deux animaux fixés à un joug et disposés de part et d'autre d'un timon. On soulignera aussi que les artistes ont traité généralement ces scènes en plan avec dégagement symétrique et rabattement des roues vers l'extérieur (Lansargues, Sublaines). On a aussi le cas d'un dessin en perspective superposée (Moras-en-Valloire).

Certains documents authentiques peuvent nous donner une idée plus précise encore sur ces chars protohistoriques. On peut voir au musée Saint-Raymond de Toulouse deux roues coulées, en bronze, qui ont précisément appartenu à un char des débuts du Iᵉʳ millénaire avant le Christ. Ces roues dont le diamètre accuse 0,55 m sont à cinq rayons. Elles se caractérisent également par un moyeu très long, celui d'une pièce étant plus développé que celui de l'autre. Des décorations nervurées se voient au centre des roues ou sur le moyeu. La jante se caractérise par une section en U : une rainure accentuée devait permettre la fixation d'une bande de bois. Cette dernière augmentait le diamètre de la roue et protégeait de l'usure les parties en bronze. Elle était fixée à la jante par dix boulons rivés sur les côtés. Les restes de ce char furent mis au jour à Fa, dans les Corbières.

Le grand âge du bronze continental

Ce tour d'horizon des caractères les plus marquants du bronze final ne dispense pas de jeter un coup d'œil sur les principaux centres attractifs de cette époque. Penchons-nous donc plus en détail sur les régions dont le rôle fut alors capital.

La zone occidentale des Alpes (Alpes, Jura, lacs suisses) devient en cette fin de l'âge du bronze l'une des plus importantes d'Europe par le nombre de ses gisements tout comme par l'originalité de ses productions métalliques. Nous sommes ici dans l'aire culturelle dite « continentale » par les archéologues et dont l'influence dépassera largement le cadre alpin et ses marges. Cette école de bronziers tient tête aux articles fabriqués par les communautés atlantiques, elles aussi largement adonnées à l'industrie du métal. Les sites les plus représentatifs en sont des gisements de bords de lacs, des habitats en grottes et des cachettes de fondeur. Parmi ces dernières, le dépôt de Larnaud, dans le Jura, fort de 1 800 pièces environ, a acquis une belle renommée et a servi longtemps à désigner un faciès industriel de l'extrême fin de l'âge du bronze (le « larnaudien »).

Que fabriquait-on dans ces régions vers la fin de l'âge du bronze? Des haches d'abord. Vers 1200 av. J.-C. on produit des haches dont l'emmanchement s'effectue à l'aide d'ailerons recourbés disposés sur les deux faces de la pièce. Ces oreilles de fixation se localisent d'abord sur la partie centrale de la hache : on parle alors de haches à ailerons médians (fig. 31, n° 4). Puis, après 1000 ans av. J.-C., les ailerons seront aménagés dans le secteur proche de l'extrémité de l'instrument et l'on aura affaire alors à des haches à ailerons terminaux (fig. 31, n° 22). Ces dernières ont constitué la variété la plus courante de ces régions de l'Est. Vers cette même époque apparaîtront des haches munies d'une douille arrondie.

Les épées sont également nombreuses dans l'Est de la France. Les types ont évidemment varié. On fabriqua d'abord des épées longues de 65 à 70 cm mais dont les poignées, auxquelles des rivets permettaient de la lier, nous sont inconnues. On a répertorié en France une quinzaine d'épées de cette variété (épées dites « de Rixheim », du nom d'une commune du Haut-Rhin), toutes situées dans l'Est du pays, au nord de Lyon (fig. 31, n° 1). Elles appartiennent au début du bronze final. De la même époque sont des épées dont la soie se termine par un renflement : ce sont les épées « à massette », dont l'une est conservée au musée de Chalon-sur-Saône. D'autres rapières s'achèvent par une sorte de crochet comme l'épée de Pépinville, en Moselle, découverte dans une tombe avec un couteau, une épingle à collerettes, des perles et un oiseau en bronze (fig. 31, nº 2).

Un peu plus récentes sont certaines épées dont la poignée, fixée par rivets, présente trois bourrelets superposés. La lame est pistilliforme. Ces rapières sont réparties le long de l'axe Saône-Rhône. D'autres terminées par une languette cornue (type de Nenzingen en Allemagne fédérale) sont connues en Saône-et-Loire à Chalon, en Meurthe-et-Moselle à Scarponne, dans la Meuse à Verdun (fig. 31, nº 7). Des épées à poignée identique mais à lame pistilliforme (type d'Hemigkofen, encore une commune d'Allemagne fédérale) ont été découvertes en plusieurs points du territoire français.

Enfin, parmi les épées de type évolué attribuables à l'extrême fin de l'âge du bronze, on distinguera plusieurs variétés. Les épées du type de Moringen (du nom d'une localité suisse) montrent des poignées ornées de bourrelets horizontaux et nanties d'un pommeau ovale et concave (fig. 31, nº 16). Elles sont connues en France par des exemplaires trouvés dans l'Ain (Pont d'Ain, Reyrieux), la Savoie (Grésine), l'Isère (Vienne), la Côte-d'Or, etc. Des épées à lame pistilliforme et pommeau à élément concave surajouté (type de Tachlovice du nom d'une localité tchèque) ont été découvertes à Aliès (Ménet, Cantal), à Chauny (Aisne), l'Épineuse (Alise-Sainte-Reine, Côte-d'Or), Hümes (Marne) et Lyon (Rhône). On connaît des épées à poignées encore plus sophistiquées. Celles du dépôt de Châlons-sur-Marne présentent une excroissance circulaire prolongée par un appendice à deux renflements : c'est le type de Forel, du nom d'une localité de Suisse.

Haches ou épées ne doivent pas faire oublier la part tenue par les éléments de parure. Les bracelets sont au début massifs et ouverts avec des renflements transversaux ou obliques; ce type, dit de Publy, est connu en Bourgogne, Jura et Alpes du Nord. On s'oriente ensuite vers des pièces de section triangulaire, finement gravées (motifs ovales, cercles, volutes, pointillés), largement réparties dans l'Est et le Centre-Est. Les gros bracelets creux à larges tampons terminaux caractérisent la phase finale des ateliers lacustres (fig. 31, nº 20).

Les couteaux terminés d'abord par une soie (fig. 31, nº 8) deviendront peu à peu pourvus d'un manche massif (fig. 31, nº 18) ou d'une douille de fixation (fig. 31, nº 17).

Semblable variété affecte les épingles en bronze. Les épingles à « tête de pavot », ainsi appelées en raison de leur extrémité renflée et cannelée, sont caractéristiques de la phase ancienne (fig. 31, nº 3). Il en va de même des épingles à terminaison plate ou en cône et renflements aigus, mobiles ou non (type dit « à collerettes »). Au cours des phases moyennes et récentes du bronze final on fabriquera une grande variété d'épingles : à tête globuleuse et à cannelures, à tête en crosse, à tête en disque, etc. Le dépôt de Villethierry que nous présenterons plus loin en a fourni un excellent répertoire (fig. 31, nºs 9, 10, 14, 15).

Parmi les plus belles pièces du bronze alpin, on ne manquera pas de citer quelques parures provenant de cachettes des Hautes-Alpes. Celle de la Loubière à Bènevent-en-Champsaur comportait plus de trois cents éléments : des torques à crochets, présentant un corps en hélice ou un corps lisse finement gravé, des anneaux, des chaînes, des boucles, des rouelles, un bracelet, un rasoir, des boutons, des bagues. La plus belle pièce était une ceinture complexe, traitée en cotte de maille, à laquelle étaient suspendues des pendeloques triangulaires ou allongées : cent soixante-seize éléments ont servi à la confection de cette étonnante parure. Dans le dépôt de Champ-Colombe à Réallon on a également découvert de nombreux torques, une ceinture à pendeloques et deux beaux pendentifs en chaînettes terminées aussi par des pendeloques sub-triangulaires. Ces étonnantes parures ont pu être une spécialité des bronziers alpins bien qu'on en connaisse en dehors de cette région dans le bassin de la Loire par exemple comme la ceinture du Theil à Billy dans le Loir-et-Cher.

Les habitats palustres de la France de l'Est

Comme à l'époque néolithique, les bords de lacs ou de rivières redeviennent d'importants centres d'activité. De gros villages y sont construits, non sur pilotis comme on le croyait naguère mais sur la terre ferme, à peu de distance du rivage. En fait une montée du niveau des lacs avait quelquefois mis un terme à la vie de ces premières agglomérations. Mais voici que, vers la fin de l'âge du bronze, une probable stabilisation des plans d'eau permet un nouvel essor de ce type de localité. Les fouilles conduites sur les bords du lac du Bourget en Savoie sont célèbres. Elles débutèrent au siècle dernier; on les poursuit aujourd'hui avec des techniques modernes. Les bronzes qui en proviennent sont surtout des épingles (à tête vasiforme, à tête sphérique ou à tête enroulée, essentiellement) et des bracelets creux et gravés, avec de larges oreilles.

La poterie est également abondante et de qualité, à pâte fine, bien cuite, brillante. Les formes sont surtout des urnes globuleuses à fond plat et col évasé, des coupes et des écuelles. L'ornementation est fort variée : cordons digités pour les gros récipients, estampages (carrés, cercles concentriques), gravures (méandres, triangles), excisions, applications d'étain, peinture rouge, blanche ou brune sur fond gris pour la petite vaisselle. La céramique du groupe du Bourget demeure originale; les bronzes également qui montrent parfois des recoupements avec les civilisations méridionales.

Mais les milieux sous-marins sont aussi un laboratoire exceptionnel pour la conservation de bien des documents en bois, en végétaux, en os, en terre cuite qui, ailleurs, ne résistent pas au temps ou à la pression des sédiments. Parmi les vestiges récemment issus des sites lacustres de l'Est, on fera une mention spéciale à un four de potier sorti des boues de la station de Châtillon près de Sévrier (Haute-Savoie) (fig. 30, n° 7). Cette pièce en terre cuite comportait une chambre sensiblement tronconique et d'assez vastes dimensions (120 l), démontable en deux parties. La sole était normalement perforée pour permettre aux fortes températures issues d'un feu très voisin de gagner la chambre. Les gaz s'évacuaient ensuite par une courte cheminée cylindrique. Des récentes expériences conduites sur un four identique reconstitué ont fait la démonstration que l'on pouvait rapidement atteindre des températures de l'ordre de 800° et les maintenir pendant une trentaine d'heures. Ce genre de four montre que l'homme était dès lors passé maître en matière de techniques de chauffe ce qui peut expliquer la qualité souvent exceptionnelle de la céramique.

Les bords de rivières ont sans doute constitué tout autant que les zones lacustres des lieux d'implantation privilégiés. Le site récemment reconnu à Ouroux-Marnay (Saône-et-Loire), à une douzaine de kilomètres au sud de Chalon, sur la Saône, en porte témoignage. Il a été révélé par des dragages. Il s'agit d'un vaste habitat du bronze final qui devait être primitivement établi sur la berge et peut-être même en partie, sur l'eau, si l'on en croit les hypothèses formulées dans les premières publications. L'existence d'une palissade est vraisemblable : la drague a remonté quelque trois cents pointes de pieux se rapportant peut-être à une structure de ce genre. Ces pieux étaient des troncs de 15 à 20 cm de diamètre, affûtés sur un mètre environ. Le niveau archéologique gît actuellement à 5 m au-dessous du niveau de la Saône, recouvert par 2,50 m de graviers. La céramique issue des premiers dragages est très abondante : elle se rapporte le plus souvent à des récipients pansus, des tasses à anse en ruban et des coupes; le décor de cannelures est fréquent de même que les méandres symétriques incisés. On a mis aussi au jour deux couteaux à dos et lame décorés, un bracelet et un anneau, le tout en bronze. On a également sorti de l'eau de nombreux objets en pierre : des meules de grès ou de granit, des broyeurs, un moule à faucille, un poids à appendice perforé.

Mais ce sont les éléments en bois et en matières végétales qui donnent au gisement une dimension particulière. On a retrouvé dans quelques vases des graines brûlées de céréales parmi lesquelles du millet; dans un récipient on a identifié des feuilles de chêne. Quelquefois les grains calcinés étaient conservés avec leurs épis. On a aussi mis au jour des vestiges de vannerie, un fond de panier en roseau tressé, reposant sur une planche. Les documents de bois sont abondants : branches, planches, copeaux, etc. Les planches pouvaient être assemblées par un système de mortaises et de tenons. On a également retrouvé des navettes, une cuiller, une pelle. Mais la pièce la plus intéressante est sans conteste un fragment de roue en bois : elle comporte un moyeu dans lequel des cassures indiquent les points de fixation des rayons; une boîte de roue munie d'une perforation interne de 75 mm s'insérait dans ce moyeu. Cette pièce, très évoluée, a un parallèle dans le site lacustre de Mercurago, en Italie du Nord. Ces roues mettent en avant le degré technique atteint par les charrons et les menuisiers des débuts du Ier millénaire avant l'ère.

Le site d'Ouroux-Marnay, en plus des activités alimentaires normales des communautés du bronze final (agriculture, élevage, chasse, pêche), révèle donc tout un aspect souvent ignoré de la vie quotidienne : artisanat (travail de la pierre, du bronze, du bois), vannerie, tissage, etc.

La cachette de Villethierry

Nous avons déjà souligné l'importance progressive prise à l'âge du bronze par les cachettes d'objets métalliques. Ce phénomène des dépôts s'amplifiera à un tel point que vers la fin du IIe millénaire, les cachettes constituent une part majeure de notre information. Aussi devient-il impossible de réfléchir sur l'artisanat, les caractères de la production, les marchés commerciaux, l'habillement, le culte même de cette période sans s'intéresser de près à ces curieux amalgames de pièces les plus diverses.

L'une de ces cachettes les plus récemment découvertes sur le sol français est celle de Villethierry, dans le nord-ouest du département de l'Yonne. En 1969 un cultivateur labourant son champ remonta une pelote de grosses épingles de bronze. Des fouilles furent entreprises par la suite dans l'aire intéressante et de nombreux objets mis au jour. Un certain nombre avait été déplacé, par les labours successifs, plus ou moins loin de la zone névralgique c'est-à-dire le lieu même de leur dépôt primitif. Mais il fut démontré qu'à l'origine, l'ensemble des pièces de métal étaient contenues dans un récipient pansu et à fond plat qui put être en grande partie reconstitué. On avait successivement déposé dans cette urne une petite pince en bronze puis deux sacs, l'un renfermant quatre-vingts bracelets, l'autre deux cent quarante-quatre bagues; au-dessus venait une quarantaine de pendentifs placés en petites piles et des fibules; au niveau de la partie la plus large du vase on avait disposé des épingles, groupées en petits faisceaux d'une dizaine de pièces chacun, les têtes groupées du même côté : on en dénombra cinq cents! Enfin la partie supérieure du récipient, qui était d'ailleurs écrêtée au moment de la découverte, était fournie en objets brisés : fragments divers de haches, lances, poignards, faucilles, lingots et débris de fonderie; il s'agissait là de pièces de rebut peut-être destinées à masquer les belles parures contenues dans le récipient. Car l'un des intérêts majeurs du dépôt de Villethierry est de ne contenir guère que des objets de parure absolument neufs, nombreux en même temps que très variés, tandis que les objets brisés disposés à la partie supérieure du vase n'ont joué qu'un rôle très secondaire.

Sur les huit cent cinquante objets qui composaient cette cachette, les épingles occupaient une place de choix : elles comprennent une longue tige affûtée, terminée par une tête renforcée, le plus souvent en disque ou biconique (fig. 31, n°s 9, 14, 15). Il y avait aussi des exemplaires à terminaison enroulée ou en crosse (fig. 31, n° 10). Ces dernières variétés étaient obtenues, à partir d'un tronçon de fil, par forgeage suivi d'un polissage intensif. Les têtes, discoïdales ou tronconiques des autres épingles, ont été moulées sur la tige, polie à son tour. Ces têtes portent des décors recherchés : cercles concentriques, triangles rayés, bandes lisses, hachurées ou présentant des dents de loups, arceaux, motifs en forme de peigne. Les fibules sont du type dit « en archet de violon » (fig. 31, n° 12). Elles semblent avoir été obtenues par forgeage à partir d'une tige filiforme. Elles prennent place parmi les plus anciennes agrafes découvertes en Gaule. Les pendentifs sont des rouelles circulaires présentant un anneau central d'où se détachent six rayons joignant un cercle extérieur; un ajout triangulaire en permettait la suspension (fig. 31, n° 11). On considère habituellement ces parures comme liées à un culte solaire qui aurait pris naissance en Europe centrale.

L'examen de l'ensemble des pièces du dépôt de Villethierry nous renseigne sur les techniques métallurgiques des artisans de la fin de l'âge du bronze : la coulée (bagues et rouelles ont été obtenues selon cette seule formule, sans doute dans des moules de terre cuite), le forgeage, le polissage, le limage. Il est aussi vraisemblable qu'un embryon de tour était déjà utilisé pour la décoration des épingles. Ceci se passait vers 1000 av. J.-C., alors que la technique du tour de potier par exemple était totalement inconnue et n'apparaîtra que quatre à cinq siècles plus tard, introduite par les civilisations méditerranéennes...

Les antécédents de Lutèce

Les historiens de Paris ont régulièrement souligné la situation clé de cette capitale. Quels éléments purent tenter les fondateurs de Lutèce? Sans nul doute selon le mot de P.-M. Duval, sa

« valeur stratégique et commerciale » sur un grand fleuve, d'axe S.E-N.O., entre les confluents de la Marne et de l'Oise, la présence d'une île favorisant les mouvements de populations ou contribuant à fixer ces dernières dans une zone de passage remarquable entre le Nord et le Sud de la Gaule. Des Celtes, les *Parisii,* qui la peuplèrent à partir du IIIe siècle et qui en assurèrent vite la prospérité comme en témoignent leurs émissions de monnaies ou leur goût pour la navigation fluviale, en furent-ils aussi les fondateurs? Autrement dit les Parisii s'installèrent-ils en un lieu désert? Il est difficile de l'affirmer. Pourquoi en effet les origines de Paris ne remonteraient-elles pas plus haut dans le temps? Le problème vaut d'être posé.

On constate en effet que dès le milieu du IIe millénaire, la région de Paris était déjà le siège d'un commerce actif et d'une concurrence sérieuse entre marchands orientaux et occidentaux. Cette activité commerciale sous-entend l'existence dans les parages de marchés d'échanges fort courus. Peut-être plusieurs petites agglomérations s'adonnaient-elles déjà à un négoce prospère. L'archéologie n'en a guère révélé. Par contre le produit de ce commerce a laissé des traces tangibles sous la forme de nombreuses et quelquefois importantes cachettes de fondeurs, véritables capitaux soulignant à la fois l'intensité du trafic et, parallèlement, la zone de provenance des objets découverts. C'est ainsi qu'entre 1500 et 1200 av. J.-C. la région parisienne entre dans la mouvance des bronziers atlantiques. Les échanges fonctionnent essentiellement avec le Nord du pays, la Normandie, la Grande-Bretagne. On voit même s'installer dans les Yvelines une métallurgie locale inspirée par des modèles normands.

Mais au sud-est, à la même époque, la culture des tumulus, d'obédience germanique elle, prend position (par exemple sur le site des Roches à Videlles, Essonne). L'emprise de cette influence ira croissant. Vers – 1200 ou 1100 les peuples des champs d'urnes anciens importent le rite de l'incinération et véhiculent des armes d'inspiration centro-européenne. Les affinités continentales se précisent (dépôt de Cannes-Écluse, Seine-et-Marne). Pourtant entre 1100 et 900 av. J.-C. les deux tendances semblent rester sur leurs positions : à l'ouest de Paris, prédominance des influences atlantiques, à l'est prédilection pour les dépôts à vestiges d'origine continentale. Cette partition se maintiendra entre 900 et 700 av. J.-C.

La région parisienne semble donc avoir été tout au long du bronze final une zone frontière, une aire tampon entre deux grands complexes industriels. Ces complexes, bien sûr, ne traduisent pas qu'une simple notion de faciès culturel. Ils sous-entendent aussi des notions de marché et de compétition économique entre artisans soucieux d'écouler leurs produits sur un territoire toujours plus grand. Voilà pourquoi le bassin moyen de la Seine semble avoir été une terre d'enjeu, une zone d'âpre concurrence entre deux grands courants. Paris ne serait-il pas né dès ce moment, à la faveur d'une situation géographique et économique qui ne pouvait que la privilégier? C'est l'hypothèse judicieuse que propose J.-P. Mohen; cet auteur remarque d'ailleurs que beaucoup de villes du Nord de la France (Senlis, Compiègne, Amiens, Lille) semblent répondre à une même situation politique et économique. La fondation de toutes ces agglomérations ne remonterait-elle pas de ce fait au grand âge du bronze?

Les écoles métallurgiques d'Armorique

Si l'impact de la civilisation des champs d'urnes gagna la majeure partie du futur territoire français, il est une zone où son influence fut plus faible en raison des puissantes traditions régionales propres à ce secteur : le littoral atlantique. Rappelons-nous que dès le bronze moyen d'importants ateliers, égrénés de la Normandie à la Gironde, s'étaient spécialisés dans la fabrication d'instruments et d'armes en bronze. Or, non seulement cette tradition se perpétue après 1200 av. J.-C., mais elle se renforce encore au point que vers 800-700 av. J.-C., un vaste complexe industriel centré sur la Bretagne et caractérisé par une arme, l'épée « en langue de carpe », unifie des territoires allant du Portugal jusqu'à la mer du Nord. Comment en est-on arrivé là?

Aux environs de 1200-1100 av. J.-C., les ateliers bretons commencent à se spécialiser dans la fabrication d'outils nouveaux. Les épées sont courtes et présentent une lame droite et une soie découpée par des encoches car les poignées étaient pour la plupart en matière périssable, ce qui explique qu'elles ne soient pas parvenues jusqu'à nous (fig. 32, nº 1). Les haches sont généralement de la variété « à talon » avec un petit anneau latéral de fixation (fig. 32, nº 7). On coule aussi des pointes de lance, des burins, des ciseaux, des marteaux à douille, des bracelets (fig. 32, nos 4, 5). Les rasoirs sont originaux : leur lame est ovale avec une petite encoche terminale; ils s'inséraient dans un manche en matière organique grâce à une soie allongée (fig. 32, nos 2, 3). Ce premier horizon est dit « de Rosnoen », du nom d'une cachette découverte dans le Finistère.

Ensuite, vers 1100-800 av. J.-C., de nouvelles modes apparaissent. Aux haches à talon se juxtaposent des haches à ailerons (fig. 32, no 8). Les épées en particulier méritent attention : elles comportent désormais une lame foliacée (« pistilliforme »); la zone de la prise présente des bords relevés et des rivets ou des trous pour assurer la fixation de plaques de bois ou d'os permettant de mieux tenir l'arme en main. Ces épées étaient parfois protégées par des fourreaux en cuir ou en étoffe, renforcés de bouterolles, sortes d'étuis à épées, en tôle de bronze. Les dragages de la Loire à Nantes ou ceux du bassin de Penhoët à Saint-Nazaire ont fourni de nombreux exemplaires de ces épées à lame pistilliforme (fig. 32, nos 9, 10).

A partir de – 800 et vers – 700/650, nous entrons dans la phase évoluée du bronze armoricain. La plus brillante aussi. C'est l'époque de l'épée « en langue de carpe », cette dénomination étant dévolue à des rapières marquées par un brusque rétrécissement de la lame dans le secteur de la pointe. Ce type d'épée fit fortune en Bretagne, en Normandie, dans les bassins moyens de la Loire et de la Seine, dans le Centre-Ouest de la France, mais aussi en Angleterre et sur la façade atlantique de la péninsule Ibérique (fig 32, nos 19, 20 et Ill. no 15). Quelques exemplaires plus continentaux (Suisse, Italie, Allemagne) ont aussi été découverts. Outre la brusque terminaison de la lame, ces épées présentent des soies plates terminées par un appendice à deux cornes. Des rivets ou des trous permettaient d'assujettir des éléments à la poignée. La zone de jonction poignée-lame comporte souvent une encoche (ou *ricasso*) permettant de loger un doigt afin de mieux tenir l'arme en main.

A ces épées, présentes dans de nombreux dépôts bretons, s'associe le plus souvent un ensemble de bronzes hétéroclites : poignards, couteaux, bouterolles, haches à talon, à ailerons et surtout à douille, pointes de lance, rasoirs à double tranchant, racloirs (à peaux?), etc. (fig. 32, nos 21, 22, 23). On y rencontre aussi de nombreuses pièces de harnachement, signe que le cheval jouait désormais un rôle essentiel dans la vie des communautés atlantiques : montants de mors, phalères, ornements de poitrail, etc. (fig. 32, nº 24). Rien d'étonnant que de trouver également des embouts de timon, voire des roues votives, indices de la part tenue par des chars ou d'autres véhicules. La métallurgie était fort active si l'on en juge par la présence de marteaux, d'enclumes, de résidus de coulées, de jets de fonte.

On a aussi découvert des lingots de cuivre qui représentaient la matière première du fondeur. Tout laisse à penser que ce cuivre était importé de la péninsule Ibérique ou du monde alpin. C'est dire que cette métallurgie armoricaine était étroitement dépendante d'un matériau étranger, nécessairement véhiculé en grande quantité si l'on en juge par le volume des seuls documents parvenus jusqu'à nous. Signalons aussi que les bronziers pour remédier à l'appauvrissement des gîtes d'étain, avaient désormais pris l'habitude d'associer en plus ou moins grande quantité du plomb au cuivre. Ainsi s'explique que les armes et les outils de bronze de cette époque contiennent fréquemment d'importantes proportions de plomb. Un artifice industriel en quelque sorte qui allait connaître un gros succès mais qui devait, à terme, rendre les pièces impropres à tout usage en les amollissant considérablement...

Le groupe de Vénat

Restons dans le domaine atlantique pour examiner à présent un faciès culturel à composantes variées : le groupe de Vénat.

Un important dépôt de bronzes découvert dans une jarre au lieu-dit de Vénat dans la commune de Saint-Yriex (Charente), a servi à désigner un horizon culturel implanté dans le Centre-Ouest de la France pendant la transition âge du bronze-âge du fer. Ce dépôt présente l'avantage de souligner la multiplicité des influences qui se font alors sentir dans le monde occidental à partir de trois grands foyers culturels : l'aire atlantique, la zone centro-européenne, le monde méditerranéen. A Vénat, le fonds reste d'obédience atlantique.

On retrouve dans cette cachette de nombreux objets caractéristiques du groupe qui véhicula les épées « en langue de carpe » : épées de ce même type (fig. 32, nº 20), haches à douille carrée de style armoricain, racloirs triangulaires perforés, « bugles », sortes de tubes creux à grande bélière qui sont en fait des éléments de harnachement, éléments de collier ou de mors, roue de petit char votif, etc. Les éléments directement influencés par la civilisation continentale des champs d'urnes sont tout aussi apparents : haches à ailerons terminaux, épées à antennes spiralées, bracelets creux à corps décoré et tampons terminaux, couteaux à dos ondulé, nombreuses variétés d'épingles. Quant aux objets pouvant présenter des affinités méridionales, ils sont plus rares : haches à douille sub-carrée et à nervures, bracelets à côtes et à oves d'aspect launacien ou hallstattien, rasoirs circulaires à manche ajouré, etc.

Le dépôt de Vénat est donc une sorte de creuset culturel. D'autres dépôts de cette région présentent des caractères semblables : Notre-Dame-d'Or dans la Vienne, Challans en Vendée, La Sablière à Saint-Georges-d'Oléron dans la Charente-Maritime. Dans quelques-unes de ces cachettes, on a retrouvé des broches à rôtir articulées sur lesquelles doraient les oiseaux sauvages (la volaille n'existait pas encore) ou les quartiers d'animaux propres à satisfaire les gastronomes de ce temps.

Les fouilles de la grotte de Queroy à Chazelles (Charente) ont par ailleurs révélé un habitat représentatif de cet horizon. On y retrouve des formes céramiques propres à la fois à l'Est de la France et au Midi : jarres pansues à col cylindrique évasé, urnes à col cylindrique, vases « en bulbe d'oignon », jattes biconiques à corps supérieur sub-vertical (fig. 33, n° 5), grands plats tronconiques. Dans l'ornementation, la part la plus originale revient au décor incisé inspiré de modèles méridionaux : grecques, chevrons, méandres, mais aussi, sur un petit vase, une véritable frise à composition complexe dont nous reparlerons (fig. 33, nos 5, 6). Il y avait également divers objets en bronze et en fer. Parmi ces derniers cinq pointes de flèches triangulaires dont trois à double perforation (type dit « du Bourget »). Le fer était donc connu de ces derniers grands horizons du bronze de l'Ouest – comme l'atteste aussi une petite plaque de fer trouvée au fond du vase de Vénat – mais son utilisation reste parcimonieuse.

Les habitats du groupe de Vénat sont nombreux dans tout le Centre-Ouest : bois du Roc à Vilhonneur, camp de Merpins en Charente, camp de Cordie à Mérignac, en Charente-Maritime, camp Allaric à Aslonnes dans la Vienne. Les datations carbone 14 de plusieurs sites montrent un apogée se situant vers le

VIIIe siècle av. J.-C., c'est-à-dire à la même époque que les dépôts « en langue de carpe » de Bretagne ou que l'horizon bronze final de Mailhac, en Languedoc. En évoquant, pour terminer, ce dernier groupe, nous aurons fait le tour des principales cultures du grand âge du bronze dans l'hexagone.

La civilisation de Mailhac

L'une des plus importantes civilisations de l'âge du bronze final se développa sur la façade méditerranéenne française du Rhône jusqu'aux Pyrénées méditerranéennes. Sa diffusion resta le plus souvent liée au Bas-Languedoc mais son influence se fit sentir bien au-delà, vers les Pyrénées centrales, le Centre-Ouest, la Provence occidentale, le couloir rhodanien, la Savoie, etc. Les archéologues la désignent sous l'expression de « civilisation de Mailhac », du nom d'un village de l'Aude sur le territoire duquel on a pu fouiller à la fois une importante nécropole de cette époque et un habitat de hauteur. On parle même parfois de « groupe Mailhac I » parce que cette localité est si riche en vestiges préhistoriques que d'autres cultures originales y ont fleuri par la suite qui sont désignées, tout naturellement, par des expressions similaires : Mailhac II, Mailhac III, etc.

La civilisation de Mailhac I est donc connue grâce à l'étude de la nécropole du Moulin : trois cents tombes ont été fouillées parmi les quinze cents repérées. D'autres nécropoles de la même époque ont été étudiées dans la région narbonnaise comme celle de Las Fados à Pépieux ou celle des Cayrols à Fleury. Le site de Millas, près de Perpignan, n'en est pas moins important. Toutes ces nécropoles ont fourni une documentation assez extraordinaire.

L'incinération des défunts était totale. On triait ensuite les ossements ayant résisté à la crémation et on disposait ces restes dans l'urne funéraire principale, parfois dans une urne accessoire. Au Moulin de Mailhac, les tombes étaient de petites fosses cylindriques bouchées par une dalle plate : cette dernière pouvait être recouverte d'un petit amas de pierres contenant parfois des offrandes. A l'intérieur de la tombe, le vase-ossuaire pouvait receler, en plus des restes osseux, des vases accessoires (les tombes de Mailhac contenaient en général un à six vases) mais aussi des objets de parures, des armes ou des offrandes de viande.

Les habitats de cette culture demeurent encore peu connus. Dans certaines régions, les grottes pouvaient être encore occupées, sporadiquement du moins. Mais le fait essentiel réside dans le développement pris par les habitats de hauteur. Beaucoup d'*oppida,* sorte de places fortes, de marchés bâtis en terrain élevé, sont alors fondés : Roque-de-Viou (Gard), Sextantio, aux portes de Montpellier ou l'oppidum de Mailhac lui-même, le Cayla. Les traces de fortifications demeurent hypothétiques. On pense ainsi que le village bâti sur le site du Cayla pouvait atteindre cinq hectares; il était peut-être ceinturé d'une palissade. Les maisons devaient être en bois. A Carsac, aux portes de Carcassonne, un important habitat de 25 ha était retranché derrière deux lignes de fossés.

L'habitat de plaine du Portal-Vielh à Vendres (Hérault) a montré l'existence de cabanes en général rectangulaires (2,50 à 3,50 m de long sur 2 à 3 m de large) dans lesquelles se trouvait un foyer surélevé par rapport au sol. Ces cases étaient construites en piquets de saule plantés en terre et reliés longitudinalement par des roseaux; les intervalles étaient ensuite remplis par de menus roseaux (les « canottes ») croisés. On est arrivé à cette reconstitution grâce à la découverte de fragments d'argile ayant servi au revêtement des parois : ils portaient des impressions de petits et de gros roseaux se croisant perpendiculairement. Ces cabanes devaient beaucoup ressembler à celles que les pêcheurs construisent encore sur les plages languedociennes près des lieux où ils retirent leurs filets. D'ailleurs, la mer dut inévitablement jouer un rôle important dans l'économie des sites côtiers de cette époque. Déjà, dès le plein âge du bronze, beaucoup de sites étaient établis en bordure des actuels étangs du Bas-Languedoc. A l'époque du bronze final, leur prospérité s'accrut. Sur le site de Lansargues, près de Montpellier, on a mis au jour de nombreux moules de fondeur, signe que l'on s'adonnait à une métallurgie active.

Que fabriquaient les forgerons de la civilisation de Mailhac? Les épées, les poignards, les haches sont rares. Par contre, les parures sont très variées et bien connues, sans doute parce qu'on a surtout étudié à ce jour des nécropoles, les parures étant toujours présentes en grand nombre dans ce type de gisement : épingles à tête annulaire, à tête enroulée, à tête plate, conique, ronde, etc.; armilles finement gravées, chaînettes, anneaux, perles, rasoirs circulaires à manche ajouré. Les fibules, agrafes à fixer les vêtements, présentent un double ressort caractéristique : elles se ressentent d'influences siciliennes. Ces influences méditerranéennes ne sont pas les seules : des pointes de flèche à barbelures et pédoncule allongé et renflé présentent des affinités égéennes.

La céramique, diversifiée en formes et en volumes, voit quelques types revenir avec plus d'insistance : pots à fond plat, à panse galbée assez molle, plats tronconiques à fond plat ou à pied circulaire court, jattes biconiques à fond plat ou à léger pied, écuelles hémisphériques à fond convexe ou ombiliqué, urnes biconiques à col cylindrique. Ces pots pouvaient recevoir encore un décor de cannelures ou d'impressions, mais on affectionne tout particulièrement les motifs incisés qui atteignent désormais un buissonnement sans précédent. On a beaucoup gravé de thèmes géométriques (méandres, grecques, triangles, chevrons). On a aussi aimé des figurations anthropomorphes : on voit quelquefois des personnages stylisés, isolés ou se donnant la main, comme pour danser une ronde. Des motifs zoomorphes sont également connus et les chevaux en particulier paraissent avoir eu la préférence des potiers. Des scènes représentées sur les parois externes des vases ou à l'intérieur des couvercles apportent d'excellentes informations sur la vie des communautés languedociennes des VIIIe et VIIe siècles av. J.-C. On aurait pourtant tort de croire que toutes ces figurations étaient purement gratuites : tout porte à croire qu'elles sont déjà une forme de communication, un message.

Les débuts de l'écriture pictographique

Certes, quelques-unes de ces représentations gravées sur céramique peuvent n'avoir que valeur ornementale. Ainsi, en est-il peut-être de certaines scènes isolées. Ce peut être des processions : ainsi retrouve-t-on assez fréquemment des chevaux tirant un char. On peut voir aussi, avons-nous dit, des danses en ronde : n'a-t-on pas émis l'hypothèse, à leur sujet, que l'on dansait peut-être déjà la sardane ? On y retrouve aussi certains aspects de la vie quotidienne (tel ce tesson de Lansargues sur lequel on voit des équidés attelés à un araire) (fig. 33, n° 3).

Mais en fait, certaines poteries regroupent toute une série de représentations dont la distribution semble systématiquement ordonnée. Leur agencement paraît répondre à un ensemble de séquences cohérentes – chacune présentée dans un panneau – débouchant sur une signification globale. Il est en conséquence permis de parler, sinon d'écriture, tout au moins d'une « picto-idéographie », selon le mot d'André Leroi-Gourhan. Un plat en abat-jour, découvert à Moras-en-Valloire (Drôme) présente, à côté d'anthropomorphes dansants, des croix gammées, des chevrons, des vagues, des signes en U ou en V renversés, des cercles ou des croix pointées, etc. (fig. 33, nº 7). D'autres motifs semblables se retrouvent sur un deuxième récipient (fig. 33, nº 8). Tout ceci semble évoquer une pré-écriture, un code dont chaque figuration concourt à la compréhension d'une idée générale.

On pourrait en dire de même d'un vase de la grotte du Quéroy à Chazelles (Charente). Il s'agit d'une petite jatte dont la partie supérieure porte une bande horizontale; cette dernière comprend des métopes séparées par des barres verticales, simples ou au nombre de trois (fig. 33, nº 6). Le décompte des motifs représentés sur cet intéressant récipient est le suivant :

- un faisceau de motifs curvilignes;
- une croix de Saint-André et un motif « en sapin »;
- un soleil;
- une croix de Saint-André;
- trois lignes de points associées à trois anthropomorphes se donnant la main;
- une possible figuration de cabane;
- deux animaux (peut-être des équidés) peut-être attelés (tirant un araire);
- deux curvilignes et deux autres chevrons verticaux;
- deux croix de Saint-André superposées;
- une croix de Saint-André;
- quatre lignes parallèles;
- une croix de Saint-André avec des V imbriqués;
- trois lignes de points;
- deux lignes horizontales et un carré;
- deux curvilignes.

Que penser de ces ensembles « d'images » juxtaposées, répondant sans nul doute à un fil conducteur oral de la pensée? Certes, décortiquer le tout semble conjectural. Points et lignes sont peut-être à mettre en relation avec un système de comptabilité. On ne peut d'autre part qu'être frappé par le caractère abstrait de certains éléments figurés (svastikas, croix, croix de Saint-André, chevrons, carrés, etc.); il s'agit là manifestement de symboles traduisant le déroulement d'actions. Ces signes avaient-ils une traduction phonétique? On peut poser la question. A côté de ces grimoires, les dessins simplifiés d'hommes ou d'animaux impliquent aussi des faits insérés dans le cadre d'un programme général de gestes et d'idées.

A quoi attribuer le développement rapide vers la fin de l'âge du bronze de cette « écriture » ou pseudo-écriture? A coup sûr, à l'influence des civilisations italiques, dont les poteries s'ornent alors souvent de figurations schématiques ou de signes voisins. On remarquera qu'en France le groupe qui fait la plus large part à ces figurations est la civilisation dite « de Mailhac I » qui s'égrène sur la façade languedocienne du Rhône inférieur jusqu'à la région barcelonaise. En dehors de cette zone clé, d'autres représentations sont connues dans des secteurs limitrophes (Drôme, Savoie, Jura) tandis que de rares découvertes sont signalées en milieu beaucoup plus occidental (Charente, Vienne, Vendée, Indre, Eure-et-Loir). Mais l'essentiel ne s'éloigne guère du front maritime et de l'axe rhodanien c'est-à-dire de régions largement ouvertes aux influences méditerranéennes à un moment où l'écriture émerge peu à peu dans ces civilisations : le linéaire B de Mycènes disparaît vers – 1200 avec la chute de cette cité; l'alphabet phénicien se constitue vers la même époque; l'écriture grecque se met en place vers le VIIIe siècle; une écriture voit le jour vers ce même VIIIe siècle en Étrurie, à portée immédiate des terres provençales et languedociennes.

FIG. 29. – AGE DU BRONZE FINAL. CÉRAMIQUES DE LA CIVILISATION DES CHAMPS D'URNES.

1 à 5. Phase ancienne. – 6 à 8. Phase moyenne. – 9 à 11. Phase finale.

1. Bennwihr (Haut-Rhin). – 2 à 4. Gours-aux-Lions, Marolles-sur-Seine (Seine-et-Marne). – 5. Courchapon (Doubs). – 6 à 8. Hohlandsberg, Colmar (Haut-Rhin). – 9, 10, 11. Ensisheim (Haut-Rhin).

(D'après H. Zumstein, C. et D. Mordant, N. Sandars, C. Bonnet.)

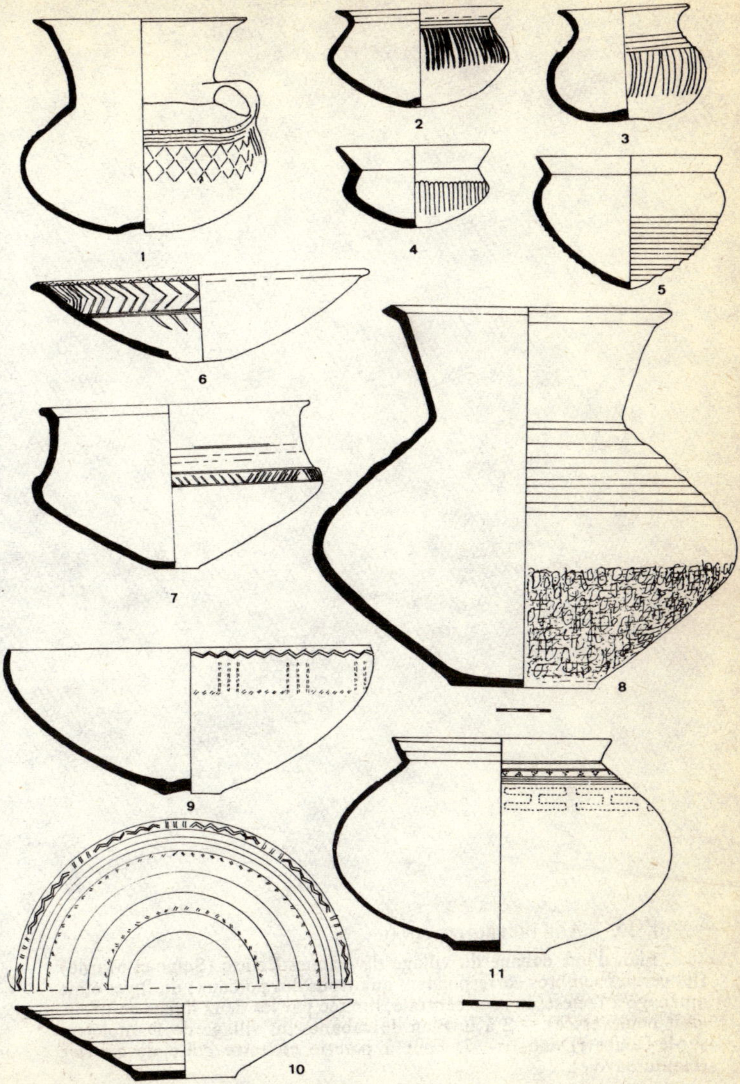
1
2
3
4
5
6
7
8
9
10
11

FIG. 30. – AGE DU BRONZE FINAL.

1. Plan d'une cabane du village de Cannes-Écluse (Seine-et-Marne) (les cercles sombres correspondent aux trous des poteaux ; un foyer était aménagé à l'ouest ; la zone centrale, limitée par les deux lignes de tirets, était bouleversée). – 2 à 6. Plan de cabanes du village de Dampierre-sur-le-Doubs (Doubs). – 7. Four à poterie en terre cuite de Sévrier (Haute-Savoie).

(D'après G. Gaucher, P. Pétrequin, A. Bocquet.)

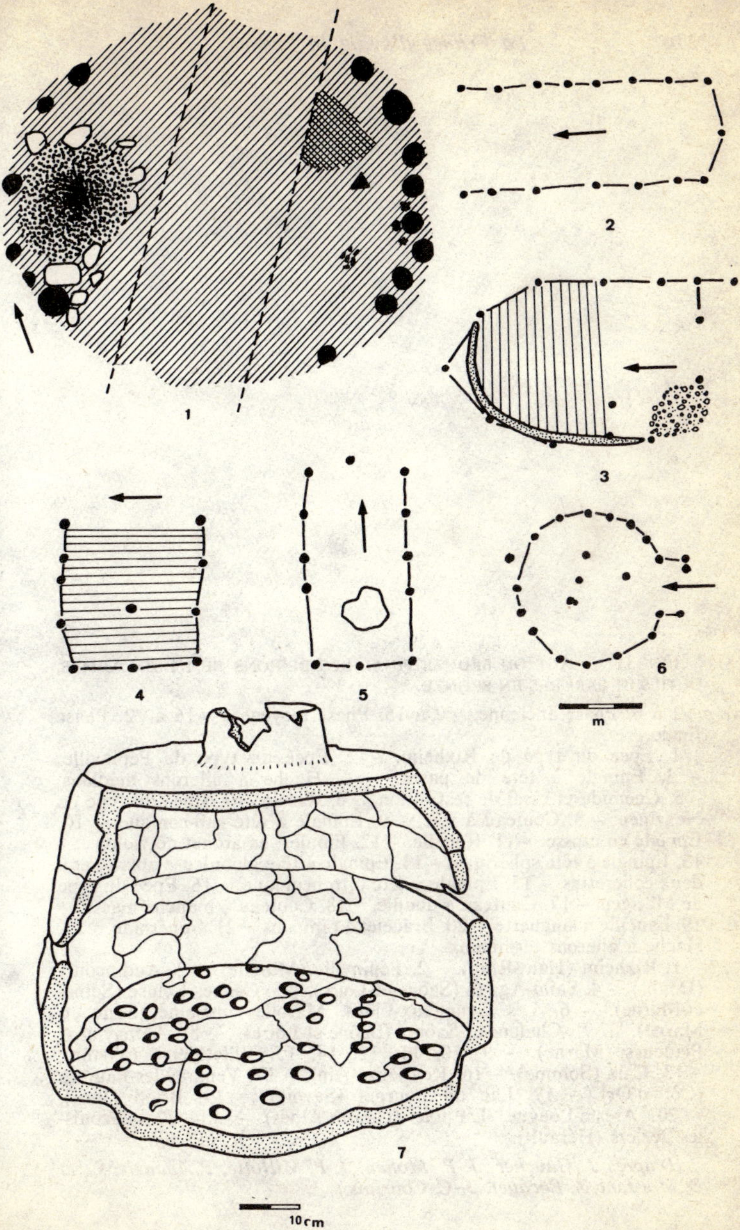
1
2
3
4
5
6
m
7
10 cm

FIG. 31. – AGE DU BRONZE FINAL DES RÉGIONS DE L'EST. ARMES, OUTILS ET PARURES EN BRONZE.

1 à 6. Phase ancienne. – 7 à 15. Phase moyenne. – 16 à 22. Phase finale.

1. Épée du type de Rixheim. – 2. Épée du type de Pépinville. – 3. Épingle à tête de pavot. – 4. Hache à ailerons médians. – 5. Cnémide et essai de restitution. – 6. Rasoir. – 7. Épée du type de Nenzigen. – 8. Couteau à soie. – 9. Épingle à tête sub-conique. – 10. Épingle en crosse. – 11. Rouelle. – 12. Fibule « en archet de violon ». – 13. Épingle à tête sphérique. – 14. Épingle à tête globuleuse aplatie et à deux collerettes. – 15. Épingle à tête bitronconique. – 16. Épée du type de Mörigen. – 17. Couteau à douille. – 18. Couteau à manche massif. – 19. Faucille à languette. – 20. Bracelet à tampons. – 21. Sphéroïde. – 22. Hache à ailerons terminaux.

1. Rixheim (Haut-Rhin). – 2. Pépinville (Moselle). – 3. Audincourt (Doubs). – 4. Saint-Agnan (Saône-et-Loire). – 5. Cannes-Écluse (Seine-et-Marne). – 6. Les Gours-aux-Lions, Marolles-sur-Seine (Seine-et-Marne). – 7. Chalon-sur-Saône (Saône-et-Loire). – 8. Aulnay-aux-Planches (Marne). – 9, 10, 11, 12, 14, 15. Villethierry (Yonne). – 13. Caix (Somme). – 16. Reyrieux (Ain). – 17. Venarey-les-Laumes (Côte-d'Or). – 18. Lac du Bourget (Savoie). – 19. Briod (Jura). – 20. Areste-Longue, L'Épine (Hautes-Alpes). – 21, 22. Cazouls-les-Béziers (Hérault).

(D'après J. Gaucher, J.-P. Mohen, J.-P. Millotte, P.Abauzit, C. et D. Mordant, A. Bocquet. J.-C. Courtois.)

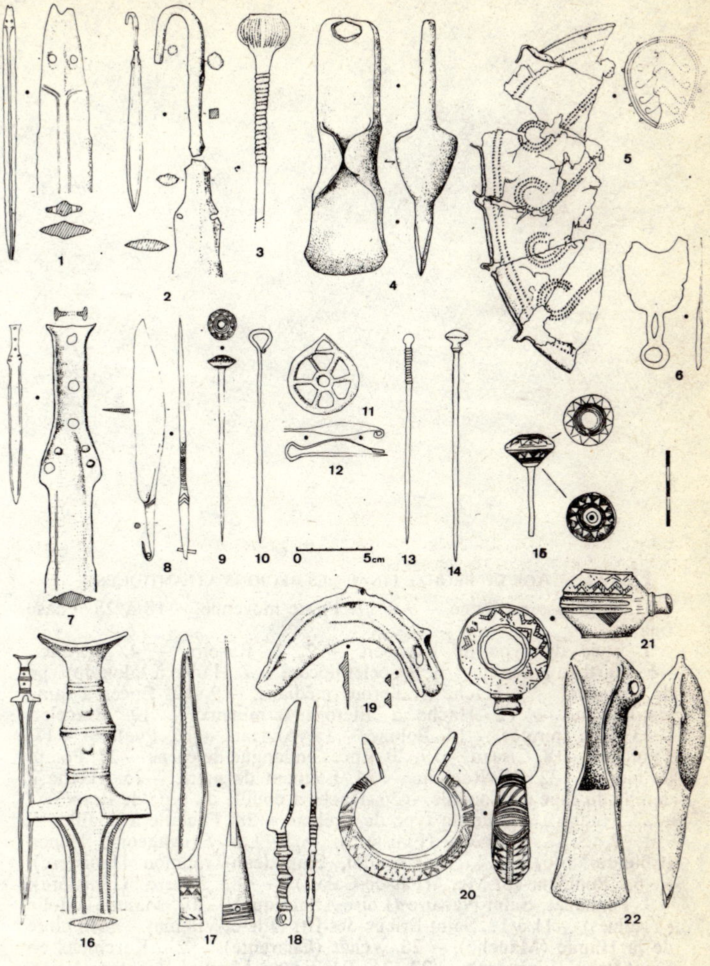
1
2
3
4
5
6
7
8
9
10
11
12
13
14
15
16
17
18
19
20
21
22
0
5cm

FIG. 32. – AGE DU BRONZE FINAL DES RÉGIONS ATLANTIQUES.

1 à 8. Phase ancienne. – 9 à 17. Phase moyenne. – 18 à 28. Phase finale.

1. Épée du type de Rosnöen. – 2, 3. Rasoirs. – 4. Bracelet. – 5. Marteau à douille. – 6. Bracelet décoré. – 7. Hache à talon du type de Rosnöen. – 8. Hache à ailerons médians. – 9, 10. Épées à lame pistilliforme. – 11. Hache à ailerons terminaux. – 12. Bracelet. – 13. Tôle spiralée. – 14. Bobine. – 15. Anneau. – 16. Phalère. – 17. Tranchet. – 18. Ciseau. – 19, 20. Épées en langue de carpe. – 21. Pointe de lance. – 22, 23. Racloirs. – 24. Élément de mors. – 25. Hache à douille du type de Couville. – 26. Hache à douille du type de Brandivy. – 27. Hache à douille du type de Tréhou. – 28. Faucille à douille.

1, 2, 5, 7. Rosnöen (Finistère). – 3. Les Sauvageons, Henon (Côte-du-Nord). – 4. Ru-Caoudal, Saint-Jean-Trolimon (Finistère). – 6. Boulogne-sur-Mer (Pas-de-Calais). – 8. Plouyé (Finistère). – 9. Penhouet, Saint-Nazaire (Loire-Atlantique). – 10. Mantes-la-Jolie (Yvelines). – 11 à 18. Saint-Brieuc-des-Iffs (Ille-et-Vilaine). – 19. Pointe de la Hague (Manche). – 20. Vénat (Charente). – 21. Kerchleus en Saint-Pabu (Finistère). – 22, 24. Prairie de Mauves, Nantes (Loire-Atlantique). – 23. Côtes-du-Nord. – 25. Saint-Mars-la-Futaie (Mayenne). – 26. Musée préhistorique finistérien. – 27. Tréhou (Finistère).– 28. Le Plainseau, Amiens (Somme).

(D'après J. Briard, G. Gaucher, J.-P. Mohen, G. Verron.)

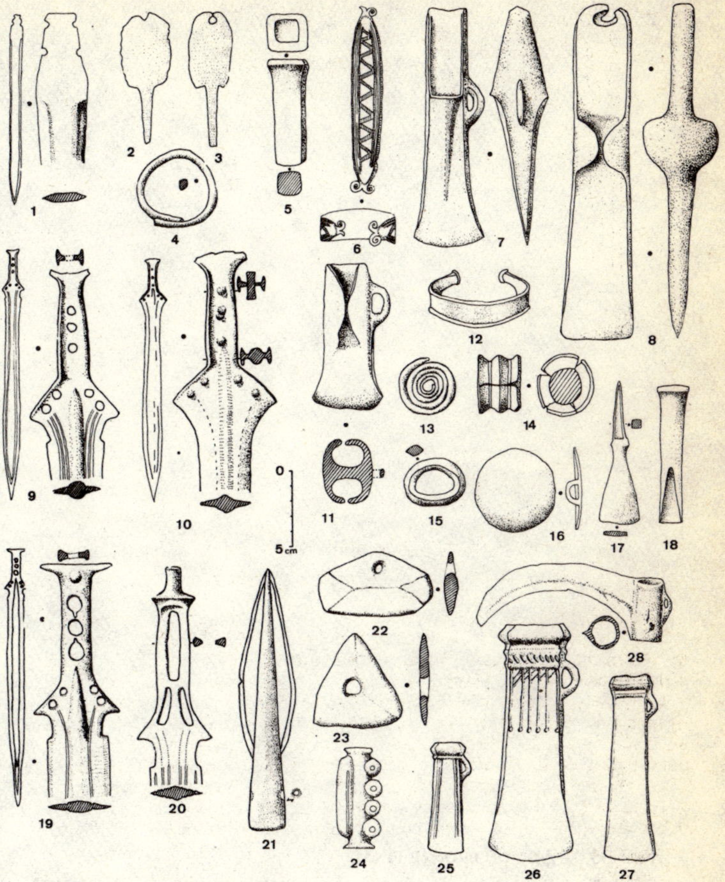
1
2
3
4
5
6
7
8
9
10
11
12
13
14
15
16
17
18
19
20
21
22
23
24
25
26
27
28
0
5 cm

FIG. 33. – AGE DU BRONZE FINAL.

1 à 4. Représentations gravées de chars sur céramique. – 5. Vase avec frise de représentations pictographiques. – 6. Développement total du décor du même vase. – 7 et 8. Fragments de coupes avec bandes à décor incisé, représentant des scènes diverses.

1. Tumulus de Sublaines (Indre-et-Loire). – 2, 7, 8. Moras-en-Valloire (Drôme). – 3, 4. Camp Redon, Lansargues (Hérault). – 5, 6. Grotte du Quéroy, Chazelles (Charente).

(D'après G. Cordier, A. Nicolas, J. Arnal, H. Prades, J. Gomez.)

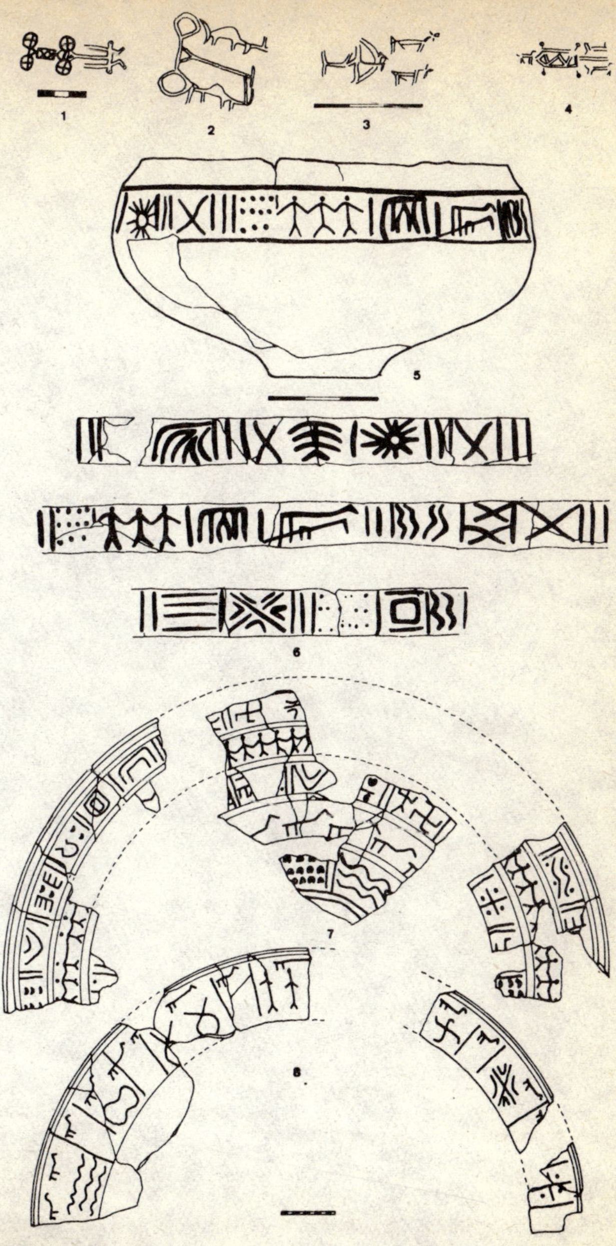
1
2
3
4
5
6
7
8

VII

Cultures et sociétés du premier âge du fer

Les archéologues distinguent deux phases essentielles dans l'âge du fer : une étape ancienne (appelée premier âge du fer ou période de Hallstatt, du nom d'un site des Alpes autrichiennes) qui durerait de deux à trois siècles et prendrait fin vers 500 av. J.-C. ; une étape récente (c'est le deuxième âge du fer ou époque de La Tène, baptisée à partir d'un gisement situé à l'extrémité nord du lac de Neuchâtel, en Suisse : amorcée au début du Ve siècle av. J.-C., cette phase se termine avec le règne d'Auguste). Au cours de l'âge du fer, notre pays entre peu à peu dans l'histoire.

Dès le premier âge du fer, des civilisations déjà « historiques », puisqu'elles connaissent l'écriture, pénètrent dans l'aire méditerranéenne : les Grecs fonderont Marseille et un ensemble de colonies dès les débuts du VIe siècle; auparavant, Étrusques et Phéniciens, fortement intéressés par les marchés inespérés que constituaient les populations riveraines de la Méditerranée occidentale, entretenaient déjà avec ces dernières un négoce plus ou moins régulier. Il faudra attendre la mainmise romaine sur le Sud de la Gaule, vers la fin du IIe siècle, pour que le processus s'accélère. En terminant au Ier siècle la conquête de la Gaule, Jules César faisait passer la Gaule, dans sa totalité spatiale, de la protohistoire à l'histoire. On abordera essentiellement dans ce chapitre les caractères les plus marquants du premier âge du fer.

De l'âge du bronze à l'âge du fer : une péjoration climatique?

Signalons d'abord que la période de transition de l'âge du bronze à l'âge du fer, vers le VIIIe siècle ou le VIIe siècle av. J.-C. selon les régions, correspond, en gros, à une transition de type climatique : le passage du sub-boréal au sub-atlantique. D'après les botanistes, une humidification très sensible du climat se serait manifestée alors, dont les incidences sur le comportement des sociétés auraient été grandes : changement d'habitats, migrations, ruptures culturelles, modification des aires cultivées, reprise du pastoralisme, etc. Est-il réel que le rafraîchissement et la recrudescence de l'humidité aient favorisé certaines mutations économiques et culturelles? La réponse, largement positive pour les uns, plus nuancée pour les autres, n'est pas à ce jour définitive. La montée des lacs alpins à cette époque a été certes observée par les archéologues : elle a entraîné l'abandon des sites littoraux.

Les palynologues paraissent eux aussi d'accord pour noter à partir de cette époque l'installation de conditions moins clémentes. Ainsi en Gironde, l'humidité favorise le développement de l'aulne. Dans les Pyrénées, la nébulosité encourage l'extension du hêtre et de l'aulne. Dans le Massif central, la fraîcheur et les précipitations permettent l'extension du sapin. Dans l'Est du pays, le hêtre et l'épicéa s'étendent. Dans les Alpes épicéas et mélèzes gagnent en altitude. En Corse enfin, l'augmentation de l'humidité est favorable au hêtre et au sapin. Ces diverses observations paraissent en gros concordantes. Il faut donc admettre que la dégradation climatique a vraisemblablement eu des contraintes économiques. Mais dans quelles proportions?

La découverte du fer

Un nouveau pas dans la connaissance de la métallurgie est franchi dès que l'homme se met à exploiter le fer. Le travail du fer suppose la maîtrise de techniques supérieures à celles utilisées pour les métaux déjà connus, cuivre et bronze. Il faut par ailleurs porter ce métal à une température de 2 000° C pour en assurer la fusion. On ne peut aussi le marteler que lorsqu'il est incandescent et, pour ce faire, il faut disposer d'un système de tenailles permettant de maintenir la pièce en cours de préparation. Enfin, le fer reste rare à l'état natif. L'homme commença donc, semble-t-il, à débiter le fer des météorites. Mais dès qu'il sut exploiter les nombreux minerais de fer existants, il se trouva en présence d'un produit abondant et d'extraction facile.

La séparation du fer à partir de son minerai posa sans doute au départ quelques problèmes. La fonte du fer nécessite par ailleurs un grand volume de carbone, donc de combustible, en même temps qu'une aération bien réglée. Le premier de ces besoins explique le grand dommage que les mineurs et les forgerons firent subir aux forêts voisines. Les exemples abondent, pour la fin de la préhistoire et pour les temps historiques, de vastes étendues boisées qui furent abattues pour alimenter les fours. Ces coupes désordonnées eurent sur l'environnement de funestes effets : reprise de l'érosion, réduction de la fertilité du sol, modifications de la faune, etc.

D'où vient exactement la sidérurgie? Il est bien difficile d'être précis. Le fer était déjà connu des Hittites, en Anatolie, vers le milieu du IIe millénaire. Mais ces populations gardèrent justement le secret de cette nouvelle énergie. La ruine de l'Empire hittite vers 1200 av. J.-C. mit un terme à ce monopole. La divulgation de la sidérurgie fut toutefois assez lente. Le fer apparaît en Grèce vers le XIe ou le Xe siècle : venus du Nord, les Doriens, désormais maîtres du nouveau métal, anéantissent la culture mycénienne et donnent le jour à une civilisation moins brillante, plus sévère. Mais à qui faut-il attribuer l'introduction du fer en Occident? Deux hypothèses peuvent être avancées.

On peut évoquer la part peut-être déterminante tenue par les populations centro-européennes, déjà devenues maîtresses de l'essentiel de l'Europe occidentale au bronze final. C'est peu ou prou sur la base géographique des divers groupes culturels de la civilisation des champs d'urnes que s'implantera la civilisation hallstattienne. Le caractère très mobile de cette dernière a certes pu contribuer à l'expansion rapide de la métallurgie du fer. Une deuxième hypothèse mettrait en avant le rôle qu'auraient pu jouer les Phéniciens. Pourquoi ne pas penser que ces derniers, vieux rouliers de la Méditerranée, aient tenu une place importante dans l'introduction des techniques de la sidérurgie sur les côtes occidentales? Quoi qu'il en soit des processus d'apparition du nouveau métal, on constate que les premiers groupes pratiquant l'usage du fer apparaissent entre les Alpes occidentales et l'Atlantique, dans le courant du VIIe siècle av. J.-C. Peuplades nouvelles ou acculturation et mutation des populations autochtones? Sans doute les deux car, en bien des endroits, les mobiliers trahissent et des traditions locales et des éléments manifestement importés. Une vaste famille « hallstattienne » se met ainsi en place depuis la région de l'Oder jusqu'à l'Espagne, au nord du domaine alpin.

La civilisation de Hallstatt

Ainsi établie, la civilisation de Hallstatt couvre l'essentiel de l'Europe centrale et occidentale. La plus grande partie de la Gaule se trouve donc concernée : seules les aires atlantiques, tout en n'étant pas imperméables à l'impact des gens de Hallstatt, préservent une certaine originalité culturelle bien ancrée à travers la production en masse d'instruments de bronze.

Réglons d'abord quelques problèmes ingrats de chronologie et de terminologie. Les protohistoriens subdivisent généralement cette culture en plusieurs phases évolutives. Mais ils sont bien loin de s'accorder sur la durée ou la limite de chacune de ces phases. O. Montelius distinguait ainsi un Hallstatt I, de 850 à 600 av. J.-C. et un Hallstatt II, de 600 à 400. J. Déchelette proposait pour le Hallstatt I, 900 à 700 et pour le Hallstatt II, 700 à 500. P. Reinecke donnait au terme Hallstatt un sens très lâche; ainsi englobait-il dans cette culture les phases finales de l'âge du bronze. Il concevait ainsi une classification en quatre étapes : les Hallstatt A et B correspondaient au bronze final tandis que le premier âge du fer était subdivisé en Hallstatt C (800-700) et Hallstatt D (700-550), cette dernière phase subdivisée en D1 et D2. En se fondant sur les recherches de l'aire française continentale, proprement hallstattienne, J.-J. Hatt distingue à son tour trois périodes :

– une phase ancienne (de 725 à 625 av. J.-C.) marquée par l'apparition d'une aristocratie de cavaliers, l'un des fondements de la société gauloise;
– une phase moyenne (de 625 à 540 av. J.-C.), caractérisée par la divulgation de certains « fossiles » métalliques comme

l'épée de fer à antennes, les rasoirs semi-circulaires, les épingles à deux pointes, les bouterolles, les bracelets à boules terminales; ce complexe s'étendra largement vers l'Ouest et le Midi;

– une phase finale (de 540 à 450 av. J.-C.) qui voit en particulier l'épanouissement dans l'Est et le Nord des civilisations de Vix et des Jogasses. Dès lors des importations méditerranéennes, déjà sensibles à la phase précédente, permettent d'affiner certaines séquences chronologiques et de mesurer l'importance de l'axe Rhône-Saône dans la divulgation des produits allogènes. C'est alors que la zone continentale (Bourgogne, Alsace méridionale, Jura) voit le développement des sépultures à char que l'on retrouvera en Poitou.

Pour être clair on se trouve donc devant une évolution en trois temps : apparition de la culture, renforcement et expansion, phase d'apogée enfin, marquée par une plus ou moins forte pénétration des produits gréco-étrusques.

Revenons-en à la phase primitive de ce premier âge du fer et posons-nous une question. Quels sont donc ces mystérieux cavaliers qui introduisent cette nouvelle civilisation dans l'Est de la France? De fait leur identité ne peut guère être décelée qu'à travers le mobilier de leurs sépultures. On remarque en effet que tout un ensemble de trouvailles étalées en Hongrie, Bavière, Belgique et Sud de la France présentent des points communs : elles contiennent, au milieu de riches dépôts, des mors de chevaux et des éléments de harnachement associés à des épées de bronze ou de fer, parfois avec leur bouterolle. On peut trouver des prototypes de ces diverses pièces dans la zone des steppes, en Russie du Sud, où un peuple de cavaliers, les Cimmériens ou Thraco-Cimmériens, furent alors chassés de leurs terres par les Scythes. Les Cimmériens auraient été repoussés vers l'Anatolie ou vers l'Europe moyenne; là ils auraient entrepris la conquête de certains territoires puis auraient poussé jusqu'en Gaule où, dans les zones les plus lointaines de leur terre d'origine, leur influence serait très tardive (VIIe siècle).

Au terme de cette démonstration, il demeure en fin de compte difficile d'établir une démarcation entre l'hypothèse d'une migration bien jalonnée et la réalité. Ce dont on est à peu près certain c'est à cette époque l'apparition d'un type nouveau de société, marqué par la constitution d'une caste de cavalier, pourvus d'armes nouvelles (telle l'épée de fer) et passés maîtres dans l'art de monter les chevaux et de conduire les chars. Remarquons au passage que le cheval est désormais monté et qu'il a fallu attendre un bon millénaire, peut-être plus, pour que cet animal de trait devienne enfin monture. Un autre trait de cette culture réside aussi dans le retour à la mode des sépultures sous tumulus. En dehors de leur nombre élevé, ces nécropoles de tertres jouent un rôle important dans notre connaissance des sociétés de cette époque. On a en effet fouillé – pas toujours avec grand soin en ce qui concerne les anciennes recherches – beaucoup de tumulus et, en bien des cas, notre vision du premier âge du fer est essentiellement fondée sur le matériel issu de ces tombes.

Le temps des tumulus

La carte des principaux sites du premier âge du fer, en France, est fort suggestive. Les gisements importants sont concentrés à l'est et au sud d'une ligne qui irait de la Lorraine et de la Champagne jusqu'à l'embouchure de la Loire. Là fleurit la civilisation des tumulus hallstattiens. Dans la partie septentrionale de l'hexagone au contraire les sites du premier âge du fer sont mal connus ou mal représentés, voire absents. Ainsi les renseignements sur la période qui couvre les VIIe et VIe siècles demeurent-ils fragmentaires dans la région parisienne ou le Nord de la France. En Normandie on connaît de cette période, outre des objets isolés, deux nécropoles à inhumation : l'une à Ifs, l'autre à Soumont-Saint-Quentin, dans le Calvados. La Bretagne n'est guère mieux dotée et, à cette époque, les industries traditionnelles de type bronze final y constituent encore l'élément culturel essentiel. Nous reviendrons sur ce phénomène.

Mais partout ailleurs la civilisation des tumulus hallstattiens bat son plein. Dans les nécropoles où les tumulus se comptent parfois par dizaines, on retrouve des mobiliers traditionnels : céramiques, armes, bijoux. Mais la distinction sociale joue désormais un rôle beaucoup plus marqué que dans les civilisations immédiatement antérieures. Cela transparaît en particulier au niveau de la qualité et du nombre des offrandes et aussi quelquefois dans le volume des matériaux nécessités pour la construction de la butte funéraire. C'est ainsi que les personnages importants sont inhumés ou incinérés sous des tertres imposants. Parfois même quand les tertres sont vastes, des sépultures secondaires sont aménagées dans la masse du volume de terre ou de pierraille. Mais le plus souvent, on rencontre de petits tumulus groupés en importantes nécropoles, chaque monument réservé à un sujet. Dans certaines régions, la civilisation des tumulus du premier âge du fer s'est épanouie avec un éclat tout particulier : le Jura, la Bourgogne, les Alpes, le Massif central, les Pyrénées par exemple. Dans d'autres provinces, comme dans le Bas-Languedoc, on demeura fidèle aux modes funéraires de la fin de l'âge du bronze et on continua à brûler les morts avant de les déposer dans une fosse en pleine terre.

Essayons donc de dépeindre les principaux traits de ces communautés hallstattiennes en commençant par une nécropole de la phase ancienne : Chavéria.

Chavéria

La nécropole de Chavéria, dans le Jura, constitue un bon exemple de ces cimetières du début de l'âge du fer. Elle a été édifiée dans une plaine – la plaine de Manne – en terrain argileux, fréquemment inondé. Le site est connu depuis le siècle dernier où divers érudits locaux pratiquèrent sur quelques tertres des recherches peu méthodiques. Il fallut attendre la période 1964-1969 pour que des fouilles systématiques aient lieu. Elles ont porté sur scize tumulus. Les sujets rencontrés dans les tombes ont été inhumés ou incinérés. Quand ils ont été brûlés, les restes des corps ont été recueillis dans une urne funéraire disposée au centre du tertre, selon une tradition tout à fait dans la ligne des sépultures « champs d'urnes » du bronze final.

Les offrandes dont les défunts étaient gratifiés se composaient de poteries, d'épées, d'un couteau, de bracelets, d'anneaux et d'éléments de harnachement. On a aussi mis au jour un bracelet de lignite et une perle en ambre. Quelquefois des pointes de flèches en silex, legs d'un âge révolu, étaient encore disposées dans les tombes. On a également découvert un plat en tôle de bronze de 28,5 cm de diamètre pour 5 cm de hauteur : les marlis de ce plat portent une décoration de bossettes faites au repoussé et de filets en relief. Il s'agit sans doute là d'un bassin d'apport ou d'influence étrusque. Parmi les pièces les plus intéressantes, on retiendra les épées qui, en bronze ou en fer, appartiennent à des types variés. On connaît des épées « hallstattiennes » en bronze et en fer, une épée à lame pistilliforme en fer munie d'une poignée de bronze, enfin une épée d'un type déjà reconnu à Auvernier, en Suisse, à poignée massive et décorée de motifs incisés.

Ces remarques démontrent la contemporanéité de rapières les plus diverses dans leur typologie tandis que le métal peut être le bronze ou le fer. Assez curieusement d'ailleurs c'est dans le vieil alliage traditionnel, le bronze, que sont encore façonnées les épées les plus caractéristiques de cet âge du fer débutant.

C'est ainsi qu'un type d'épée en bronze parfois dit « épée hallstattienne » connaît alors une vogue notable. Il s'agit du type de Gundlingen, du nom d'un site allemand du pays de Bade où on l'a reconnu anciennement (fig. 34, nº 1). Ces lames se terminent par des languettes à partie distale en trapèze. On retrouve ce genre d'épée à Chavéria mais il est aussi répandu dans toute la moitié Est de la France : Jura, Massif central, sillon rhodanien, jusqu'en Provence et Languedoc, et même dans la vallée de la Seine. Voici donc un bon témoin de la progression des gens de Hallstatt dans leur extension vers l'ouest, le nord-ouest et le sud.

Fort intéressante est aussi la présence à Chavéria d'un harnachement complet de cheval associé à deux grandes phalères sans décor (fig. 34, nº 2), deux autres plus petites à bossettes, une gourmette comportant soixante-dix éléments en os, les branches d'un mors d'ailleurs de faibles dimensions (fig. 34, nº 3). Les chevaux de ces cavaliers étaient-ils de petite taille?

Le Massif central

Le Massif central fut également un lieu privilégié pour l'installation des tribus hallstattiennes, qui y diffusèrent la métallurgie du fer vers le VIIᵉ siècle av. J.-C. Ici, comme en bien d'autres régions, l'âge d'or de ces peuplades se situera un siècle après quand les sites de hauteur commenceront à s'entourer de remparts comme c'est le cas sur le plateau de Corent, aux Côtes de Clermont ou à Olloix dans le Puy-de-Dôme. Ces enceintes, avec contreforts externes et poternes fortifiées, peuvent atteindre plusieurs centaines de mètres de pourtour. Ces puissantes constructions sont peut-être l'indice d'une mutation sociale : des roitelets locaux s'appuyant sur une classe militaire investissent dans une architecture imposante et, à l'occasion, défensive.

Mais comme en bien d'autres provinces, ce sont les sépultures tumulaires ou les tombes à incinération qui ont fourni l'essentiel de la documentation archéologique. On y rencontre bien entendu les vestiges classiques des tombes du premier âge du fer : poignards, couteaux et lances en fer, fibules de fer ou de bronze, céramiques. Toutefois des spécificités locales apparaissent et des « faciès » propres à une région donnée se font jour. Ainsi dans la zone orientale (Haute-Loire, Forez, Bourbonnais) on ne connaît guère de tumulus. On a par contre fouillé à Lusigny (Allier) une sépulture à incinération qui a livré deux fibules, l'une à cabochon, l'autre discoïde dont l'influence continentale est manifeste. Dans la partie occidentale, au contraire (Corrèze, Creuse, Haute-Vienne), les tombes sous tertre sont abondantes et ici un groupe original se met en place caractérisé par l'incinération des défunts.

La poterie porte un décor « graphité » typique : on appelle ainsi une ornementation peinte au graphite, minéral noir opaque qui laisse après séchage un éclat métallique (tumulus de Montfumat à Saint-Ybard, Corrèze, tumulus de la Molle de Joureaux à Champsac, Haute-Vienne) (fig. 35, n° 4). On connaît aussi des vases à plages peintes en rouge brun, bandes horizontales, dents de loups, méandres, chevrons comme dans le tumulus de Rochechouart en Haute-Vienne. Bien entendu les contacts sont ici normalement assurés avec l'Aquitaine voire avec l'Espagne : ainsi les fibules à pied coudé et ressort bilatéral évoquent l'Aquitaine, une agrafe de ceinture la péninsule Ibérique ou le Midi. Dans cette région on notera encore un trait original : la fabrication ou la divulgation de bracelets décorés en schiste. On en a découvert une centaine sur le site de Chalucet à Saint-Jean-Ligoure, en Limousin.

Un autre groupe intéressant est localisé plus au sud sur les Causses, du Lot à la Lozère. Ici encore les tumulus constituent la source d'information essentielle et, depuis le siècle dernier, on en a exploré beaucoup, trop même eu égard aux résultats scientifiques auxquels on est parvenu. Épées à antennes, poignards, couteaux, rasoirs et ustensiles de toilette sont fréquents dans ces sépultures. Les formes de la céramique sont souvent peu diversifiées : plats tronconiques, bols ou écuelles, gobelets, jattes biconiques ou urnes à col, souvent montées sur pied.

Par contre l'ornementation en est quelquefois originale. Ainsi en Lozère, dans la nécropole du Freyssinel, les jattes ou les assiettes portent parfois un décor peint à l'intérieur du récipient. Dans cette même région la panse des vases est souvent ornée en champlevé : des plages de pâte fraîche ont été cisaillées et enlevées de manière à faire ressortir, en faux relief, les secteurs voisins. Cette ornementation excisée est courante en Lozère (tumulus du Freyssinel, tumulus du Bas à Sainte-Énimie). On la retrouvera aussi dans les cultures toutes proches du Languedoc.

Languedoc et Provence

Assez curieusement le Midi de la France montre vers les VIIe et VIe siècles av. J.-C. une dualité au niveau des rites funéraires. Sur les plateaux de l'intérieur et dans la zone des garrigues, les tumulus sont nombreux et recouvrent des sujets inhumés ou incinérés. On réutilise même, à l'occasion, certains tertres dolméniques, d'âge beaucoup plus ancien. Les récipients que contiennent ces tombes sont des vases pansus à col très ouvert, montés sur pied annulaire, des plats tronconiques très évasés, des coupelles à fond déprimé, des marmites sphériques. Le décor excisé déjà noté au Freyssinel, en Lozère, est bien représenté. Les objets de parure sont abondants : rasoirs, épingles à pointe bifide, diverses variétés de fibules, boucles de ceinturon. Les tertres les plus anciens peuvent contenir des épées de bronze (nécropole de Cazevieille, Hérault); les plus évolués, des poignards à antennes en fer (Saint-Martin-de-Londres, Hérault).

Des importations apparaissent, sporadiquement, dans quelques tombes du VIe siècle (tumulus B1 de Frouzet, Hérault). Semblable phénomène peut être noté en Provence. Au premier âge du fer les tombes sont ici également des tumulus à inhumation ou à incinération. On connaît aussi des inhumations sous tombe plate comme à Saint-Saturnin-d'Apt. Les importations sont présentes dès la fin du VIIe siècle. Dans le tertre de l'Agnel à Pertuis, on a mis au jour une oenochoé dite « rhodienne » (en fait probablement étrusque) tandis que d'autres coupes ou bassins en tôle de bronze avaient été déposés dans les sépultures de la région.

Dans le Bas-Languedoc, la mode des sépultures à incinération en fosse, brillamment illustrée par la civilisation de Mailhac, se maintient. Dans cette région l'horizon dit de Grand Bassin I, qui voit cette civilisation accéder à l'âge du fer, se caractérise encore par des tombes réalisées en pleine terre. Certaines étaient même creusées en silo, voûtées en coupole, avec une ouverture circulaire de l'ordre de 1 m de diamètre. Le mobilier y était généralement abondant : une tombe a livré jusqu'à cinquante-sept vases ! Les céramiques qui en proviennent sont très originales avec un goût marqué pour les pieds surélevés (fig. 35, n° 3) et les panses comportant souvent de nombreuses carènes. Le fer fait son apparition (couteaux, fibules) mais le bronze est encore largement utilisé.

Les premiers vases faits au tour apparaissent dans le cadre de cette civilisation vers la transition VIIe-VIe siècle par exemple dans la nécropole de Saint-Julien à Pézenas, Hérault. Ils dénotent des contacts avec l'Étrurie ou la Grèce. Au VIe siècle dans tout le Bas-Languedoc, la civilisation de Mailhac (phase III) conserve encore ses traditionnelles tombes en fosse mais les mobiliers y montrent désormais la part grandissante que prennent les influences méditerranéennes. Ainsi donc le monde hallstattien dans sa progression vers le sud entra-t-il désormais en contact avec les civilisations classiques. Il devait en sortir transformé.

Ultimes forgerons du bronze languedocien

On observe en Languedoc, depuis la région de Montauban jusqu'en terre de Montpellier, le même phénomène qu'en Armorique ou qu'en Charente à la même époque. Dans un sursaut d'énergie les derniers métallurgistes du bronze s'emploient à fabriquer un matériel déjà en partie dépassé techniquement par la divulgation du fer. Mais si la Bretagne paraît alors confinée dans un commerce traditionnel centré sur l'Atlantique, la Manche et la mer du Nord, le Languedoc est largement ouvert au trafic étrusque, grec, marseillais. L'axe Aude-Garonne est devenu, comme l'artère rhodanienne, l'une des routes privilégiées du commerce protohistorique. Comment, de ce fait, expliquer ici ce phénomène de récurrence apparente ?

La signification d'étonnants dépôts d'objets en bronze n'est pas claire. Il est permis de se demander si ces cachettes ne sont pas le simple résultat d'une récupération systématique de pièces destinée à la refonte. Mais qui pouvait encore tirer parti de la métallurgie du bronze sinon les Étrusques ou les Grecs, grands pourvoyeurs de récipients métalliques. Le « launacien » serait-il tout simplement le résultat de rabatteurs travaillant pour le compte des bronziers d'Étrurie ou de Grèce? L'hypothèse est vraisemblable.

Tout commença au siècle dernier lorsque l'on découvrit à Launac, près de Fabrègues (Hérault), une cachette de bronzes : haches à douille, haches à ailerons terminaux, bracelets, « talons de lance », faucilles, etc. (fig. 34, n°s 12, 16, 17). Le « launacien » était né. Ce complexe d'objets de bronze devait se retrouver dans un certain nombre de dépôts en Ariège, dans le Tarn, l'Aude, l'Hérault mais aussi dans le Massif central. Les influences launaciennes peuvent même remonter jusque dans les pays de la Loire où de grands dépôts tardifs d'objets de bronze véhiculent, au milieu de pièces d'inspiration atlantique ou continentale, quelques objets de style méridional.

Ces dépôts étaient plus ou moins importants. Celui de Carcassonne totalisait 40 kg de bronze, celui de Rieux-Minervois (Aude) 150 kg! Mais la palme en la matière revient manifestement au « dépôt » du camp de Rochelongue près d'Agde. Il s'agit, peut-être, de la cargaison d'un navire naufragé, aujourd'hui enfoui par 6 à 8 m de fond. Ici les bronzes se comptent par quintaux. Le chargement comprenait surtout des métaux non ouvrés (lingots de cuivre, plaques d'étain et de plomb) ainsi que de la galène. Parmi les objets finis, l'essentiel est composé de haches à douille, fragments de poignards ou d'épées, pointes de flèches à pédoncule et ailerons, talons de lances, fibules, épingles, agrafes de ceintures, boutons, pendentifs divers, rasoir discoïde et enfin de nombreux bracelets.

Grâce à la fouille minutieuse des oppida méridionaux ou des sépultures contemporaines – tombes plates et tumulus – le mobilier des dépôts launaciens peut être aujourd'hui correctement daté. Il s'échelonne du VIIIe au VIe siècle av. J.-C. Le matériel de bronze montre de nettes affinités avec les cultures méridionales du premier âge du fer. Il existe ainsi des spécificités locales, par exemple certaines haches à douille carrée (fig. 34, n° 6). Mais les nombreux bracelets à côtes sont manifestement influencés par la civilisation hallstattienne (fig. 34, n° 36). De ce fait leur répartition est beaucoup plus vaste. N'oublions pas enfin qu'à cette époque la Gaule du Sud est un creuset commercial. Rien d'étonnant de trouver dans ces dépôts des fibules italiques, des flèches d'inspiration égéenne ou des boucles de ceinturon identiques à certains exemplaires ibériques.

Ces éléments témoignent de relations assez larges même si les productions launaciennes ne sont que des copies locales. Pour produire une telle quantité de bronzes, il fallait du cuivre et de l'étain en abondance. Le cuivre des Cévennes et des Pyrénées devait être largement sollicité. On le coulait en galettes plano-convexes d'un type connu à Rochelongue. Quant à l'étain, il devait être importé depuis l'Armorique ou de plus loin par l'Aquitaine, le Massif central ou le Rhône. C'est d'ailleurs au débouché de ces trois axes sur la façade méditerranéenne que le « launacien » s'est tout naturellement épanoui, en liaison sans doute avec certaines nécessités économiques.

Phéniciens, Étrusques et Grecs en Gaule du Sud

Dès le VIIe siècle au sein des thalassocraties phéniciennes, étrusques et grecques le combat pour la conquête des marchés commerciaux de la Méditerranée occidentale est engagé. Les Phéniciens ont fondé Carthage, près de l'actuelle Tunis, et de là ont établi des comptoirs dans le sud de la péninsule Ibérique comme Gadès, ancêtre de Cadix. Ils ont par ailleurs réussi vers 800 av. J.-C. à soumettre le brillant royaume de Tartessos, dans la vallée du Guadalquivir. Leur influence ne cesse de grandir. Les Étrusques, apparus au VIIIe siècle, connaissent un siècle après un développement étonnant. Fixés en Toscane, leur brillante civilisation est soutenue par une intense activité commerciale sur terre comme sur mer. Passés maîtres dans l'art de travailler le bronze laminé, ils se lancent dès lors dans une forte politique d'exportation. Quant aux Grecs d'Asie, quelques-uns d'entre eux se risquent, vers la fin du VIIe siècle, dans la partie occidentale du bassin méditerranéen.

Or le Sud de la Gaule, vers le milieu du VIIe siècle, sort à peine de l'âge du bronze. Pourtant de grands courants commerciaux sont fixés depuis longtemps, de l'Atlantique vers la Méditerranée et vice versa (route de l'étain), de la Baltique au Rhône (ambre, étain), de l'Europe centrale vers l'Occident (routes des produits manufacturés en bronze, contacts avec le monde hallstattien). En raison de sa position géographique importante et des potentialités commerciales, la Gaule est bel et bien un excellent marché à conquérir. Elle pouvait permettre l'écoulement de multiples produits dans lesquels Grecs et Étrusques notamment s'étaient spécialisés : armes et outils de bronze, récipients de bronze, bijoux originaux, coraux, céramiques, vin. De ces terres lointaines, les Méditerranéens pouvaient ramener des minerais (cuivre et étain), des céréales, de l'ambre, du sel, etc.

C'est pourquoi, dans le courant de ce VIIe siècle, des contacts commerciaux d'abord timides, puis très rapidement importants se nouent entre les civilisations indigènes de Provence et de Languedoc et les trafiquants puniques, étrusques ou hellènes. Mieux, d'abord limitées à une frange côtière, les importations pénètrent ensuite plus ou moins franchement dans le monde hallstattien dès le VIe siècle. Ainsi le plus beau vase de bronze de la civilisation grecque n'a-t-il pas été trouvé en Orient mais en Bourgogne, à Vix! Peut-être même a-t-il été fabriqué en Italie péninsulaire! D'autre part, par le seuil de Naurouze ou le Massif central, les marchandises du monde méditerranéen s'inséreront-elles peu à peu dans l'hexagone avec des fortunes diverses. Sans doute convient-il de faire une différence entre le commerce authentique et les cadeaux de prestige, fruits de relations épisodiques.

Au VIIe siècle les apports puniques sont probables mais peu sensibles. Par contre les Étrusques eux sont déjà bien attestés; ils exportent vers la Gaule méridionale des amphores à vin (fig. 36, no 2), des coupes à pied ou canthares enfin des oenochoés en *bucchero nero*, une céramique noire à surface lustrée (fig. 36 no 3), ou des bassins en bronze. Des centres d'échanges, sans doute placés sous contrôle indigène, leur permettent de dominer un temps le commerce provençolanguedocien. Mais dès cette époque plusieurs villes grecques s'intéressent aussi à l'Occident et envoient par mer, de Corinthe, de Rhodes ou d'Ionie, des commerçants trafiquer avec les autochtones. Ces reconnaissances exploratoires trouvent vite une concrétisation : des Phocéens venus d'Asie fondent Marseille vers 600 av. J.-C. Sur la côte le processus de colonisation est dès lors amorcé. A l'intérieur le commerce avec les populations autochtones va s'en trouver renforcé.

Massalia

Le choix de Marseille, alors Massalia, ne pouvait être meilleur. Site privilégié, à la fois ouvert sur la mer et facile à protéger, ce port était de plus situé à proximité de la grande artère rhodanienne, au débouché du trafic continental. Il sera d'autre part, par sa position même, un indispensable relais entre les terres grecques et les marchés du monde occidental. Son succès fut rapide. Le comptoir fonda à son tour des colonies en Espagne comme Ampurias ou Rhodes, en Languedoc comme Agde (bien qu'on ait récemment reconnu dans cette ville une occupation grecque plus ancienne que celle de Marseille), ou Antibes en Provence orientale. La concurrence avec les commerçants étrusques ou carthaginois devint vite âpre. Les Phocéens fondèrent Aléria en Corse. Puniques et Étrusques réunis tentèrent alors de mettre un terme à leur ascension. Une importante bataille navale opposa violemment les deux camps qui en sortirent chacun fortement éprouvé. Les Phocéens restèrent finalement maîtres du trafic méditerranéen. Toutefois les indigènes supportaient mal de leur côté le succès de Massalia : ils tentèrent de s'en emparer à plusieurs reprises. Malgré ces difficultés la ville tint bon et prospéra.

La plus grande partie du commerce méditerranéen en direction du monde hallstattien passait par Marseille et des itinéraires précis joignaient entre eux les oppida de l'axe du Rhône et de la Saône. D'autres routes s'inséraient dans les vallées alpines. On vendait du vin et certains produits comme le corail. L'importance des influences helléniques sur le milieu régional se discerne à plusieurs niveaux. Des styles céramiques de fabrication locale mais d'influence grecque apparaissent bientôt. Ces ateliers utilisent désormais le « tour de potier » qui va commencer à sonner le glas de la poterie modelée encore que cette dernière ait connu postérieurement quelques phases de résurrection. La céramique claire à décor peint géométrique du Pègue ou la poterie grise du Languedoc méditerranéen en sont de bons exemples (fig. 36, n°s 4, 6). A Marseille même on fabrique en abondance et on exporte de la céramique grise à décor ondé, des poteries d'imitation ionienne sans parler des amphores vinaires, bien reconnaissables à leur pâte micacée. Parallèlement la poterie grecque d'Ionie, ou désormais d'Attique, est redistribuée en Occident. En sens inverse, par les comptoirs côtiers que

Marseille contrôle, passent les produits de l'arrière-pays proche ou lointain : minerais, outils de métal, céréales, ambre, etc.

Cet épanouissement subira une éclipse au Ve siècle. A cette époque les tribus gauloises dans leur mouvement vers le sud ou vers l'Italie ruinent un temps la route du commerce marseillais sur l'axe du Rhône. Les Étrusques en profitent alors pour contrôler les cols alpins par où s'écoule désormais l'essentiel de leurs exportations. D'autre part les Carthaginois concurrencent sérieusement le trafic massaliote en Espagne.

Mais ce déclin sera de courte durée et, au IVe siècle, Marseille recouvrera sa prospérité d'antan. C'est alors une cité de grande envergure dont les navigateurs commercent avec la Grèce ou envoient de hardis marins reconnaître jusqu'aux côtes du Sénégal ou de la Baltique. Toujours aussi fortement engagée dans la lutte pour la domination en Méditerranée, Marseille va, dès le IIIe siècle, lier son sort à celui de Rome contre les Gaulois ou contre les Carthaginois. On connaît la suite : l'alliée deviendra vite vassale. Car Rome, consciente de sa supériorité, ne voudra pas avoir d'égale.

Sainte-Colombe et le premier âge du fer alpin

Après cette rencontre sur les bords de la Méditerranée, entre les sociétés d'Occident et les premières civilisations classiques, il nous faut revenir aux premières nommées. Leur épanouissement demeure en effet en partie conditionné par les liens qui les unissent désormais aux secondes. Pour une telle approche l'axe rhodanien et ses marges sont des lieux d'étude privilégiés. Le premier âge du fer alpin en général et l'oppidum de Sainte-Colombe en particulier en portent témoignage.

Le site de Sainte-Colombe, localisé au sud-ouest du département des Hautes-Alpes, près d'Orpierre, est bâti sur un éperon rocheux, à plus de 900 m d'altitude. C'est sur les pentes même d'un rocher isolé que fut établi un village protohistorique sans aucune construction défensive apparente. Il faut dire qu'une certaine protection était naturellement assurée par les ravins des torrents voisins. L'élevage des bovidés et des ovicapridés dut constituer une activité majeure que complétait un artisanat florissant favorisé par la présence à proximité de matières premières : bois, fer, plomb argentifère et peut-être cuivre.

Le village fut fondé vers le VIIe siècle et l'on aménagea des terrasses avec murs de soutènement. Ensuite, au VIe siècle, le site connut une grande prospérité. On procéda à l'aménagement de vastes chalets sans doute en bois si l'on en juge d'après les poutres brûlées rencontrées lors de la fouille. Dans ces cabanes, on aménageait un foyer circulaire, parfois limité par des pierres ou par de gros anneaux d'argile. On travaillait le bronze pour la fabrication d'objets de parure : aiguilles à chas, chaînettes, bagues, agrafes, bracelets, fibules. Le travail du fer concernait aussi certains éléments décoratifs (fibules, bracelets) mais on réservait fréquemment ce métal à la confection d'instruments plus utilitaires : poinçons, ciseaux, couteaux à rivet. La poterie, de fabrication locale, comporte un registre de formes peu développé : écuelles, jattes, coupes, urnes. Les motifs finement gravés, technique fréquente sur le site du Pègue, dans la Drôme, sont bien représentés (fig. 35, n°s 1, 2).

La céramique comporte aussi, quelquefois, un décor peint de teinte claire, beige ou rougeâtre, affectionnant tout particulièrement les motifs en chevrons. Cette céramique peinte « à la barbotine » est connue tout au long du sillon rhodanien jusqu'en Bourgogne et en Champagne. Elle démontre que les influences continentales hallstattiennes se sont à leur tour largement étendues en direction de la Méditerranée. Cette même extension est sensible dans la divulgation des fibules : l'une, trouvée à Sainte-Colombe et qui présente une extrémité « en tête d'oiseau », a une origine peut-être champenoise ou jurassienne. Mais il ne faudrait pas croire que ce site dépendait exclusivement de relations avec le Nord. Au VIe siècle, on l'a vu, le commerce méditerranéen s'infiltrait partout et gagnait largement les régions alpines. Aussi a-t-on trouvé à Sainte-Colombe de la céramique étrusque et ionienne tandis qu'une partie de la poterie indigène présente des affinités provençales.

Vers cette même époque (VIIe-VIe siècle) les Alpes sont parsemées de nombreuses sépultures sous tumulus. Celles étudiées ces dernières années à Chabestan en sont un bon exemple. Sous ces tertres reposaient souvent des chefs locaux avec leur armement, leur équipement usuel ainsi que leur abondante parure : poignards à antennes, bracelets, fibules en fer, rasoirs semi-circulaires, anneaux, boutons, bracelets, agrafes, les deux métaux, bronze et fer, ayant été utilisés simultanément. Quelquefois même les fouilles ont mis au jour de beaux récipients de bronze tels ceux qui furent découverts dans les tertres de Serres et qui rappellent des vases métalliques connus en Étrurie et dans le monde alpin et ses marges.

Mais la découverte la plus spectaculaire en ce domaine est sans conteste les restes d'un char à quatre roues de bronze coulé découvert en 1888 à la Côte-Saint-André (Isère). Ces roues, de 50 cm de diamètre, comportaient six rayons. Comme pour le char de Fa (Aude), le moyeu, massif, est en bronze. Les jantes, en métal, étaient garnies d'une enveloppe en bois de chêne. Sur ce char était fixé un seau en bronze (ou situle), atteignant 65 cm de haut et pouvant contenir 80 l. Ce char fait appel à une tradition ancienne déjà ancrée dès le bronze final, période dont on connaît plusieurs chars cultuels (chars de Cortaillod, de Fa, de Langres). Mais la situle en bronze est un élément propre aux civilisations hallstattiennes. Traditions locales du bronze finissant, poussée des influences continentales hallstattiennes, divulgation des marchandises du commerce méditerranéen, telles sont les composantes essentielles des cultures du premier âge du fer rhodanien et alpin. Nous allons les retrouver plus au nord.

Les citadelles bourguignonnes

Rien ne dépeint mieux l'opulence de certaines régions continentales que les belles trouvailles du mont Lassois et des tumulus de Vix. En Bourgogne le goût pour les sites défensifs d'envergure n'était pas nouveau et remontait fréquemment au néolithique. Tel est le cas du site du Myard à Vitteaux dont nous avons déjà parlé. Après une fréquentation épisodique des lieux au IIe millénaire, les hommes se réinstallent sur les ruines du village préhistorique et se mettent à construire un nouveau rempart. L'assise en repose sur l'éboulis constitué par la détérioration de la fortification et des cabanes néolithiques. Elle coiffait ainsi une aire déjà nettement en relief. Ce rempart avait, comme le précédent, 1,80 m de long, sur 2,80 à 3 m de large et 1,50 m de haut. Il pouvait être complété par une palissade. Mais son originalité tient surtout à la présence de tours pleines quadrangulaires, construites en pierre sèche, et qui flanquent extérieurement la muraille. La plus grande mesure 7 m de façade pour une largeur de plus de 5 m; sa hauteur actuelle est de 3 m. Les vestiges liés à cette occupation semblent chevaucher la fin de l'âge du bronze et les débuts de l'âge du fer.

Les habitats de hauteur qui caractérisent les débuts de l'âge du fer peuvent faire quelquefois l'objet de travaux d'aménagement encore plus considérables. L'oppidum du mont Lassois à Vix (Côte-d'Or) en porte témoignage. Cette butte qui domine de plus de 100 m les bords de la Seine était, elle aussi, occupée dès le néolithique. Mais c'est dans le courant du Ier millénaire que ses habitants décidèrent d'entreprendre la création d'un vaste système de protection. Toute la colline fut ainsi entourée par un fossé profond de près de 6 m, large à son orifice de 15 m. Cet ouvrage fut exécuté sur une longueur de plus de deux kilomètres! Avec les matériaux retirés de cette saignée, les habitants édifièrent sur les pentes de l'oppidum une levée de terre large à la base, de 13,50 m et haute d'au moins 3 m. D'autres systèmes de fortifications furent dressés à l'est, du côté de la Seine. Les habitations étaient situées à même la partie supérieure, mais aussi sur les divers replats et la retombée du plateau. On a repéré, lors des fouilles, des traces de trous de poteaux. Le torchis a servi à la construction des murs. Les toits pouvaient être en chaume. L'âge d'or de l'occupation se situe au VIe et au début du Ve siècle av. J.-C.

Le matériel découvert sur ce site est très abondant. Il permet ainsi de bien évaluer les éléments matériels de la vie quotidienne dans cette région, à cette époque. Mais il donne surtout des indications sur les relations commerciales qui s'étaient nouées alors entre les sociétés de la Méditerranée orientale et occidentale et l'arrière-pays « barbare ».

Par la vallée du Rhône les précieuses céramiques étrusques ou grecques (vases à figures noires) associées aux amphores de Marseille remontaient jusqu'ici accompagnées sans doute d'autres produits. Cette artère marchande n'était pas seulement empruntée pour des denrées utilitaires. Des productions fort rares pouvaient aussi être véhiculées comme en témoignent le cratère exceptionnel de la tombe de Vix. D'ailleurs même la poterie fabriquée sur place commence, pour une partie d'entre elle, à être moulée à l'aide du « tour de potier ». C'est l'exemple même d'une technique d'origine méditerranéenne qui commence à gagner la zone septentrionale du pays. Le mont Lassois et sa région jouèrent donc un rôle important dans le commerce instauré entre le nord et le sud du pays : le bois, le minerai de fer, l'ambre de la Baltique ont pu transiter ici. Et pourquoi ne pas évoquer aussi une possible route de l'étain qui, à partir des îles Britanniques et par les axes de la Seine, de la Saône et du Rhône, pouvait déboucher directement en terre marseillaise?

Mais sans doute ne faut-il pas non plus sous-estimer la possibilité de communications à travers le Jura et les cols alpestres et il est possible qu'une partie du mobilier des tombes de Vix ait été acheminée par les Alpes. Ces voies de commerce par la montagne ont pu d'ailleurs assurer la prospérité de certaines régions, le Jura par exemple. Ainsi l'oppidum de Château-sur-Salins montre l'association de céramique attique et de poterie à la barbotine propre à l'aire hallstattienne (Vix, Sainte-Colombe, etc.).

D'autres provinces demeurèrent par contre moins prospères. C'est le cas des provinces du Nord que les échanges avec les régions méditerranéennes n'atteignaient pas ou très peu. On fera quand même une place à part à la Champagne qui, dans la deuxième moitié du VIe siècle, voit se constituer un faciès indigène original (culture de Jogasses, du nom d'une nécropole située près d'Épernay) marqué par la présence de tombes à inhumation. Ce sont là les prémices d'un épanouissement champenois qui connaîtra son apogée au Ve siècle.

Les tombes à char : Vix

L'un des caractères les plus étonnants et les plus spectaculaires des civilisations du monde hallstattien du Nord-Est de la France réside dans le creusement de tombes princières réservées à de hauts personnages. C'était quelquefois, semble-t-il, des sépultures dévolues à des femmes et cette seule remarque pourrait sous-entendre que certaines d'entre elles jouaient dans la société de l'âge du fer un rôle de premier plan. Dans ces tombes se retrouvent, à côté du défunt, les restes d'un char démonté et un mobilier funéraire souvent varié et de grand luxe. Des sépultures à char du VIe siècle ont ainsi été signalées en Franche-Comté, Bourgogne et Poitou. Au cours du siècle suivant, au début de la période de La Tène, le centre de gravité de ce genre de tombe se déplacera vers le Nord. C'est en effet la Champagne qui deviendra, au Ve siècle, la région privilégiée en matière de riches sépultures contenant à la fois un char et divers objets de prestige.

Les plus beaux exemples de tombes princières demeurent sans

conteste celles étudiées aux environs de l'oppidum de Vix, en Côte-d'Or. D'imposants tumulus, qui étaient les sépultures de sujets d'un rang social élevé, avaient été dressés près de l'agglomération. Deux de ces tertres, celui de la Garenne et celui de la Butte, furent fouillés au siècle dernier. Ils contenaient chacun une « tombe à char ». Dans le tumulus de la Garenne, un bassin en bronze orné de griffons était supporté par un trépied en fer. Dans le tertre de la Butte, le corps d'une femme était enseveli, paré de bracelets et de boucles d'oreilles en or.

Mais la palme en la matière revient à la tombe découverte et fouillée en 1953 au pied de l'oppidum même de Vix et dont les vestiges sont exposés au musée de Châtillon. C'était encore une tombe sous tumulus mais ce dernier qui atteignait primitivement 42 m de diamètre avait été totalement nivelé à l'époque romaine. On avait creusé en son centre un caveau de 3 m de côté; les murs et le toit de cette chambre mortuaire avaient été coffrés en bois. Le char avait été démonté. Les quatre roues avaient été appuyées à la verticale contre la paroi est. Au centre on avait disposé la caisse du véhicule contenant la défunte : c'était une dame de 30 à 40 ans dont le nombre et la qualité des bijoux devaient faire pâlir d'envie ses contemporaines. Toutes ces merveilles l'avaient accompagnée dans la mort. Laissons la parole à R. Joffroy :

« Le crâne était enserré par un diadème d'or de 480 grammes; sur la poitrine on trouva les éléments d'un collier fait de perles d'ambre et de diorite quartzifère, un grand torque tubulaire en bronze; à chaque poignet il y avait trois bracelets de schiste et un bracelet de perles d'ambre; chaque cheville portait un anneau tubulaire; huit fibules maintenaient les vêtements, six de ces fibules sont en bronze parmi lesquelles cinq sont ornées de corail et d'ambre, l'une est en fer avec cabochon d'or et de corail. »

Contre la paroi ouest on avait disposé trois bassins de bronze d'origine étrusque. Enfin dans l'angle nord-ouest se trouvait la pièce-maîtresse du dépôt : un énorme cratère de bronze de 208 kg, haut de 1,65 m (Ill. n° 18). Cette pièce était coiffée d'un couvercle sur lequel étaient disposés une petite statuette, un bassin en argent, deux coupes attiques dont l'une décorée et une oenochoé en bronze à bec tréflé. Le cratère comporte deux volutes décorées. Le col s'orne d'une frise représentant des guerriers et des chars tirés par des chevaux, guidés par des auriges.

Cette tombe extraordinaire constitue l'une des plus importantes découvertes archéologiques de notre protohistoire. Bien des discussions ont été engagées à son sujet. Celle de sa datation d'abord. De bons éléments de comparaison avec d'autres mobiliers bien situés dans l'échelle du temps, permettent désormais de placer cette sépulture vers la charnière VIe-Ve siècle av. J.-C. (510-490 av. J.-C. environ). Mais demeure la question de l'origine même de beaucoup de pièces : certes les coupes à figures noires sont attiques, les plats et l'oenochoé viennent à peu près certainement d'Étrurie mais d'où vient le cratère? Les spécialistes hésitent entre les ateliers métallurgiques de Corinthe, aux portes du Péloponnèse, et certaines fabriques de Grande Grèce. Quel chemin a emprunté cet énorme récipient pour parvenir jusqu'à Vix?

On l'ignore, au juste, mais on reste de toute façon stupéfait devant la distance parcourue et le rôle commercial, social ou diplomatique tenu par des objets aussi prestigieux. On a même remarqué que la frise décorant le cratère avait été vraisemblablement remontée selon certaines recommandations émanant des artistes bronziers eux-mêmes. Quant au diadème d'or qui parait la tête de la défunte, il pose aussi bien des problèmes : il est terminé à chaque extrémité par une patte de lion reposant sur deux boules tandis que deux pégases relient ces parties terminales. Certains auteurs ont pensé qu'une telle pièce pouvait avoir son origine dans la péninsule Ibérique où existait depuis les âges du cuivre et du bronze une forte tradition d'orfèvrerie. D'autres ont songé à un centre de production situé sur les bords de la mer Noire. Quoi qu'il en soit de l'origine exacte, il faut admettre que l'importation de telles richesses sous-entend l'existence en Bourgogne d'une classe particulièrement fortunée détenant autorité politique et puissance économique.

Les pasteurs des Pyrénées

Si le Sud et l'Est de la Gaule se sont ouverts rapidement au commerce méditerranéen, d'autres régions ne furent guère marquées par de tels contacts. On y trouve des populations qui évoluent sur place sans grand ferment extérieur. Tel est le cas des communautés occidentales du Sud-Ouest jusqu'à la

Bretagne. Examinons d'abord le cas des pasteurs pyrénéens.

Dès l'âge du bronze, les Pyrénées avaient montré une originalité certaine à travers le développement de peuplades à vocation pastorale connues surtout par des documents provenant de refuges temporaires (grottes ou abris) ou de sépultures en coffres ou sous tumulus. Au cours du premier âge du fer cette originalité s'accentue. Plusieurs phases sont désormais décelables dans la masse des vestiges mis au jour dans les nombreux tertres pyrénéens, de l'Ariège jusqu'en Pays basque. Ces monuments aux proportions parfois fortes comportent souvent une ceinture de blocs. Les défunts étaient incinérés.

Ainsi dans la région tarbaise (plateau de Ger, Lannemezan) une phase ancienne montre quelques affinités avec la culture languedocienne de Mailhac. On est encore sur la frange âge du bronze – âge du fer, soit vers le VIIIe siècle av. J.-C. Une deuxième phase marque réellement les débuts de l'âge du fer vers le VIIe siècle : alors apparaissent des lames de couteaux en fer au milieu d'objets de parure en bronze (bracelets, armilles, épingles). Les poteries montrent des formes carénées. La présence d'éléments de harnachement dans un tertre d'Ibos (Hautes-Pyrénées) souligne à nouveau l'importance du cheval dans les communautés de cette époque.

Une troisième phase, perceptible vers 600 av. J.-C., voit notamment la divulgation d'une nouvelle variété de fibules à pied coudé et ressort court, disposé des deux côtés de l'arc.

Pendant la période allant de 550 à 450 av. J.-C. se développe l'âge d'or des nécropoles pyrénéennes de l'âge du fer. On parle quelquefois de « groupe d'Avezac-Prat » pour désigner cette phase, en faisant référence à un ensemble de tertres fouillés au siècle dernier dans les Hautes-Pyrénées. Les céramiques affectionnent le décor de cannelures (horizontales, en chevrons, en arc de cercle) parfois combiné à de gros mamelons en relief; le goût pour les formes à pied surélevé s'affirme. L'usage du fer est grand : on confectionne des épées à antennes, ainsi appelées parce que la partie terminale de la poignée comporte deux appendices divergents; on semble aussi s'être spécialisé dans la fabrication de fibules de grandes dimensions avec pied coudé et ressort bilatéral (fig. 34, n°s 18, 19, 21, 22). Ces productions ont pu être exportées. Le nombre assez élevé de boucles de ceinturon en bronze, aux formes souvent recherchées, indique aussi une production locale.

Cette civilisation des pasteurs hallstattiens des Pyrénées se développera encore quelque temps sous le deuxième âge du fer : on enterrera encore les gens sous des tertres au IVe siècle, voire au IIIe, dans le prolongement de la phase classique des VIe-Ve siècles. Puis le déclin surviendra.

Comment expliquer le succès de cette culture? Sans doute à travers l'existence de mines de fer ayant favorisé l'éclosion d'ateliers métallurgiques indigènes qui se spécialisèrent dans des produits originaux. Ces produits furent exportés assez loin : l'Aquitaine, l'Ouest du Massif central, peut-être même la Bretagne, le Languedoc occidental reçurent des objets manufacturés des forgerons pyrénéens. Il faut également supposer que d'autres éléments ont pu accompagner ces vestiges : les mines de sel de Salies-de-Béarn, exploitées dès l'âge du bronze final au moins, ont pu favoriser parallèlement l'exportation d'une denrée nécessaire. Enfin, bien que difficile à vérifier, l'activité pastorale dut être importante : des déplacements sur d'assez vastes territoires, genre transhumance, ont peut-être contribué aussi à mieux ventiler, dans les zones périphériques, les productions métallurgiques des ateliers montagnards.

Frau de Cazals

Les vestiges du premier âge du fer sont nombreux dans toute l'Aquitaine. On citera en particulier les importantes nécropoles de la région d'Arcachon qui ont livré une abondante documentation sur cette époque. Dans tout le Sud-Ouest d'ailleurs ce sont les demeures des morts qui fournissent encore les données essentielles.

En Quercy, la nécropole du Frau à Cazals (Tarn-et-Garonne) en est un bon exemple. Sur un terrain calcaire où la végétation demeure clairsemée, les protohistoriques ont construit une trentaine de tumulus. Ils ont en moyenne 6 à 10 m de diamètre (mais l'un d'entre eux atteint 17 m de diamètre) tandis que les hauteurs demeurent faibles : 0,80 m pour le plus élevé.

Pour les construire, on a d'abord nettoyé la blocaille ou la terre humique jusqu'au substratum rocheux. On a ensuite délimité les monuments par une ceinture de blocs calcaires disposés à plat : l'intérieur était comblé de pierraille et d'argile rouge. Les restes des sujets incinérés et les offrandes étaient disposés dans la zone centrale à même le roc naturel. Des sépultures secondaires sont quelquefois venues s'adjoindre au tertre principal : un ou deux cercles incomplets s'appuient alors sur un tumulus primitif. Les défunts étaient brûlés sur quelque *ustrinum* voisin. Tout laisse à penser que la crémation devait être très forte si l'on en juge d'après l'état des ossements réduits à des esquilles blanchâtres. Ces restes étaient ensuite répartis sur le sol, mais quelquefois quelques os calcinés sont parallèlement disposés dans un récipient couvert par une coupe.

Les vases constituent l'offrande la plus courante : une trentaine dans les dépôts les plus riches, le plus souvent une demi-douzaine. Ce sont des plats évasés, des jattes montées sur un pied annulaire court, des écuelles ou des gobelets à fond ombiliqué (fig. 35, n°s 7, 8), enfin des urnes ou jarres à pied élevé. Ces vases étaient rarement décorés. Des épées à antennes, un poignard dans son fourreau, des couteaux, des fibules à pied coudé et ressort bilatéral constituent l'essentiel des dépôts métalliques en fer. Les éléments de bronze sont surtout des parures : armilles finement gravées, bracelets et torques à boules, boucle d'oreille en ruban, pendeloques, anneaux, pinces à épiler, aiguilles à chas, boutons à bélière, etc. Un torque mérite une mention spéciale : ses extrémités comportent trois plaques rondes fixées à une palette. Une boucle de ceinturon décorée est munie de trois crochets. Des perles d'ambre figuraient aussi parmi les dépôts. Des meules ont été découvertes dans les sépultures féminines : les épouses avaient-elles toujours, selon une coutume déjà ancienne, la charge des tâches agricoles? Quelques quartiers de viande ont pu aussi être joints au viatique : ovicapridés et bœufs essentiellement. Dans un tertre on a aussi découvert un squelette de cheval.

En résumé, le Frau de Cazals nous révèle quelques aspects d'une communauté rurale quercynoise du VIe siècle av. J.-C. Dans toute la zone caussenarde les importations méditerranéennes (des vases essentiellement) n'apparaîtront pas avant la fin du premier âge du fer, sporadiquement d'ailleurs.

Les derniers bronziers atlantiques

Que se passait-il sur les rivages de l'Atlantique à l'époque de Massalia et de la dame de Vix?

En Armorique s'était établie, depuis un millénaire, une solide tradition dans la production des objets de bronze. Quand la métallurgie du fer apparut en Gaule pour se divulguer rapidement dans l'Est du Pays, le Centre ou le Sud, les ateliers des régions atlantiques continuèrent à fabriquer des instruments dans le vieil alliage. On versa même dans une spécialité : les haches à douille. Ce sont des pièces rectangulaires, munies d'un anneau latéral, coulées dans un bronze à forte teneur en plomb (fig. 32, nos 25, 26, 27). Certaines haches portent une décoration de traits verticaux, de globules ou de cercles pointés (fig. 32, no 26). On retrouve régulièrement ces ustensiles groupés en cachettes plus ou moins fournies en exemplaires : ceux-ci sont souvent disposés en rond dans une fosse ou dans une poterie. Dans le dépôt de Moidrey (Manche) les haches étaient liées par une ficelle de chanvre passant par l'anneau. Le nombre des haches peut atteindre dans certaines cachettes des effectifs étonnants (4 000 dans le dépôt de Maure en Bretagne!). Il n'existe pas un modèle unique de hache à douille mais des variantes qui indiquent des ateliers régionaux tous situés en domaine armoricain.

Les départements les plus productifs furent la Manche (100 dépôts représentant 15 000 haches), les Côtes-du-Nord (80 dépôts : 6 500 haches), le Finistère (90 dépôts : 9 000 haches), l'Ille-et-Vilaine (30 dépôts : 6 500 haches), le Morbihan (26 dépôts : 2 000 haches). Au total J. Briard estime à 60 000 les haches à douille signalées à ce jour. Mais nombre de dépôts ont été sans doute fondus au cours des âges et il faut peut-être multiplier par trois ou par quatre la production originelle.

Ces haches furent exportées parfois assez loin de leur lieu de fabrication. Leur commerce gagna les Pays-Bas, l'Allemagne du Nord, les îles Britanniques, la Suisse, le Sud de la France. Mais en fait on constate que leur nombre diminue très rapidement dès que l'on s'éloigne du territoire breton. D'ailleurs à quoi pouvaient bien servir ces haches? Production délirante mais de mauvaise qualité (coulage et finition défectueux, tranchant trop réduit pour être fonctionnel, métal plombeux trop mou et donc inefficace, exemplaires de très petite taille), on s'est demandé quelle était la destination de ces produits : des lingots? des étalons monétaires? des objets votifs? En investissant démesurément dans la fabrication d'instruments non compétitifs, les bronziers d'Armorique ne s'aventurèrent-ils pas vers la faillite d'un système jusque-là prospère?

Tout porte à le croire si l'on essaie de saisir la personnalité des cultures bretonnes du premier âge du fer. En dehors des dépôts de haches qui paraissent s'être prolongés jusqu'au VIe siècle (le dépôt de Loudéac a été daté de 559 ± 130 av. J.-C.), la documentation demeure parfaitement indigente. On signalera toutefois les sépultures sous tumulus du Morbihan (le Rocher au Bono) ou du Finistère dont les mobiliers signent des influences hallstattiennes (bracelets à oves ou à bossettes) ou méditerranéennes (situle et couvercle de bronze du Bono). Parmi ces dernières on notera quelques introductions étrusques dans l'Est armoricain comme par exemple des statuettes humaines ou de bovidés découvertes à Thorigné-en-Charnie, Mayenne; à Montrevault, Maine-et-Loire; à Châtillon-sur-Seiche, Ille-et-Vilaine.

Les activités agricoles de l'âge du fer

Est-il exact que la détérioration climatique de la transition âge du bronze – âge du fer modifia sensiblement jusqu'à l'identité des espèces cultivées et leur répartition dans l'espace? Cette question ne peut être aisément tranchée. Un fait est certain. Les espèces déjà en place au néolithique et à l'âge du bronze sont toujours reconnues. Ainsi l'engrain *(triticum monococcum L.)* a été identifié dans un niveau du IIIe siècle av. J.-C. sur l'oppidum du Cayla de Mailhac (Aude). L'amidonnier *(triticum dicoccum L.)* a été signalé dans plusieurs sites du premier âge du fer : à la grotte de la Fée à Thémines (Lot) vers le VIIIe siècle ou sur le site de Lattes, près de Montpellier, entre le VIIe et le Ve siècles.

Les blés tendres *(triticum aestivo compactum)* sont aussi connus dans ces deux derniers gisements. Peut-être de nouvelles variétés, tel le *triticum turgidum,* apparaissent-elles alors. Trois espèces de blé proviennent d'un grenier du Pègue (Drôme). On ne peut qu'être frappé par le rôle désormais joué par l'orge, déjà bien répandue antérieurement, mais dont l'extension, par rapport au blé, était déjà sensible dès l'âge du bronze. Les grains d'orge représentent 70 % des céréales à la grotte de la Fée à Thémines (Lot). On en a déterminé sur le site hallstattien du lycée technique de Montpellier ainsi que sur l'oppidum voisin de Lattes. A cette époque on assiste lentement au remplacement des orges à grains nus par les orges à grains vêtus. Cette céréale servait à la fabrication de boissons fermentées, ancêtres de la bière.

D'autres céréales, connues sporadiquement jusque-là comme mauvaises herbes, tendent à se manifester bien qu'il faille attendre l'époque romaine pour qu'elles prennent un réel essor. Ainsi en va-t-il du seigle qui commence à être cultivé dans certaines régions froides de l'Europe moyenne et qui s'étendra peu à peu vers l'Occident.

Des plantes textiles étaient aussi cultivées. On a déterminé des traces de vêtements de lin et de chanvre parmi les objets issus du tumulus de la Garenne à Sainte-Colombe (Côte-d'Or). On tressait aussi les fibres animales (laines), bien entendu.

L'araire, connu depuis le début de l'âge du bronze au moins, demeure l'instrument essentiel pour les labours. L'utilisation du soc de fer, essentiellement à partir de la période de La Tène, va favoriser le creusement de sillons plus profonds. Certaines terres lourdes des vallées seront dès lors plus facilement labourées. On ne sait quand furent introduites les charrues à roues dont l'origine est attribuée à des civilisations celtiques de l'Europe centrale. Un certain nombre d'outils agricoles apparaissent d'autre part dans le courant du Ier millénaire sans qu'il soit possible de fournir de précisions sur la date exacte de leur première manifestation. Ainsi en est-il de la bêche et de la fourche. Des serpes à douille sont quelquefois rencontrées (par exemple dans le tumulus de Celles, Cantal). Les faucilles acquièrent une forme plus proche de celle de nos exemplaires actuels. Les meules à va-et-vient, de type néolithique, se maintiennent encore. Elles seront concurrencées à partir de la période de La Tène par des meules rotatives, d'inspiration méditerranéenne.

On ne sait à peu près rien de la forme des champs du premier âge du fer. On a toutefois remarqué, dans le Jura, à proximité des tumulus funéraires de cette époque, la présence de terrasses aménagées pour la culture. On a conclu que tumulus et terrasses cultivées étaient contemporains : en effet une construction postérieure des replats aurait inévitablement entraîné la ruine ou la disparition des tombes. Mais en fait la datation de ces terrasses aménagées reste par trop subjective. Dans le Nord de la France on a repéré, grâce à la photographie aérienne, d'anciens champs de formes irrégulières qui ont été attribués au deuxième âge du fer. On connaît par ailleurs à Allonville (Somme) des traces de labour fossilisées qui pourraient être aussi d'époque gauloise.

L'élevage est alors une activité importante. Il demeure axé sur les ovicapridés, le porc et le bœuf. Des spécialisations semblent exister selon les régions ou les types de gisements. D'une manière générale les ovicapridés prédominent en Provence et en Languedoc. En Corse, sur les Causses et dans les Pyrénées, ils sont en concurrence avec le porc. Tout au long des deux âges du fer le porc sera l'animal dominant dans le Bassin parisien, l'Est, le Jura, les Alpes. Le rôle du porc ne cessera d'ailleurs de s'affirmer à l'époque romaine.

Enfin, un peu partout, les études palynologiques montrent, à partir des débuts du sub-atlantique, la part toujours plus grande que prennent les déboisements destinés à la mise en culture ou à la création de pâturages. Il n'est pas toujours aisé de dater avec précision ces manifestations. Mais nul doute que le Ier millénaire avant le Christ n'ait été une phase importante dans le recul des zones boisées ou incultes. Bien que la maille des informations demeure encore lâche, les études poursuivies par les palynologues montrent à cette époque une baisse généralisée du pourcentage des arbres, signe que l'homme est en train de modifier fortement le paysage. Dans le Sud-Est les buxaies s'étendent. En Armorique on note l'appauvrissement du couvert forestier de même que dans les Vosges, le Jura, les Alpes, les Cévennes. En Corse, vers le milieu de l'âge du fer, des défrichements, sans doute réalisés par le feu, sont attestés : les chênes sont abattus sur le flanc sud du Rotondo.

En bien des points, la colonisation par l'homme des hautes terres, restée à peu près inopérante jusque-là, s'amorce avec vigueur et ce dès l'époque de Hallstatt, sinon dès le bronze final.

Les palynologues qui étudient des gisements ou des niveaux du sub-atlantique (période, rappelons-le, qui débute avec l'âge du fer mais qui se poursuit actuellement) détectent désormais, dans leurs prélèvements, outre des pollens de céréales, des pollens de noyer, d'olivier, de châtaignier, de vigne. Il demeure difficile, ici encore, de fournir des datations précises. Il semble en fait que l'extension de la culture de ces arbres ou plantes ne soit pas antérieure à la colonisation romaine. Certes le châtaignier paraît indigène en France (il est déjà connu à Lascaux dans un niveau de – 15000 av. J.-C. et on le retrouve dans la grotte de Camprafaud dans un niveau du IIe millénaire) mais sa mise en culture est plus tardive. Une même remarque vaut pour l'olivier dont des témoignages sont connus dans la montagne de la Clape près de Narbonne, au bronze ancien, et en Provence, à la grotte Murée, au bronze moyen. Mais sans doute s'agit-il là d'une variété sauvage, alors que l'olivier cultivé apparaît plus tardivement. La vigne, comme on va le voir, obéit à un mécanisme semblable.

Les débuts de la vigne

On ne saurait éluder, dans un ouvrage sur les origines de la France, la question des débuts de la vigne et ce même si ce problème déborde un peu le cadre chronologique de ce chapitre.

Le genre *vitis* est spontané en Europe, c'est-à-dire qu'il y pousse à l'état sauvage au moins depuis l'aube de l'ère tertiaire. Les spécialistes ont reconnu l'existence, vers la fin du tertiaire, de deux catégories de vignes marquées par deux variétés de graines. Par la suite, tout au long des temps quaternaires, fortement perturbées par des poussées de climat glaciaire, les vignes sauvages ont été pour beaucoup détruites par les intempéries, les froids violents et les vents. Certaines se sont toutefois maintenues dans quelques aires au climat plus clément, ce que les botanistes appellent des « refuges ».

Évidemment coupées les unes des autres par un cloisonnement géographique plus ou moins poussé, ces vignes évoluèrent parfois de manière indépendante ce qui explique l'assez grand nombre de variétés sauvages connues. Quoi qu'il en soit des péripéties subies, la vigne semble avoir résisté tout au long de la dernière phase glaciaire (Würm) sur le pourtour du bassin méditerranéen. Rien d'étonnant à ce que quelque temps après, les populations mésolithiques vers 7000 ou 6000 av. J.-C., aient probablement consommé des raisins sauvages dans l'aire où ils poussaient naturellement. On a ainsi reconnu de la vigne sauvage parmi les bois brûlés des foyers de l'abri de Montclus (Gard). De même plusieurs palafittes italiens du néolithique et de l'âge du bronze ont livré des pépins parfois agglomérés ce qui laisse penser qu'on a pu éventuellement récolter le jus des raisins. Des découvertes semblables ne sont donc pas à exclure dans les sites contemporains du Midi de la France.

Pourtant, au risque de décevoir les partisans d'une plus ou moins ancienne culture autochtone de la vigne, il faut admettre que cette culture ne vit vraisemblablement pas le jour dans notre pays. Ce sont les Grecs qui semblent avoir été les premiers à favoriser les importations de vin sur notre sol. Ceci pas avant la fondation de Marseille (vers – 600) et des colonies qui, vers la même époque, essaimèrent sur le littoral languedocien. Ces comptoirs ravitaillèrent en vin les populations de la Gaule (Ibères, Ligures ou Celtes) dont le penchant pour la boisson a été souvent souligné par les auteurs anciens, par exemple Diodore. On ignore même, de fait, si ces colonies cultivaient la vigne sur leur territoire. Sans doute le faisaient-elles mais à petite échelle. Elles n'avaient sans doute pas intérêt à apprendre aux indigènes, qui constituaient un excellent marché, les techniques de la vinification. Sur le chantier de la Bourse, à Marseille, à l'emplacement du port romain, une amphore du IVe siècle av. J.-C. contenait du marc de raisin associé à des pépins, et à des vestiges de pulpes et de rafles.

La création du vignoble méridional ne semble pas, en définitive, antérieure à l'époque romaine. Un argument archéologique d'envergure réside dans la présence d'amphores vinaires dans nos régions jusqu'au Ier siècle av. J.-C. Rome exportait donc largement son vin en Gaule. Le début réel de la culture de la vigne intervint lorsque les habitants de la Narbonnaise, écœurés par le comportement des riches négociants importateurs de Rome, décidèrent de développer largement le vignoble existant, sans doute jusque-là embryonnaire. Ils vinrent à bout du protectionnisme romain et la vigne put dès lors prospérer.

Sites du premier âge du fer

(700 - 500 av. J.-C.)

FIG. 34. – PREMIER ÂGE DU FER.

Armes, outils et parures en bronze (1 à 7, 11 à 13, 16, 17, 23, 24, 25). – En fer (8 à 10, 14, 15, 18, 20, 21). – En bronze et en fer (19, 22).

1. Épée du type de Gündlingen. – 2. Phalère. – 3, 14, 15. Éléments de mors de chevaux. – 4. Essai de restitution de la position du mors. – 5. Rasoir. – 6. Hache à douille de type launacien. – 7, 11, 12, 16, 20. Bracelets ou éléments de décoration de bras et de jambes. – 8, 9. Couteaux. – 10. Pointe de lance. – 13, 19, 21, 22. Fibules. – 17. « Talon de lance ». – 18. Épée à antennes. – 23, 24. Torques. – 25. Racloir.

1 à 4. Chavéria (Jura). – 5. Quarante (Hérault). – 6. Carcassonne (Aude). – 7. Rieux-Minervois (Aude). – 8 à 10, 14, 15, 18 à 22. Avezac-Prat (Hautes-Pyrénées). – 11. Villeneuve, Rouffiac-des-Corbières (Aude). – 12, 16, 17. Launac (Hérault). – 13. Grand Bassin I, Mailhac (Aude). – 23, 24. Les Arz, Uchentein (Ariège). – 25. Grotte de l'Herm (Ariège).

(D'après D. Vuaillat, J. Guilaine, P. Abauzit, E. Piette, J. Sacaze, P. Cazalis de Fondouce, O. et J. Taffanel.)

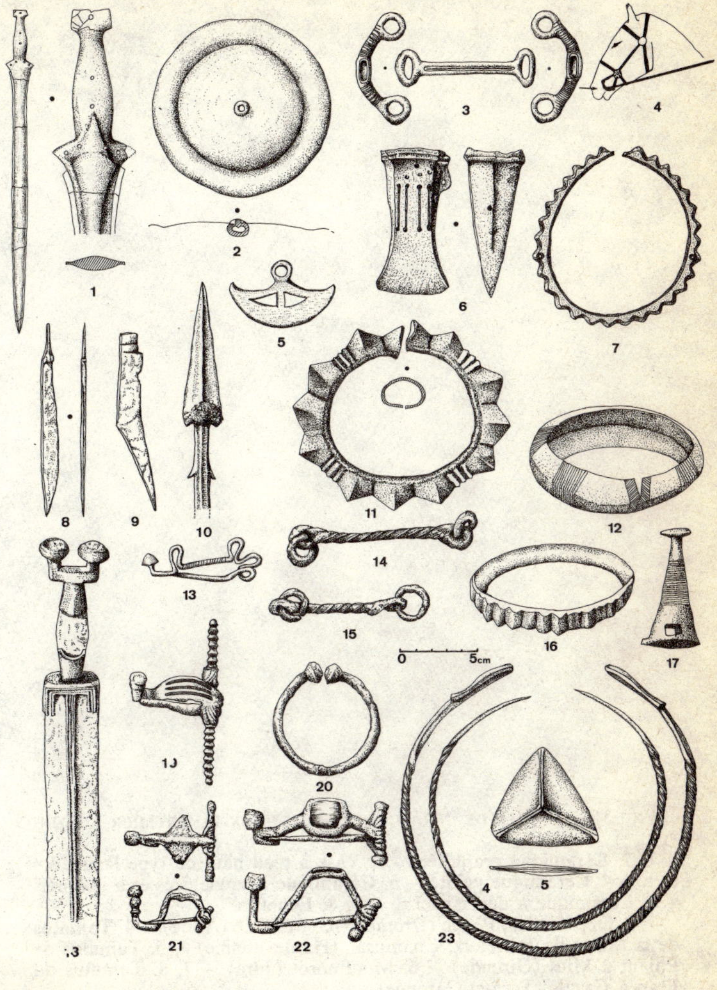
1
2
3
4
5
6
7
8
9
10
11
12
13
14
15
16
17
0 5cm
1J
20
21
22
4
5
23
:3

FIG. 35. – TYPES DE CÉRAMIQUES RÉGIONAUX DU PREMIER ÂGE DU FER.

1, 2. Céramique graphitée. – 3. Vase à pied haut de type languedocien. – 4. Céramique peinte. – 5. Céramique à cannelures et à godrons. – 6. Céramique à décor excisé. – 7, 8. Écuelles.

1, 2. Oppidum du Pègue (Drôme). – 3. Mailhac (Aude). – 4. Tumulus de la Motte de Jouveaux, Champsac (Haute-Vienne). – 5. Tumulus de Pujaut à Mios (Gironde). – 6. Montmorot (Jura). – 7, 8. Tumulus du Frau à Cazals (Tarn-et-Garonne).

(D'après C. Lagrand, O. Taffanel, J.-P. Daugas, J.-P. Mohen, J.-P. Millotte, B. Pajot.)

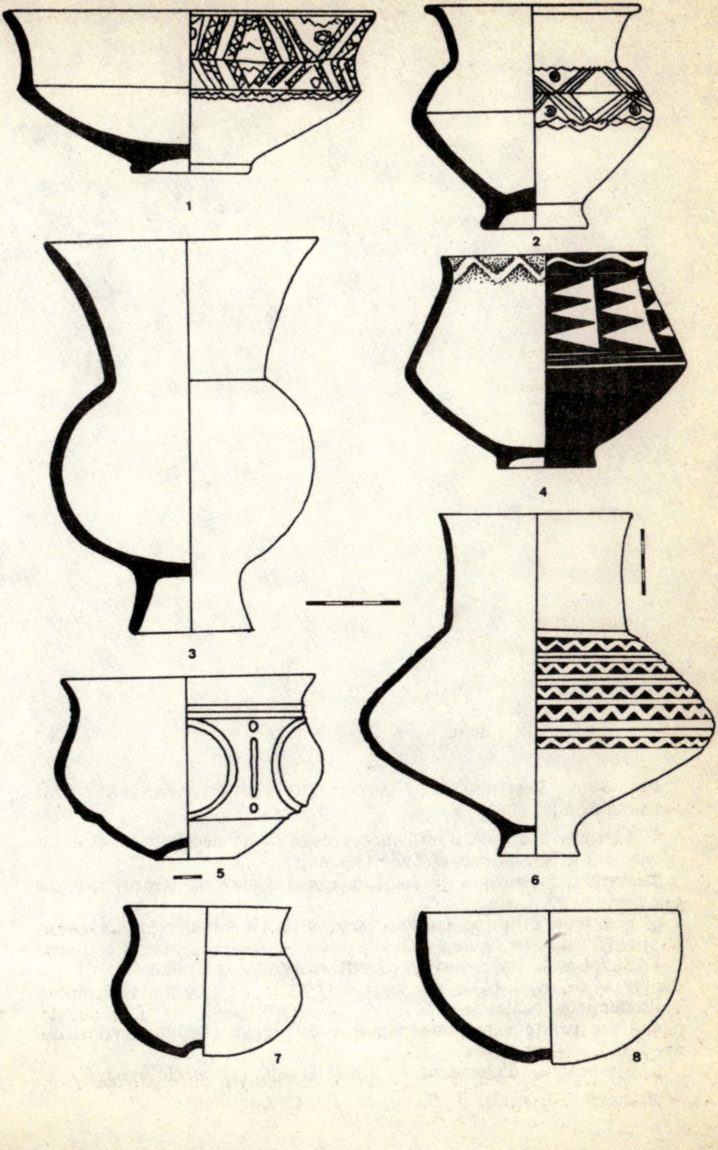
1
2
3
4
5
6
7
8

FIG. 36. – INFLUENCES ET IMPORTATIONS MÉDITERRANÉENNES AU PREMIER ÂGE DU FER.

1. Maisons à abside d'influence grecque (VIe siècle av. J.-C.). La Monedière à Bessan près d'Agde (Hérault).

2. Amphore étrusque de La Liquière à Calvisson (Gard) (fin du VIIe siècle av. J.-C.).

3. Canthare étrusque en *bucchero nero.* La Liquière à Calvisson (Gard) (fin du VIIe siècle av. J.-C.).

5. Skyphos de style rhodien. Grotte suspendue à Collias (Gard) (fin du VIIe siècle av. J.-C.).

Productions locales :

4. Urne peinte « pseudo-ionienne » du Pègue (Drôme) (VIe siècle av. J.-C.).

6. Coupe grise d'Occident. Lattes (Hérault) (VIe siècle av. J.-C.).

(D'après A. Nickels, B. Dedet, M. Py, C. Lagrand.)

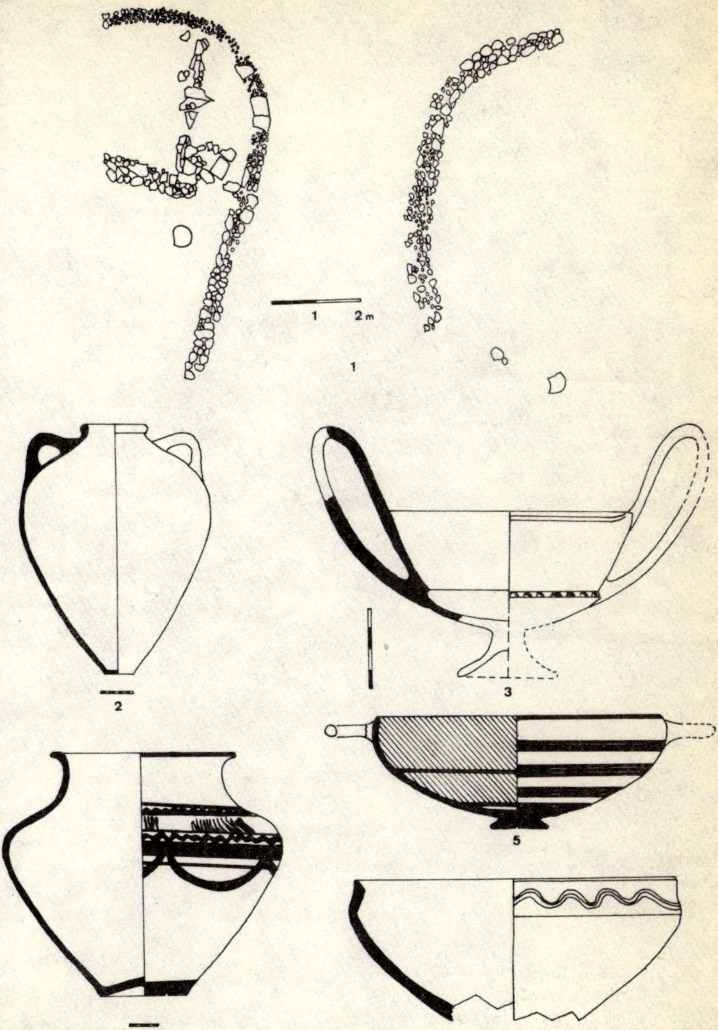
1 2 m
1
2
3
5
4
6

ÉPILOGUE

Vers l'histoire

La transition progressive de la protohistoire à l'histoire est sensible à travers plusieurs critères. Nous en prendrons quelques-uns comme témoins : le développement de l'architecture en liaison avec les premières traces d'urbanisme, le développement de l'écriture, l'apparition de la monnaie. Ces connaissances affectent d'abord la Gaule méridionale qui entre la première dans les civilisations pleinement « historiques », dès le VIe siècle peut-on dire. Puis peu à peu, à partir d'un territoire en écharpe qui va des Pyrénées jusqu'aux Alpes, tout au long de l'époque de La Tène (V^e^-Ier siècles av. J.-C.), la progression s'étend à l'ensemble de la Gaule. C'est à l'étude de ces processus que nous nous attacherons au terme de notre long périple à travers les temps préhistoriques.

Les progrès de l'architecture et de l'urbanisme

Dans la zone méditerranéenne, les cabanes des agglomérations de hauteur demeurent mal connues jusqu'au VIe siècle. On ne sait pas grand-chose, nous l'avons vu, des habitations de l'âge du bronze final; le bois devait y tenir une part importante. Mais, au VIe siècle, un peu partout, des constructions en dur permettent de mieux préciser l'aspect des maisons de cette époque. En Provence, on connaît dès lors des maisons de plan carré ou rectangulaire ne dépassant pas 15 m^2, comme à Saint-Blaise ou aux Tamaris, à Martigues.

A Saint-Blaise, les murs, épais de 0,40 m, peuvent être construits en bourrant de terre et de pierraille l'intervalle existant entre de grandes lauzes verticales, technique qui se retrouvera sur le site de l'Arquet à La Couronne, Bouches-du-Rhône, aux IVe-IIIe siècles. Mais on construit aussi dès le VIe siècle des murs à double parement, en petit appareil, avec ou sans comblement intermédiaire. Les parties supérieures pouvaient comporter du torchis, un clayonnage ou de la brique crue. Les toits devaient combiner chaume et torchis. Un souci d'urbanisme avec des maisons alignées, le long des rues, se fait jour dès les Ve et IVe siècles sur certaines agglomérations : l'Arquet, le Mont-Garou, etc.

En Languedoc, vers la fin du premier âge du fer, les sites de hauteur présentent encore des groupements de cabanes, sans souci d'urbanisme apparent. Sur le site d'Ensérune les maisons aux murs de pisé comportent parfois des silos à provisions. L'agglomération était donc au début une sorte de grenier. Au village de La Liquière de Calvisson (Gard) on a largement entaillé le rocher pour y disposer les cabanes. Un plus grand soin est accordé ici aux sols, parfois pavés de lauzes, et aux foyers dont les plus élaborés sont en sole argileuse disposée sur un lit de vases (des pierres pouvaient les entourer et un foyer était même encadré par quatre trous de poteau soutenant l'armature d'une ouverture dans le toit).

L'entaillement de la roche fut aussi largement pratiqué à Montlaurès, près de Narbonne, pour servir d'assise à des cases rectangulaires, avec cloisons mitoyennes. Des encoches ont servi à fixer les poteaux. Des marches aménagées dans le roc servaient à relier les diverses maisons réparties à des niveaux différents. Ruscino, ancêtre de Perpignan, n'est d'abord, au VIe siècle, qu'un petit village aux cases de torchis; au IVe siècle apparaîtront des maisons en galets de rivière et en pisé, comportant des silos à provisions.

C'est sur le site de la Monédière, à Bessan, dans la basse vallée de l'Hérault, tout près d'Agde, qu'ont été mises au jour les plus anciennes maisons de notre pays dénotant une influence grecque non déguisée. Ces restes d'habitations étaient de plan rectangulaire (l'une avait un développement de plus de 9 m sur 4,80 m de large et se terminait à une extrémité par une abside semi-circulaire). On convient de les dater de la deuxième moitié du VIe siècle (fig. 36, no 1). On peut trouver de bons parallèles à ces architectures en Grèce ou en Asie Mineure dès les VIIIe et VIIe siècles.

Des fortifications apparaissent, enserrant les agglomérations, devenues peu à peu des marchés agricoles, des places de commerce, des bastions politiques. Ces remparts, édifiés à partir du VIe siècle, mais surtout aux Ve et IVe siècles, pouvaient comporter des tours de plan quadrangulaire; on les remplacera au IIIe siècle par des tours semi-circulaires. Au Ve siècle, Ensérune s'enfermera ainsi derrière un rempart dont la porte d'accès était dominée par une tour. Les maisons de cette agglomération, de 3 m × 4 m en moyenne, sont dès lors construites en moellons cimentés de boue avec toit en bois et en terre. L'impulsion et les techniques helléniques sont parfois sensibles dans ces constructions, sur le site de Pech-Maho à Sigean dans l'Aude, par exemple. Cette petite ville était protégée par un fossé large de 20 m. Le rempart principal, daté du VIe siècle et encore conservé sur une hauteur de 4,70 m, comportait un soubassement élevé de 4 m surmonté par un mur vertical, épais de 1,10 m et dont la hauteur primitive n'est pas connue. Des tours carrées, épaisses de 4 m, protégeaient les fortifications. Une terrasse intérieure doublait le rempart principal. Par la suite, aux Ve et IVe siècles, d'autres remparts, l'un externe, l'autre interne notamment, furent aménagés dans le cadre d'une reconstruction de la cité. Désormais les bâtiments s'ordonneront selon un plan régulier par opposition à la disposition confuse des cabanes de l'agglomération du VIe siècle.

Ainsi donc, dès les VIe et Ve siècles, la grande architecture, en liaison avec un urbanisme débutant, se trouve implantée en Gaule du Sud. Ces techniques demanderont encore plusieurs siècles pour parvenir jusqu'au Nord du pays. Ici en effet, en dehors de constructions défensives développées à partir du néolithique sur de nombreux éperons barrés, l'architecture civile ne comporte le plus souvent que des cabanes rustiques. D'ailleurs la population a tendance à vivre maintenant dans des fermes isolées ou dans des bourgs commerçants implantés sur certains axes géographiques.

Il faudra attendre la fin de la période de La Tène, vers le Ier siècle, pour que le processus de concentration de la population dans des places fortes *(oppida)* se généralise. Les villes se retranchent alors derrière de solides remparts dont les Gaulois se sont fait une spécialité : ces constructions comportaient une ossature de bois et deux faces construites en appareil régulier sur lesquelles les poutres étaient apparentes; de la pierraille ou de la terre bouchait le volume intermédiaire. On retrouve ce *murus gallicus* un peu partout dans les pays de Loire (Le Fief-Sauvin, Maine-et-Loire), l'Armorique (camp d'Artus au Huelgoat), le Centre (Bourges, Châteaumeillant, Levroux), la Normandie (camp de Chatellier au Petit-Celland, camp de Montcastre à Lithaire, Manche). Une autre variété de fortification comportait un large fossé plat, une contrescarpe et une porte rentrante. En certaines régions (forêt de Rambouillet, forêt d'Orléans, Berry), des enceintes quadrilatérales seront aussi édifiées vers la fin de l'époque de La Tène. De véritables villes existent alors comme Bibracte, près d'Autun, qui couvrait 135 ha.

De la protohistoire à l'histoire : écriture et monnaie

Si l'histoire – grâce aux textes – est l'étude des peuples possédant une écriture, la notion de protohistoire demeure nettement plus ambiguë. Pour beaucoup d'auteurs, la protohistoire commence avec les débuts de la métallurgie, c'est-à-dire, dans nos régions, aux alentours de 2500 à 2000 av. J.-C. Dans une telle perspective la protohistoire se confond peu ou prou avec l'âge des métaux : âge du bronze et âge du fer. Mais d'autres auteurs donnent à ce terme une signification moins lâche; seraient en situation protohistorique des populations ignorant l'écriture mais décrites par d'autres peuples connaissant déjà l'usage de l'alphabet et, à ce titre, à même de nous laisser des relations sur leurs voisins encore barbares. Dans cette optique restreinte, les communautés de notre territoire sont protohistoriques dès lors que les premiers auteurs grecs commencent à les évoquer, bien vaguement, il est vrai.

Ainsi Homère, vers les IXe-VIIIe siècles, fait-il de simples allusions à l'un des peuples d'Occident : les Cimmériens. Hésiode, vers les VIIIe-VIIe siècles, évoque l'itinéraire de retour d'Héraclès depuis la région de Cadix jusqu'en Grèce par l'Espagne, le Bas-Languedoc, la Provence et l'Italie : la Gaule est donc traversée et connue. Il faudra attendre le VIe siècle pour que Hécatée de Milet fasse mention de manière nette de la première ville grecque fondée sur notre sol : Marseille. Il parle ainsi de « Massalia, ville de Ligurie, près de la Celtique, colonie des Phocéens »; de même évoquera-t-il les Élysiques, peuple du golfe du Lion, les gens de la région de Narbonne et la ville ligure de Monaco. A son tour Himilcon, navigateur punique, reconnut au ve siècle les côtes de l'Atlantique et de la mer du Nord, territoires de l'étain. En ce même ve siècle, Hérodote, Antiochos, Phileas, Herodore, Thucydide font des mentions géographiques ou historiques concernant la Gaule (du Sud essentiellement) et ses peuples.

Les auteurs des siècles suivants fourniront des évocations de plus en plus précises. Des noms de rois et de chefs indigènes seront bientôt connus. Il s'y ajoutera peu à peu la relation d'événements politiques survenus sur le sol même de la Gaule jusqu'au plus important qui ait concerné ce pays : sa conquête par les troupes de César au Ier siècle. Mais auparavant plusieurs faits d'armes sont relatés par les historiens antiques comme en 450 av. J.-C. l'expédition des peuples celtiques du Centre en Italie ou en 218 av. J.-C. la traversée de l'armée d'Hannibal des Pyrénées aux Alpes. Appelés par Marseille menacée par les Salyens d'Entremont, au nord d'Aix-en-Provence, les Romains après avoir battu ces derniers, créeront une province, la Narbonnaise, du Rhône supérieur au Toulousain.

Dès le VIe siècle, les auteurs grecs connaissent donc la Gaule méridionale et écrivent sur elle. Les relations méditerranéennes favorisent ici très tôt l'usage de l'écriture grecque. Les premières inscriptions « gallo-grecques » apparaîtront dans le Sud au IIIe siècle. Dès le ve siècle l'alphabet ibérique mord sur le Nord des Pyrénées jusqu'en Bas-Languedoc comme l'attestent les graffiti incisés sur poterie d'Ensérune. Les tablettes de plomb gravées de Pech-Maho, avec écriture ibérique, datent du IIIe siècle. La monnaie suit un cheminement semblable. Dès le dernier tiers du VIe siècle, Marseille, colonie grecque, bat monnaie. En domaine celtique, dans le centre de la Gaule, la monnaie apparaît au IIIe siècle et les pièces sont des imitations des statères de Philippe II de Macédoine (356-336 av. J.-C.). Les utilisateurs en sont les Arvernes du Massif central qui conserveront un temps le monopole des émissions mais seront bientôt imités par d'autres peuplades périphériques.

Les débuts de la civilisation gauloise

Ne terminons pas sans ajouter quelques mots sur nos chers ancêtres les Gaulois bien que leur étude ne relève pas directement de notre sujet. Ils constituent néanmoins l'aboutissement de notre long périple.

L'accès du futur territoire français à une situation pleinement « historique » se réalise donc peu à peu au cours de la période dite de La Tène ou deuxième âge du fer (Ve-Ier siècle av. J.-C.). L'une des étapes les plus importantes de cette époque est à coup sûr la phase ancienne (ou Tène I entre 480 et 250 av. J.-C. environ) au cours de laquelle se met en place, dans la zone continentale, une culture nouvelle désormais assimilée à la civilisation gauloise.

Les Gaulois étaient des Celtes, peuplades dont l'origine est généralement placée en Allemagne du Centre et du Sud. Leurs migrations vers la Gaule, les îles Britanniques, la péninsule Ibérique, les Balkans, la Pologne, la Grèce et même l'Ukraine et l'Asie Mineure sont célèbres. La Gaule elle-même se divisait en deux blocs : la Gaule cisalpine correspondait à l'Italie septentrionale et la Gaule transalpine recouvrait *grosso modo* la France, la Belgique, la Suisse et une partie de l'Allemagne. Seule la Gaule transalpine se trouve ici partiellement concernée.

Dans la constitution même de la civilisation gauloise la part n'est pas toujours facile à faire entre ce qui peut être attribué à un apport centro-européen et le rôle qu'a pu jouer la civilisation hallstattienne pré-existante. C'est d'ailleurs en grande partie sur les bases géographiques de cette dernière que la civilisation gauloise se met en place très rapidement. Les relations méditerranéennes sont sensibles : on commerce avec l'Étrurie, les bijoux dénotent une influence grecque ou en provenance du monde eurasiatique. Quoi qu'il en soit de la genèse de cette culture, les témoignages matériels (armes, céramiques, objets de parure) montrent dès lors un changement significatif. Un art particulier se développe autour de quelques thèmes favoris : le lotus, la spirale, la palmette, certains motifs animaliers. L'orfèvrerie s'épanouit. Bien entendu, il existera divers faciès régionaux reconnaissables à travers des modes funéraires variées ou des styles céramiques différenciés.

Une aristocratie déjà bien marquée dans la société hallstattienne domine la population, sans doute grâce au profit du négoce. On la perçoit à travers des tombes princières, par exemple celles étudiées en Champagne, l'un des plus brillants noyaux attractifs de cette époque. On retrouve ici de nombreuses tombes à char comme celle de la Gorge-Melliet à Somme-Tourbe (Marne). Un individu jeune avait été étendu sur un char à deux roues, armé d'une épée et de quatre javelots, accompagné de son casque et de divers ustensiles de toilette ou d'apparat. Le cheval devait être somptueusement paré : le harnais comportait des appliques de bronze et de corail avec palmettes ou thèmes en spirales moulés. Les moyeux du char comportaient aussi une ornementation de nervures droites ou courbes. Au-dessus un sujet adulte avait été inhumé, flanqué de son épée.

A côté de ces hauts personnages existaient des classes laborieuses d'artisans (des métallurgistes surtout), de paysans et d'éleveurs. La société apparaît donc comme très hiérarchisée. Une place particulière était accordée aux chefs religieux, les druides, ou aux poètes-musiciens, les bardes. Les tombes individuelles sous-entendent des exploitations d'ordre familial et non plus collectives comme naguère.

Les habitations pouvaient être des fermes en bois et en torchis, avec toit de chaume et sol de terre battue. Elles ont en général un plan rectangulaire comme le montre celle qui a pu être fouillée à Chassemy, dans l'Aisne. A Verberie (Oise) on a récemment dégagé une cabane ovalaire de 22 m de longueur sur 12,5 m de large (fig. 37). A côté de ces fermes, on connaît aussi des bourgades établies au carrefour d'artères importantes. On a récemment dégagé à Villeneuve-Saint-Germain (Aisne) une rue de 100 m de long bordée de maisons de plan quadrangulaire, construites en bois. Quant à l'habitat de hauteur, il ne fut jamais abandonné. Il ira même en se renforçant au point qu'à la fin de l'époque gauloise, nous l'avons vu, la population sera surtout concentrée dans des places fortes. A cette même époque surviendra une rapide unification culturelle : les témoignages matériels perdent certains aspects régionaux et s'uniformisent; en beaucoup de régions aussi l'incinération devient la règle.

Nous voici donc désormais parvenus au terme d'un long cheminement qui nous a conduits de l'apparition de l'homme en Europe jusqu'à l'implantation de la civilisation celtique teintée d'influences méditerranéennes grandissantes. Ce faisant nous avons assisté, sur quelques millénaires plus particulièrement, au déroulement d'une histoire qui vit l'accession du futur territoire français à des styles de vie élaborés. Ce livre a donc conté l'émergence d'une terre à ce que les auteurs anglo-saxons appellent la « civilisation ».

Alors que se termine ce voyage dans le temps, il est à présent permis de s'interroger sur le bilan des acquisitions à porter, en cette fin de la protohistoire, au crédit des populations autochtones. En matière d'art, les chasseurs du paléolithique supérieur, avaient déjà fait l'éblouissante démonstration, en Périgord et dans les Pyrénées tout particulièrement, d'un épanouissement incomparable. Bien après, les premiers pasteurs et paysans de cette terre avaient entrepris, de manière lente mais durable, une conquête du sol que les successeurs des âges des métaux avaient largement fait progresser. De sorte que lorsque les civilisations historiques méditerranéennes prirent pied dans ce pays, vers la fin du VIIe siècle av. J.-C., il y avait déjà longtemps que l'homme y élevait la chèvre, le mouton, le porc, le bœuf, le cheval, ou y cultivait des céréales et bien d'autres plantes. Les caractères de l'habitat permanent y avaient déjà atteint des procédés traditionnels : utilisation au maximum de la pierre en terrain méditerranéen ou en certaines régions favorables, du bois et de la glaise en terrain humide.

Des impulsions externes allaient surimposer à ces données autochtones quelques nouveautés dans les techniques de la construction et favoriser l'élan de l'écriture et de la monnaie. Mais à un tel stade de l'évolution techno-socio-économique, l'entrée dans le monde de l'histoire ne constitue pas une étape remarquable. Certes des situations politiques et matérielles peuvent subir çà et là des modifications plus ou moins sensibles; en fait aucun changement d'envergure n'intervient dans l'essentiel de la vie quotidienne.

Quant à la société, elle avait elle aussi tout au long de cette trajectoire subi d'inévitables mutations : les groupes de chasseurs nomades avaient, au néolithique, cédé la place à des communautés égalitaires. Puis peu à peu avaient émergé des classes sociales différenciées vouées par là même à la hiérarchisation, conséquence normale de l'accroissement démographique et de l'évolution économique et technique. Au moment où, vers les débuts de l'époque de La Tène, se termine notre périple, la

Gaule vit à l'heure des chefferies déjà présentes à l'époque de Hallstatt : des roitelets dominent de petites provinces. Mais on ne peut encore réellement parler de « nation ». Car cette terre, malgré une communauté culturelle en voie de réalisation, n'était pas encore parvenue à faire son unité politique et les gouvernants des nombreuses tribus de ce peuple dynamique mais indiscipliné restaient souvent divisés. Le jour où, quelques siècles plus tard, Rome, déjà maîtresse de tout le Sud, de Toulouse à Lyon, décidera de conquérir la Gaule chevelue, César se souviendra de cette désunion.

FIG. 37. – PLAN ET ESSAI DE RECONSTITUTION D'UNE CABANE DE LA PÉRIODE DE LA TÈNE À VERBERIE (OISE).

(D'après R. Agache, F. Audouze, J.-C. Blanchet.)

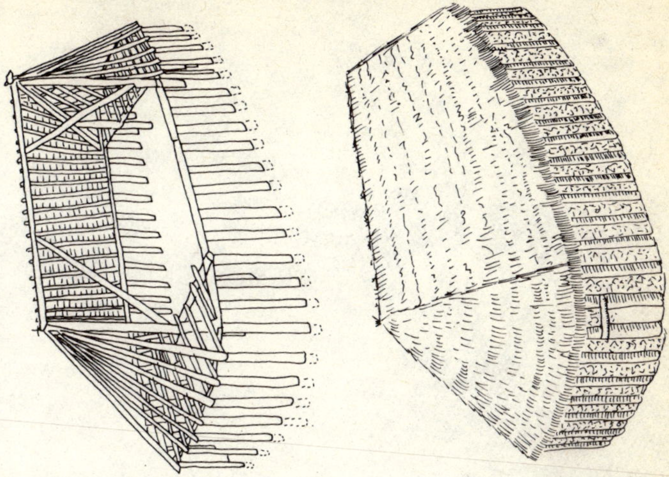

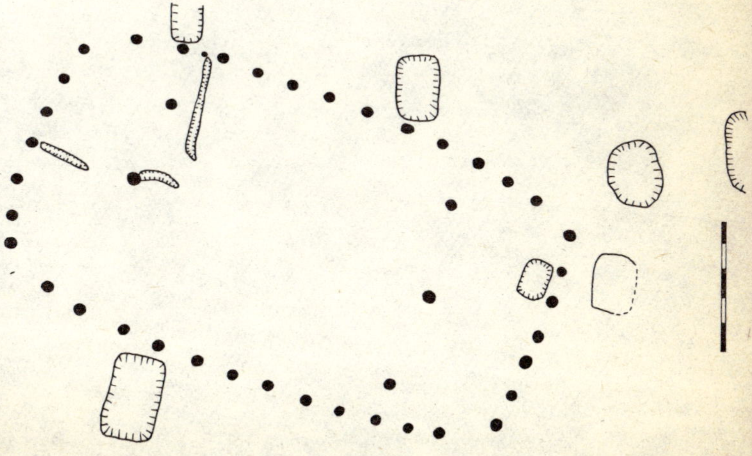

Bibliographie

L'ouvrage le plus complet sur les premières civilisations agricoles et métallurgiques de la France, paru au cours de ces dernières années, demeure : *La Préhistoire française,* t. II « *Les Civilisations néolithiques et protohistoriques de la France* », C.N.R.S., Paris, 1976; 912 p. + XII p., 381 fig., 20 tableaux, 1 dépliant (sous la direction de J. Guilaine).

Ouvrages généraux concernant plus particulièrement la période s'étendant des derniers prédateurs jusqu'aux premiers métallurgistes (néolithique et âge du cuivre) :

ARNAL (J.), BAILLOUD (G.), RIQUET (R.) 1960. « Les styles céramiques du néolithique français », *Préhistoire,* XIV, 208 p., 55 fig., 11 cartes, 6 pl.

BAILLOUD (G.) et MIEG DE BOOFZHEIM (P.) 1950. *Les Civilisations néolithiques de la France dans leur contexte européen,* Picard, Paris, 244 p., 96 pl.

BOURDIER (F.) 1967. *Préhistoire de France,* Flammarion, Paris, 412 p., 152 fig.

DECHELETTE (J.) 1924. *Manuel d'archéologie préhistorique, celtique et gallo-romaine,* t. I, *Archéologie préhistorique,* Picard, Paris, 748 p., 249 fig.

GUILAINE (J.) 1976. *Premiers bergers et paysans de l'Occident méditerranéen,* Mouton, Paris-La Haye, 286 p., 57 fig., 32 pl.

LAET (S.-J.) de 1967. *La Préhistoire de l'Europe,* 212 p., 387 pl., 8 cartes.

NOUGIER (L.-R.) 1950. *Les Civilisations campigniennes en Europe occidentale,* Monnoyer, Le Mans, 571 p., 119 fig., 21 cartes.

PIGGOTT (S.), DANIEL (G.), MAC BURNEY (C.) 1973. *La France de la Préhistoire* (Cf. articles de M. Escalon de Fonton,

G. Bailloud, J. Briard, F. R. Hodson et R. M. Rowlett, O. Brogan), Tallandier, Londres, 248 p., ill., 110 pl.
POULAIN-JOSIEN (Th.) 1964. *Les Animaux domestiques et sauvages en France du néolithique au gallo-romain. Études d'ethnozoologie à partir des vestiges osseux. Équidés, suidés, bovidés,* thèse de 3e cycle, Paris, 165 p. ill.
RIQUET (R.) 1970. *Anthropologie du néolithique et du bronze ancien,* Poitiers, 279 p., 19 fig., 10 pl., 60 tableaux, 9 cartes.
SCHWABEDISSEN (H.) (édit.) 1971. *Die Anfänge des Neolithikums vom Orient bis Nordeuropa, « Fundamenta »,* Teil VI, Frankreich, Cologne, 257 p., 154 pl.

•

En ce qui concerne le *Chapitre I : Des derniers prédateurs aux premiers paysans,* les principaux ouvrages, complétés de quelques articles remarquables, sont les suivants :

BAILLOUD (G.) 1974. « Le Néolithique du Bassin parisien », 2e éd. augmentée, Paris, C.N.R.S., 429 p., 53 fig., 7 pl. (2e supplément à *Gallia-Préhistoire*).
BARRIÈRE (C.) 1973. *Rouffignac,* Publications de l'institut d'art préhistorique de Toulouse-Le-Mirail, fasc. 1, 160 p., 52 fig., 14 pl., fasc. 2, 210 p., 43 fig., 20 pl.
BOUREUX (M.) et COUDART (A.) 1978. « Implantations des premiers paysans sédentaires dans la vallée de l'Aisne », *Bulletin de la Société préhistorique française,* t. 75, pp. 341-360, 13 fig.
CAMPS (G.) 1976. « La Navigation en France au néolithique et à l'âge du bronze », *La Préhistoire française,* t. II, C.N.R.S., Paris, pp. 192-201, 4 fig.
CAUVIN (M.-C.) 1971. *Les Industries du post-glaciaire du Périgord,* Maisonneuve, Paris, 470 p., 225 fig.
Centre de recherche protohistorique de l'Université de Paris I et U.R.A. nº 12 du Centre de recherches archéologiques, C.N.R.S., 1973-1974-1975-1976.
Les Fouilles protohistoriques dans la vallée de l'Aisne, vol. I, Paris, 1973, 51 p., 25 pl.; vol. 2, Paris, 1974, 155 p., 49 pl.; vol. 3, Paris, 1975, 108 p., 72 fig.; vol. 4, Paris, 1976, 228 p., 99 fig. (Sous la direction de B. SOUDSKY puis de G. BAILLOUD.)
Civilisations néolithiques du Midi de la France (Les), *Actes du colloque de Narbonne,* 1970. Laboratoire de préhistorique et de palethnologie, Carcassonne, 134 p., 25 fig. (Sous la direction de J. GUILAINE.)
COURTIN (J.) 1974. *Le Néolithique de la Provence,* « Mémoires de la société préhistorique française », Klincksieck, Paris, t. 11, 360 p., 126 fig., 31 pl.

DUDAY (H.) 1975. « Le Squelette du sujet féminin de la sépulture pré-néolithique de Bonifacio (Corse). Étude anthropologique. Essai d'interprétation palethnographique », *Cahiers d'archéologie,* n° 1, Laboratoire d'Anatomie des Saints-Pères, 255 p., 51 fig., 38 pl., 44 tableaux.

ESCALON DE FONTON (M.) 1956. « Préhistoire de la Basse-Provence », Préhistoire, t. XII, 162 p., 110 fig.

GUILAINE (J.) et alii 1974. *La Balma de Montbolo et le néolithique de l'Occident méditerranéen,* Institut pyrénéen d'études anthropologiques, Toulouse, 204 p., 58 fig., 25 pl.

GUILAINE (J.) et alii 1979. *L'Abri Jean Cros. Essai d'approche d'un groupe humain du néolithique ancien dans son environnement,* Centre d'anthropologie des sociétés rurales, Toulouse, 61 p. ill.

NIEDERLENDER (A.), LACAM (R.), ARNAL (J.) 1966. *Le Gisement néolithique de Roucadour (Thémines, Lot),* IIIe supplément à *Gallia-Préhistoire,* C.N.R.S., Paris, 206 p., 42 fig., 16 pl.

PETREQUIN (P.) 1970. *La Grotte de la Baume de Gonvillars, « Annales littéraires de l'Université de Besançon »,* 107, Paris, 185 p., 53 fig., 3 pl.

PETREQUIN (P.) 1972. *La Grotte de la Tuilerie à Gondenans-Montby, « Annales littéraires de l'Université de Besançon »,* 137, Paris, 173 p., 70 fig., 5 pl.

PRÉVOST (R.) 1962. *L'Habitat néolithique de la montagne de Lumbres,* Arras, 96 p., 10 fig., 22 pl.

ROUSSOT-LARROQUE (J.) 1977. « Néolithisation et néolithique ancien d'Aquitaine », *Bulletin de la société préhistorique française,* 74, fasc. 2, pp. 559-582, 11 fig.

ROZOY (J.-G.) 1978. *Les Derniers Chasseurs, « Bulletin de la société d'archéologie champenoise »,* Charleville, 2 tomes, 1 256 p., 294 fig., 81 tableaux; un tome de 259 pl.

TARRETE (J.) 1977. *Le Montmorencien,* Xe supplément à *Gallia-Préhistoire,* C.N.R.S., Paris, 224 p., 71 fig., 8 pl.

THÈVENIN (A.), SAINTY (J.), POULAIN-JOSIEN (Th.) 1977. « Témoignages des premières activités agricoles en Alsace », *Revue des sciences sociales de la France de l'Est,* n° hors-série, « L'Alsace rurale », pp. 174-186, 6 fig.

Chapitre II : La France, 2 000 ans de mégalithisme.

ARNAL (J.) 1963. *Les Dolmens du département de l'Hérault,* « Préhistoire », P.U.F., Paris, t. XV, 250 p., 26 fig., 20 pl.

BURNEZ (C.) 1976. *Le Néolithique et le Chalcolithique dans le Centre-Ouest de la France, Mémoires de la société préhistorique française,* t. XII, 376 p., 8 pl., 96 pl.

CORDIER (G.) 1963. *Inventaire des mégalithes de la France : 1. Indre-et-Loire,* 1er supplément à *Gallia-Préhistoire,* C.N.R.S., Paris, 132 p., 38 pl.

CLOTTES (J.) 1977. *Inventaire des mégalithes de la France : 5. Lot,* 1er supplément à *Gallia-Préhistoire,* C.N.R.S., Paris, 552 p., 185 fig., 9 pl.

DANIEL (G.) 1960. *The prehistoric chamber tombs of France, A Geographical, Morphological and Chronological survey,* Londres, Thames and Hudson, XX, 282 p., 32 pl.

DESPRIÉE (J.) et LEYMARIOS (C.) 1974. *Inventaire des mégalithes de la France : 3. Loir-et-Cher,* 1er supplément à *Gallia-Préhistoire,* C.N.R.S., Paris, 247 p., 147 fig., 19 pl.

GIOT (P.-R.) 1975. *Menhirs et dolmens, monuments mégalithiques de Bretagne,* Châteaulin, Jos le Doaré, 7e édition, 36 p.

GIOT (P.-R.) 1976. « Dolmens et menhirs. Le phénomène mégalithique en France », *La Préhistoire française,* t. II, C.N.R.S., Paris, pp. 202-210, 6 cartes.

GIOT (P.-R.) (édit.) 1976. *Bretagne,* Livret-guide de l'excursion A3 du IXe Congrès de l'Union internationale des sciences préhistoriques et protohistoriques, Nice, 149 p., 56 fig.

GIOT (P.-R.), BRIARD (J.), L'HELGOUACH (J.) 1962. *La Bretagne,* Coll. « Mondes Anciens », Arthaud, 295 p., 68 fig., 73 pl.

GRUET (M.) 1967. *Inventaire des mégalithes de la France : 2. Maine-et-Loire,* 1er supplément à *Gallia-Préhistoire,* C.N.R.S., Paris, 348 p., 8 pl.

JOUSSAUME (R.) 1972. *La Préhistoire en Vendée. Point des connaissances,* Société d'émulation de la Vendée, 74 p., 9 fig., 10 pl., 2 tableaux.

L'HELGOUACH (J.) 1965. *Les Sépultures mégalithiques en Armorique,* Rennes, 330 p., 116 fig.

PEEK (J.) 1975. *Inventaire des mégalithes de la France : 4. Région parisienne,* 1er supplément à *Gallia-Préhistoire,* C.N.R.S., Paris, 408 p., 38 fig., 16 pl.

PÉQUART (S.-J.), LE ROUZIC (Z.) 1927. *Corpus des signes gravés des monuments mégalithiques du Morbihan,* Picard, Paris, 108 p., 138 pl.

PERICOT GARCIA (L.) 1950. *Los Sepulcros megaliticos catalanes y la cultura pirenaica,* Monografias del Instituto de Estudios pirenaicos, Barcelona, 273 p., 128 fig.

PETREQUIN (P.), PININGRE (J.-P.) 1976. « Les Sépultures collectives mégalithiques de Franche-Comté », *Gallia-Préhistoire,* t. 19, pp. 287-381, 131 fig.

ROUZIC LE (Z.) 1930. *Les Cromlechs d'Er Lannic,* Vannes, 42 p., 10 fig., 20 pl.

Chapitre III : Communautés villageoises et conquête du sol.

ARNAL (J.) 1956. « La Grotte de la Madeleine », *Zephyrus,* VII, pp. 33-79, 26 fig.

BLANCHET (J.-C.), MORDANT (D.) 1976. « Les Figurines en céramique au néolithique ancien et moyen en France », *Colloque « Thèmes spécialisés »* du IXe Congrès de l'Union internationale des sciences préhistoriques et protohistoriques, Nice (résumé).

BOCQUET (A.) 1976. « La Station des Baigneurs et la grotte de la Balme dans le cadre du néolithique final nord-alpin, *Revue archéologique de l'Est,* pp. 372-381, 4 fig.

BURNEZ (C.) 1976. *Le Néolithique et le Chalcolithique dans le Centre-Ouest de la France, op. cit.*

CLOTTES (J.), CARRIÈRE (M.) 1974. « La Statue féminine de Capdenac-le-Haut (Lot) » *Congrès préhistorique de France,* XXe session, Provence, (1976), pp. 102-108, 5 fig.

COMBIER (J.), THÈVENOT (J.-P.) 1976. *Bassin du Rhône paléolithique et néolithique,* Livret-guide de l'excursion A8, IXe Congrès de l'Union internationale des sciences préhistoriques et protohistoriques, 227 p., 102 fig.

COURTIN (J.), ERROUX (J.) 1974. « Aperçu sur l'agriculture préhistorique dans le Sud-Est de la France », *Bulletin de la société préhistorique française,* t. 1, fasc. 1, pp. 321-334, 8 fig.

DELIBRIAS (G.), LE ROUX (C.-T.) 1975. « Un exemple d'application des datations radiocarbone à l'interprétation d'une stratigraphie complexe : la fouille des ateliers de Plussulien (Côtes-du-Nord) », *Bulletin de la société préhistorique française,* 72, C.R.S.M., pp. 78-82.

GALLAY (A.) 1977. *Le Néolithique moyen du Jura et des plaines de la Saône,* Verlag Huber, Bâle, 344 p., 43 fig., 86 pl.

JOFFROY (R.) (édit.) 1976. *Champagne, Bourgogne,* Livret-guide de l'excursion A2 du IXe Congrès de l'Union internationale des sciences préhistoriques et protohistoriques, Nice, 87 p., 21 fig.

LANFRANCHI (F.) de, WEISS (M.-C.) 1973. *La Civilisation des Corses, les origines,* Ajaccio, Éditions Cyrnos et Méditerranée, 182 p., 101 fig.

LE ROUX (C.-T.) 1971. « A stone axe factory in Brittany », *Antiquity,* XLV, pp. 283-288.

MORDANT (C.) et (D.) 1978. « Noyen-sur-Seine. Habitat néolithique de fond de vallée alluviale », *Gallia-Préhistoire,* t. XX, pp. 229-269, 40 fig.

NICOLARDOT (J.-P.) 1975. « Structures d'habitat de hauteur à caractère défensif dans le Centre-Est de la France », *Antiquités nationales*, nº 6, pp. 32-45.

PAUTREAU (J.-P.) et col. 1974. *L'Habitat peu-richardien de la Sauzaie (commune de Soubise, Charente-Maritime). Fouille de sauvetage. Premiers résultats*, publications de la circonscription des Antiquités préhistoriques « Poitou-Charentes », 102 p., ill., 80 pl. h. t.

PÉTREQUIN (P.) 1976. « Les Stations littorales de Chalain et Clairvaux et la fin du néolithique dans le Sud de la Franche-Comté », *Revue archéologique de l'Est*, pp. 348-362, 9 fig.

PININGRE (J.-P.) 1974. « Un aspect de l'économie néolithique : le problème de l'aphanite en Franche-Comté et dans les régions limitrophes », *Annales littéraires de l'Université de Besançon, Archéologie* 26, Les Belles-Lettres, Paris, 128 p., 116 pl.

SIMONNET (G.) 1976. « Le Village chasséen de Saint-Michel du Touch à Toulouse », in *Pyrénées*, Livret-guide de l'excursion A5, IXe Congrès de l'Union internationale des sciences préhistoriques et protohistoriques, Nice, pp. 15-34, 15 fig.

THÈVENOT (J.-P.) 1969. « Éléments chasséens de la céramique de Chassey », *Revue Archéologique de l'Est et du Centre-Est*, t. XX, fasc. 1-2, pp. 7-95, 39 pl.

VAQUER (J.) 1975. *La Céramique chasséenne du Languedoc*, Laboratoire de préhistoire et de palethnologie, Carcassonne, 378 p., 76 fig.

Chapitre IV : Aux temps de la métallurgie archaïque.

ARNAL (J.) 1976. *Les Statues-Menhirs. Hommes et Dieux*, Éditions des Hespérides, Toulouse, 239 p., 82 fig.

AUDIBERT (J.) 1962. *La Civilisation chalcolithique du Languedoc oriental*, Institut international d'études ligures, Bordighera-Montpellier, IV, 211 p., 57 fig.

BAILLOUD (G.) 1974. *Le Néolithique du Bassin parisien, op. cit.*

BOUVILLE (C.) 1971. « Les Restes humains du dolmen de Peyraoutes (Roquefort-les Pins, Alpes-Maritimes) », *Travaux du Laboratoire de géologie historique et de paléontologie*, nº 2, thèse de 3e cycle, 129 p.

D'ANNA (A.) 1977. *Les Statues-Menhirs et Stèles anthropomorphes du Midi méditerranéen*, L.A.P.M.O., C.N.R.S., Paris, 277 p., 55 fig.

DASTUGUE (J.), DE LUMLEY (M.-A.) 1976. « Les Maladies des

hommes préhistoriques », *La Préhistoire française*, t. II, C.N.R.S., Paris, pp. 153-164, 8 fig.

GASCO (J.) 1976. *La Communauté paysanne de Fontbouisse*, Archives d'écologie préhistorique, E.H.E.S.S., 121 p., 43 fig.

GUILAINE (J.) 1967. *La Civilisation du vase campaniforme dans les Pyrénées françaises*, Gabelle, Carcassonne, 240 p., 54 fig., 9 pl. h. t.

GUTHERZ (X.) 1975. *La Culture de Fontbouisse. Recherches sur le chalcolithique en Languedoc oriental, Association pour la recherche archéologique en Languedoc oriental*, cahier n° 2, 120 p., 48 fig.

LEROI-GOURHAN (A.), BAILLOUD (G.), BREZILLON (P.) 1963. « L'Hypogée II des Mournouards (Mesnil-sur-Oger, Marne) », *Gallia-Préhistoire*, t. V, pp. 23-133, 93 fig., 2 planches.

MASSET (C.) 1971. « Une sépulture collective mégalithique à la Chaussée-Tirancourt (Somme) », *Bulletin de la société préhistorique française*, t. 68, pp. 178-182, 3 fig.

SAUZADE (G.) 1978. *Les Sépultures du Vaucluse du néolithique à l'âge du bronze*, thèse, Université de Provence, Aix, 309 p. (dactyl.), 91 fig., 20 pl.

THÈVENOT (J.-P.) 1973. *Le Village préhistorique d'Ouroux-sur-Saône*, Travaux du Centre de recherches de Solutré, 174 p., 91 fig.

TREINEN (F.) 1970. « Les Poteries campaniformes en France », *Gallia-Préhistoire*, t. XIII, fasc. 1-2, pp. 53-107 et pp. 263-332, 48 fig.

Ouvrages généraux ou synthèses régionales sur les âges des métaux (chapitres V, VI, VII).

BRIARD (J.) 1965. *Les Dépôts bretons et l'âge du bronze atlantique*, Rennes, 352 p., 293 fig.

BRIARD (J.) 1976. *L'Âge du bronze en Europe barbare*, Éditions Les Hespérides, Toulouse, 367 p., 222 fig.

BRIARD (J.), VERRON (G.) 1976. *Typologie des objets de l'âge du bronze en France*, fasc. 3, *Haches* (1), Société préhistorique française, Commission du bronze, Paris, 122 p. ill.; fasc. 4, *Haches* (2), *Herminettes*, 90 p. ill.

BOCQUET (A.) 1969. « L'Isère préhistorique et protohistorique », *Gallia-Préhistorique*, t. XII, fasc. 1, pp. 121-258 et fasc. 2, pp. 273-400.

DECHELETTE (J.) 1924-1937. *Manuel d'archéologie préhistorique, celtique et gallo-romaine*, Picard, Paris, t. II, 1re partie, *Age du bronze*, 2e édition, 1924, 512 p., 212 fig.; t. III,

Premier âge du fer ou époque de Hallstatt, 2e édition, 1927, 416 p., 384 fig.; t. IV, *Second Age du fer ou époque de La Tène*, 2e édition, 1937, 1 163 p., 736 fig.

DUVAL (P.-M.) 1977. *Les Celtes*, Coll. « L'Univers des Formes », Gallimard, 325 p., 455 fig.

FABRE (G.) 1952. *Les Civilisations protohistoriques de l'Aquitaine*. Suivi du répertoire des découvertes protohistoriques faites dans les départements des Landes, Basses et Hautes-Pyrénées, Gers, Lot-et-Garonne, Picard, Paris, 182 p., 22 fig., 11 pl. h. t., 6 cartes.

GAUCHER (G.), MOHEN (J.-P.) 1972. *Typologie des objets de l'âge du bronze en France*, fasc. 1. *Épées*, Société préhistorique française, Commission du bronze, Paris, 86 p. ill.

GAUCHER (G.) 1976. *L'Age du bronze dans le Bassin parisien*, Thèse de doctorat d'État, Université de Paris I (dactyl.).

GUILAINE (J.) 1972. *L'Age du bronze en Languedoc occidental, Roussillon, Ariège, Mémoires de la société préhistorique française*, t. IX, Klincksieck, Paris, 460 p., 134 fig., 11 pl. h. t.

JOFFROY (J.) 1960. *L'Oppidum de Vix et la civilisation hallstattienne finale de l'Est de la France*, Les Belles-Lettres, Paris, 210 p., 81 pl.

JULLIAN (C.) 1907-1908. *Histoire de la Gaule*, Paris, t. I, 534 p.; t. II, 1908, 557 p.

LOUIS (M.), TAFFANEL (O.) et (J.) 1955-1960. *Le Premier Age du fer languedocien*, Bordighera-Montpellier; *Les Habitats*, 1955, 207 p., 170 fig.; *Les Nécropoles à incinérations*, 1958, 264 p., 213 fig.; *Les Tumulus, Conclusions*, 1960, 423 p., 204 fig.

MILLOTTE (J.-P.) 1963. *Le Jura et les plaines de Saône aux âges des métaux, Annales littéraires de l'Université de Besançon*, 59, Paris, 452 p., 78 pl., 9 cartes.

MILLOTTE (J.-P.) 1965. *Carte archéologique de la Lorraine (âges du bronze et du fer), Annales littéraires de l'Université de Besançon*, 59, Paris, 452 p., 78 pl., 9 cartes.

MILLOTTE (J.-P.) 1970. *Précis de protohistoire européenne*, Armand Colin, 314 p., 53 fig.

NICOLARDOT (J.-P.), GAUCHER (G.) 1975. *Typologie des objets de l'âge du bronze en France*, fasc. 5. *Outils*, Société préhistorique française, Commission du Bronze, Paris, 134 p., ill.

ROUDIL (J.-L.) 1972. *L'Age du bronze en Languedoc oriental, Mémoires de la société préhistorique française*, t. X, Klincksieck, Paris, 302 p., 108 fig., 27 pl. h. t.

SANDARS (N.-K.) 1957. *Bronze Age Cultures in France*, Cambridge University, 412 p., 97 fig., 13 cartes.

ZUMSTEIN (H.) 1964-1965. « L'Age du bronze dans le département du Haut-Rhin », *Revue archéologique de l'Est et du Centre-Est,* t. XV, fasc. 1-2, pp. 7-63, 11 fig. et t. XVI, fasc. 1-2-3, pp. 7-56, 54 fig.

Chapitre V : La vie quotidienne au IIe millénaire.

BILL (J.) 1973. *Die Glockenbecherkultur und die frühe Bronzezeit im Französischen Rhonebecken und ihre Beziehungen zur Südwestschweiz,* Bales, 111 p., 12 fig., 15 cartes, 63 pl.

ELUERE (C.) 1977. « Les Premiers Ors de France », *Bulletin de la société préhistorique française,* t. LXVI, fasc. 1, pp. 390-419, 13 fig., 4 cartes.

GOMEZ (J.) 1973. « La Grotte sépulcrale des Duffaits (La Rochette, Charente), étude archéologique », *Bulletin de la société préhistorique française,* LXX, pp. 401-444, 28 fig.

GROSJEAN (R.) 1966. *La Corse avant l'histoire,* Klincksieck, Paris, 95 p., 56 pl., 12 fig.

LANFRANCHI (F.) DE 1978. *Capula,* Centre archéologique de Lévie, 334 p., 101 fig., 26 pl.

LUMLEY (H.) DE, FONVIELLE (M.-I.), ABELANET (J.) 1976. *Vallée des Merveilles,* Livret-guide de l'excursion C1, IXe Congrès de l'Union internationale des sciences préhistoriques et protohistoriques, Nice, 185 p., 91 fig.

SCHAEFFER (C.F.A.) 1926. *Les Tertres funéraires préhistoriques de la forêt de Haguenau,* Haguenau, I, 279 p.

Chapitre VI : Le bel âge du bronze.

AUDOUZE (F.) 1974. « Les Ceintures et Ornements de ceinture de l'âge du bronze en France », *Gallia-Préhistoire,* t. XVII, 1, pp. 219-283, 10 fig. et t. XIX, 1976, pp. 69-172, 26 fig.

BOCQUET (A.) 1976. *Les Ages des métaux dans les Alpes,* Colloque, IXe Congrès de l'Union internationale des sciences préhistoriques et protohistoriques, Nice, 168 p. ill.

BONNAMOUR (L.) 1969. *L'Age du bronze du musée de Chalon-sur-Saône,* Mâcon, 94 p., 33 pl.

CHERTIER (B.) 1976. *Les Nécropoles de la civilisation des champs d'urnes dans la région des marais de Saint-Gond (Marne),* 8e supplément à *Gallia-Préhistoire,* C.N.R.S., Paris, 180 p., 36 fig., 10 pl. h. t.

COFFYN (A.) 1972. *Le Bronze final et le début du premier âge du fer autour de l'estuaire girondin,* thèse, Bordeaux, 499 p. (dactyl.) 25 pl., 70 fig., 23 cartes.

CORDIER (G.) 1975. « Les Tumulus hallstattiens de Sublaines

(Indre-et-Loire) », *L'Anthropologie,* t. 79, nº 3, pp. 451-481, 13 fig., nº 4, pp. 579-627, 29 fig.

CORDIER (G.), GRUET (M.) 1975. *L'Age du bronze et le premier âge du fer en Anjou, Gallia-Préhistoire,* t. XVIII, pp. 157-287, 68 p., 14 tableaux.

GAUCHER (G.), MOHEN (J.-P.) 1974. « L'Age du bronze dans le Nord de la France », *Bulletin de la société de préhistoire du Nord,* Amiens, nº 9, 143 p., 57 fig.

KIMMIG (W.) 1952-1954. « Où en est l'étude de la civilisation des champs d'urnes en France? », *Revue archéologique de l'Est et du Centre-Est,* III, 1952, pp. 137-172; V, 1954, pp. 7-28 et pp. 209-232.

LAGRAND (C.) 1968. *Recherches sur le bronze final en Provence méridionale,* thèse de l'Université d'Aix, vol. I, 394 p. (dactyl.) et 7 cartes, vol. II, 88 pl.

MOHEN (J.-P.) 1977. *L'Age du bronze dans la région de Paris,* Édition des Musées nationaux, Paris, 266 p. ill.

MORDANT (C.) et (D.) 1970. *Le Site protohistorique des Gours-aux-Lions à Marolles-sur-Seine (Seine-et-Marne), Mémoires de la société préhistorique française,* t. VIII, Paris, 139 p., 66 fig.

MORDANT (C.) et (D.), PRAMPART (Y.) 1976. *Le Dépôt de bronze de Villethierry (Yonne)* (avec la collaboration de J. Bourhis, J.-P. Mohen, J. Briard), IXe supplément à *Gallia-Préhistoire,* C.N.R.S., Paris, 237 p., 190 fig.

NICOLAS (A.) 1978. « Inventaire des picto-idéogrammes de la fin de l'âge du bronze et du début de l'âge du fer », *Bulletin de la société préhistorique française,* t. 75, 2, pp. 56-64, 14 fig.

PAUTREAU (J.-P.) 1976. « Le Camp Allaric, commune d'Aslonnes (Vienne). Premiers résultats », *L'Anthropologie,* t. 80, nº 3, pp. 389-429, 17 fig.

Chapitre VII : Cultures et sociétés du premier âge du fer et Chapitre VIII : Épilogue – Vers l'Histoire.

AGACHE (R.) 1970. *Détection aérienne des vestiges protohistoriques, gallo-romains et médiévaux,* Amiens, 230 p., 208 pl.

ARCELIN (P.) 1971. *La Céramique indigène modelée de Saint-Blaise (niveaux VII et VI) (Saint-Mitre-les-Remparts, Bouches-du-Rhône),* Publications de l'Université des Lettres et Sciences Humaines d'Aix-en-Provence, Ophrys, Paris, 101 p., 78 pl.

BARRUOL (G.) 1969. *Les Peuples pré-romains du Sud-Est de*

la Gaule. Étude de géographie historique, suppl. I à la *Revue archéologique de Narbonnaise,* 408 p., 8 pl., 1 carte.

BENOIT (F.) 1965. *Recherches sur l'hellénisation du Midi de la Gaule,* Publications des annales de l'Université des Lettres d'Aix-en-Provence, Ophrys, Aix, nouvelle série, n° 43, 335 p., 50 pl., 16 fig.

BRETZ-MALHER (D.) 1971. *La Civilisation de La Tène I en Champagne. Le faciès marnien,* XXIIIe supplément à *Gallia,* Paris, 295 p., 183 pl.

COURTOIS (J.-C.) 1975. *Les Habitats protohistoriques de Sainte-Colombe dans le cadre des civilisations du premier âge du fer des Pyrénées aux Alpes,* Centre de documentation de préhistoire alpine, cahier n° 3, 79 p., 55 fig.

DEDET (B.), PY (M.) 1976. *Introduction à l'étude de la protohistoire en Languedoc oriental,* Association pour la recherche archéologique en Languedoc oriental, Caveirac, cahier n° 5, 142 p., 30 fig., 39 pl.

DUVAL (P.-M.) 1971. *La Gaule jusqu'au Ve* siècle, Coll. « Les Sources de l'histoire de France des origines à la fin du XVe siècle », Picard, Paris, 391 p.

HATT (J.-J.) 1970. *Celtes et Gallo-Romains,* Nagel, Genève, 336 p., 219 pl.

JANNORAY (J.) 1955. *Ensérune. Contribution à l'étude des civilisations pré-romaines de la Gaule méridionale,* de Boccard, Paris, 490 p., 43 fig., 71 pl.

JEHASSE (J.) et (L.) 1973. *La Nécropole pré-romaine d'Aléria* (1960-1968), XXVe supplément à *Gallia,* 632 p., 184 pl.

JOFFROY (R.) 1954. *Le Trésor de Vix,* Paris, P.U.F., 68 p., 32 pl.

LABROUSSE (M.) 1968. *Toulouse antique des origines à l'établissement des Wisigoths,* Paris, de Boccard, 644 p., 54 fig., 9 pl.

MOHEN (J.-P.) 1972. *Les Nécropoles de l'âge du fer dans la région de Tarbes (Pyrénées-Atlantiques et Hautes-Pyrénées),* thèse de 3e cycle, Université de Paris I, 270 p., 130 pl.

MOHEN (J.-P.), COFFYN (A.) 1970. *Les Nécropoles hallstattiennes de la région d'Arcachon,* Bibliotheca Praeistorica Hispana, vol. XI, Madrid, 141 p., 10 fig., 24 pl., 21 photographies.

PAJOT (B.) 1976. *La Nécropole protohistorique du Frau (Cazals, Tarn-et-Garonne),* musée Saint-Raymond, Toulouse, 47 p., 20 fig., 4 pl.

VILLARD (F.) 1960. *La Céramique grecque de Marseille (VIe-IVe* siècle). Essai d'Histoire économique, Bibliothèque des écoles françaises d'Athènes et de Rome, 195, Paris, 177 p., 58 pl.

VUAILLAT (D.) 1977. *La Nécropole tumulaire de Chavéria (Jura), Annales littéraires de l'Université de Besançon,* 149 p., 70 fig.

On citera par ailleurs quelques travaux récents orientés vers l'écologie du post-glaciaire.

BROCHIER (J.-L.) 1978. *Les Modifications de l'environnement du Würmien récent au post-glaciaire en Languedoc,* « Paléo-écologie de l'homme fossile », Éditions du C.N.R.S., Paris, 203 p., 101 fig., 2 tableaux.

BROCHIER (J.-E.) 1977. *Évolution des climats et des paysages vauclusiens au cours du Würmien récent et du post-glaciaire,* « Paléo-écologie de l'homme fossile », Éditions du C.N.R.S., Paris, 180 p., 84 fig.

JALUT (G.) 1977. *Climat et végétation des Pyrénées depuis 15 000 ans,* « Archives d'écologie préhistorique », E.H.E.S.S., 141 p., 16 fig., 15 diagrammes.

MISKOVSKY (J.-C.) 1974. *Le Quaternaire du Midi méditerranéen. Stratigraphie et paléoclimatologie d'après l'étude sédimentologique du remplissage des grottes et abris sous roche (Ligurie, Provence, Languedoc méditerranéen, Roussillon, Catalogne),* Études Quaternaires, Géologie, Paléontologie, Préhistoire, Mémoire nº 3, 331 p., 176 fig.

MORZADEC-KERFOURN (M.-T.) 1974. *Variations de la ligne de rivage armoricain au cours du quaternaire. Analyses polliniques de dépôts organiques littoraux, Mémoire de la société géologique, minéralogique de Bretagne,* Rennes, 17, 208 p.

PLANCHAIS (N.) 1971. *Histoire de la végétation post-würmienne des plaines du bassin de la Loire d'après l'analyse pollinique,* thèse, Montpellier, 115 p., 31 fig., 1 pl.

REILLE (M.) 1975. *Contribution pollenanalytique à l'histoire tardi-glaciaire et holocène de la végétation de la montagne corse,* thèse de sciences, Marseille, 4 mars 1975, nº C.N.R.S., A.O. 10747.

RENAULT-MISKOVSKY (J.) 1972. *Contribution à la paléoclimatologie du Midi méditerranéen pendant la dernière glaciation et le post-glaciaire,* thèse, Paris, 495 p., 30 fig., 32 pl.

VERNET (J.-L.) 1973. *Étude de l'histoire de la végétation du Sud-Est de la France au quaternaire d'après les charbons de bois principalement, Paléobiologie continentale* 4, pp. 1-90, 13 pl., 12 fig.

TABLE

CARTES

FIGURES

IMPRIMÉ EN FRANCE PAR BRODARD ET TAUPIN
58, rue Jean Bleuzen - Vanves - Usine de La Flèche.
HACHETTE/PLURIEL - 79, bd Saint-Germain - Paris.
ISBN : 2 - 01 - 011134 - 6